# nuevo español 2000

NIVEL SUPERIOR

NIVEL SUPERIOR

libro del alumno

Jesús Sánchez Lobato
Nieves García Fernández

# nuevo español 2000

SGEL
SOCIEDAD GENERAL ESPAÑOLA DE LIBRERÍA, S.A.
ele
Español Lengua Extranjera

Primera edición, 1981
Segunda edición, 2001
Tercera edición, corregida y aumentada, 2007

**Produce:**
SGEL Educación
Avda. Valdelaparra, 29 - 28108 ALCOBENDAS - MADRID



**Diseño de interiores:** Leticia Delgado y Verónica Sosa
**Maquetación:** Leticia Delgado y Verónica Sosa
**Fotografías:** Archivo SGEL, Gettyimages y Cordón Press S. L.
**Cubierta:** Érika Hernández
**Ilustraciones:** Maravillas Delgado

ISBN: 978-84-9778-308-8
Depósito Legal: M-45168-2007
Impreso en España - Printed in Spain

Imprime: Talleres Gráficos Peñalara S.A.

# Presentación

El **Nuevo Español 2000**, tras un largo periplo de experimentación, se presenta al estudiante de español con renovada ilusión y los interiores mejor ajustados para su fin primordial: proporcionar los mecanismos necesarios para acceder a la lengua española y, por ende, a su cultura plural.

El **Nuevo Español 2000** está estructurado en los tres niveles ya convencionales: Elemental, Medio y Superior. Creemos, pese a su convencionalismo, que tal distribución cumple una extraordinaria función didáctica y pedagógica: cada uno de los niveles está programado de tal modo que, por sí mismos, cumplen las exigencias de programación del año escolar de cualquier institución dedicada al quehacer de la enseñanza del español como segunda lengua.

El **Nuevo Español 2000** pretende ser un método ágil, en el que lo situacional, lo conversacional y los mecanismos de la lengua corran paralelos, pero perfectamente graduados según los niveles que lo componen. En cada uno de ellos subyace como punto de partida lo normativo, pero tendiendo siempre a incrustarse en lo más vivo y expresivo de la lengua.

El **Nuevo Español 2000** es consciente de la abnegada labor del profesor, dedicado a la enseñanza de lenguas, y del papel primordial que este método le confiere.

A él, en particular, y a sus alumnos, en general, va dedicado este método.

Los Autores

## NUEVA EDICIÓN ACTUALIZADA

A lo largo de estos últimos años, **Español 2000** se ha enriquecido con las aportaciones que nos han hecho llegar tanto profesores como alumnos. El método **Español 2000** ya había hecho suyos los principios básicos de las corrientes lingüísticas más productivas en relación a la enseñanza de lenguas.

La extraordinaria aceptación que este método sigue teniendo entre profesores y alumnos es motivo de satisfacción para los autores y para el editor, que comprueban día a día que el principio que lo inspiró sigue siendo ahora tan válido como entonces.

El **Nuevo Español 2000** explicita las pautas lingüísticas más asentadas y experimentadas en la eseñanza del español, de ahí su rotundo éxito entre profesores y alumnos. Por ello el **Nuevo Español 2000** seguirá siendo un método extraordinario para aprender español.

Esta convicción es la que nos ha llevado a preparar esta edición, totalmente renovada y actualizada. Aunque se mantiene la misma estructura del método y básicamente los mismos contenidos –si bien actualizados–, se han revisado múltiples aspectos, y se ha mejorado sustancialmente el diseño, las ilustraciones y los documentos que acompañan al texto. En cada unidad se incluye una doble página de fotografías, que sugieren temas variados para comentarios en clase.

Nuestro interés y nuestra esperanza es que **Nuevo Español 2000** siga siendo útil a los estudiantes que desean acercarse a conocer la lengua y cultura españolas.

# Contenidos

# 1 El lenguaje

## CAMILO JOSÉ CELA (1916-2002)

El quinto español que obtiene el máximo galardón literario

### Cela gana el Premio Nobel por su «visión provocadora del ser humano»

**Camilo José Cela ganó ayer el Premio Nobel de Literatura y es así el quinto español que obtiene el galardón más importante de las letras de todo el mundo. Dotado con 54 millones de pesetas por la Academia Sueca, le fue concedido «por una prosa rica e intensa, que con refrenada compasión configura una visión provocadora del desamparado ser humano», según la síntesis divulgada conjuntamente con el fallo del jurado de la Academia.**

Camilo José Cela, que revolucionó las letras españolas con la publicación de *La familia de Pascual Duarte* (1942), cuando tenía 26 años, recibió la noticia del galardón, «sorprendido, porque no me lo esperaba, aunque el hecho de que no declararan favorito este año me hacía sospechar algo», y rodeado de incredulidad porque durante los últimos años su nombre había sonado sin éxito entre los mejor colocados. A pesar de que a última hora los rumores le destacaban entre los restantes competidores, Cela hizo su vida normal hasta el mediodía de ayer, acompañado sólo por periodistas de EFE y de Radio Nacional, que recogieron su «emoción controlada, porque estoy muy tranquilo, con una gran paz». Los Reyes le dedicaron un homenaje en un telegrama donde destacan el carácter «tan merecido» del premio. El presidente Felipe González dijo en Washington: «Es un importante reconocimiento a una obra personal y a la literatura española».

El propio Cela señaló que «hay muchos otros españoles y latinoamericanos que merecían este galardón, y por ello creo que en mí se premia a la literatura española». Con respecto al talante con el que lo ha recibido, el novelista afirmó que cuando tenía 25 años le había comentado a su amigo César González Ruano, cuando estaba a punto de publicar el *Pascual Duarte*, que «yo pagaría el dinero del Nobel por tener el Nobel. Es el destino natural de un escritor. El otro es el de ser traducido al latín, y ya lo he sido».

*El País*

# Discurso ante la Academia Sueca (10-12-89)

*Majestades, Altezas Reales, señoras y señores:*

*La Academia Sueca me honra inscribiendo mi nombre al lado del de muy señeras figuras de la literatura mundial contemporánea. Es un honor desproporcionado a mis escasas fuerzas el que recibo y quiero que, tras agradecerlo de todo corazón, se me permita dejar constancia de que si me he atrevido a venir a donde estoy ahora, es no más que porque entiendo que el premio no es sólo para mí sino también para quienes, conmigo y en mi tiempo, escriben en la gloriosa lengua que a todos nos sirve de herramienta: el español. Y no quisiera extenderme más en esta muy sincera confesión porque, aleccionado por Miguel de Cervantes, sé bien que no hay razonamiento que, aunque sea bueno, siendo largo lo parezca.*

*Cuando, camino de Estocolmo, me preguntaba por las razones que me traían hasta aquí empujado por vuestra benevolencia, pude entrever que vuestro propósito más era el de premiar un oficio que a una persona. Y si esto es así no ibais errados porque según Cervantes —otra vez y siempre Cervantes— el fin de la literatura es poner en su punto la justicia y dar a cada uno lo que es suyo, y entender y hacer que las buenas leyes se guarden. Y la literatura, aventurada e irreversiblemente, es mi vida y mi muerte y sufrimiento, mi vocación y mi servidumbre, mi ansia mantenida y mi benemérito consuelo. ¡Qué tranquila se queda mi conciencia después de deciros lo que acabo de decir!*

*En la nómina de la Academia Sueca asimismo figuran honradas con el Premio Nobel muy altas personalidades de la ciencia, también mundial y también de nuestros días, a las que guía el idéntico y enaltecedor propósito que a todos nos distingue y nos denomina: el de la paz en las cabezas y los corazones, y el de la solidaridad entre los hombres y los pueblos. No ignoro que no hemos llegado al fin de nuestro propósito y que todavía nos restan muchos pasos que dar con serenidad y buen sentido, con constancia, sí, pero también con suerte, y preconizo que de ese saludable camino no nos separaremos jamás.*

*Brindo por los Reyes de Suecia, que reinan en un pueblo en paz; por el pueblo sueco, que ama la paz; por la Academia Sueca, que preconiza la paz, y por todos quienes, en el mundo entero, defienden la paz y la proclaman. Brindo por la paz.*

# ALONSO ZAMORA VICENTE (1916-2006)

## Discurso al recibir el Premio Nacional de Literatura

(Madrid, 1981)

Señor presidente, señor ministro de Cultura, amigos todos: Esos imponderables que andan sueltos por el aire de cada hora son los culpables de que hoy sea yo quien tenga que pronunciar unas palabras, que no querría rituales, para agradecer el ancho círculo de circunstancias que rodean la concesión de los Premios Nacionales. La retórica al uso me obliga a decir que soy el menos indicado, el que menos representatividad disfruta para el caso, etc. Toda esa larga teoría de cumplidos y frases convenidas que, infatigablemente, una y otra vez, suele desparramarse en estos actos. Una levemente guasona apostilla diría en voz bajita al vecino: «Pues lleva mucha razón, claro, ya querría yo saber quién es este señor.» (Y lo de señor, quizá, quizá fuese un adecuado eufemismo.) Pues sí, ya ven, esta vez es verdad. Hay aquí premiados cuya resonancia es enorme en el ámbito de la vida cultural española. Pienso en el patriarca de tantas cosas nuestras, como es Andrés Segovia, o en Antonio Buero, o en el gesto cautivador de Carmen Carbonell. Son ya no obras ocasionales las premiadas, sino todo el eco de nuestro mejor vivir, que hoy se sienta aquí a nuestro lado y nos pone en carne viva la presencia de años difíciles y esperanzados, de ratos pasados en íntima cercanía a pesar de distancias y desconocimientos. Otros de los premiados son envidiablemente jóvenes. Son los que se ven galardonados por su vocación, por su tesón admirable, que se ha plasmado en verso, en traducción, en obra plástica. Yo soy de veras el único que no sabe muy bien qué es. Para muchos de los que se han ocupado de mí, he sido siempre un profesor. Para otros, un empeñoso escritor de cuentos dominicales, que me aprovecho, al escribir, de mi ladera de profesor. Como si no se aprovechase nadie de las laderas todas en que, de una u otra manera, pueda tropezar. Dante vio cómo se le hacía celeste la patria en el destierro, y Cervantes sacó de sus inmensos ratos de soledad, y de sus lecturas, tan contradictorias con su vivir, y de las torpes chinchorrerías de los vecinos, sacó, digo, la más generosa sonrisa humana. Y Galdós sacaba frutos a sus viajes en tercera clase, y Genet los sacó de su experiencia carcelaria, y ... y ... y ... Un escritor tiene siempre a la mano algo de donde sacar tajada. Agarra de su circunstancia cuanto logra captar y nos lo devuelve centuplicado, transustanciado en una criatura nueva, realidad falaz que llega, con el tiempo, a ser la realidad misma. Quizá esas criaturas en ademán, temblorosas, humanidad nueva que aspira a concretarse en poema, prosa, teatro, música, cine, son las que nos han reunido hoy aquí, han comenzado a tomar decisiones autónomas, y nos agrupan en torno a la institución nacional que se preocupa de ayudar a su gestación, y a la cual agradecemos hoy, parcamente, sinceramente, su bien demostrada preocupación.

> "...los premiados nos sentimos, ante todo, trabajadores de nuestro más querido oficio".

Y no sé muy bien en qué han de consistir unas cuartillas gratulatorias, al final de una cena, los periódicos y la «tele» acechando. He preguntado por ahí, para ver cómo salir del paso. He preguntado porque, aunque pueda parecer un exceso simulado, no he asistido casi nunca a sucesos así. Me producen un cierto desasosiego. De mis preguntas exploratorias he sacado muy variados nortes. Unos me han dicho campanudamente, levantando los hombros a la altura de los ciclones: «¡Hombre, tienes que lucirte! Hay que dejar bien el cartel: media docena de folios, pero, eso sí, procura que estén bien escritos, que, tú, chico, la verdad, tú...» Ya se pueden figurar ustedes mi alarma. Sobre todo, eso de que estén bien escritos, ahí es nada. Otras personas, más bondadosas, digo yo, que nunca se sabe bien qué esconden en los recovecos del corazón ajeno, me dijeron: «Mira, no te preocupes, pues sí que... Un rollito de tres cuartos de hora. Es lo ortodoxo. Claro que, tratándose de Premios Nacionales, lo justo será que hables por lo menos hora y media, dos horas... O no, a tres no hará falta que llegues. Hazlo con apartados, subapartados bien hechos. Ten en cuenta que, cuando seas carrozón, podrás meter el discursito, indudablemente histórico, en tus Obras Completas, y que, seguramente, ya estará por ahí, por alguna Universidad del mundo adelante, el futuro investigador de tu producción, que analizará, con un esmero ejemplar, tu adjetivación y tus términos marcados, la semiótica de las imágenes que utilices, tu visión trascendente del dinero y del postre, la proyección de los niveles socioeconómicos de tu léxico, y blablablabla...». La verdad es que no me gustaba nada, lo que se dice nada, el panorama. Es de suponer que en esta casa donde estamos haya, disimuladito, un cuarto con pasables comodidades y mejor cerradura, donde purgue su elocuencia el que se atreva a hablar tanto y tanto. Quién sabe si no están todavía encerrados nuestros antecesores de hace unos cuantos años, frotándose las manos ante la idea de que les llegue algo de este suculento festín nuestro... No está nada mal la ideíca para una película o relato de ciencia ficción. Hasta podríamos organizar un ameno juego de salón para encontrarle el título.

Hoy, en cambio, parece que hubiéramos descendido de tan estruendoso Olimpo. Estoy seguro de que todos los premiados nos sentimos, ante todo, trabajadores de nuestro más querido oficio. Veo aquí a maestros que hace años me han dado confianza en el devenir nuestro, tan asediado de dificultades y pequeñeces. Veo a Andrés Segovia y ya no puedo recordar dónde ni cuándo le oí por primera vez, pero le sé constante en su impagable tarea, y veo el arte de Fernando Remacha, y oigo aquel «Cartel de fiesta» o aquellas «Vísperas de San Fermín», de los años cuarenta, y que escuché por vez primera lejos de España. Veo a Luis Berlanga (y me atrevo a enorgullecerme de nuestra vieja amistad) y me vienen a la memoria, quebradamente, a borbotones, aquellas horas de una Salamanca lejana y casi espectral, cuando hablar de renovación del cine rayaba en la quimera, y recuerdo mis esfuerzos para hacer entender a

Como siempre ocurre entre nosotros, tuve que desistir de los consejos ajenos. Me encaré a solas con la máquina de escribir y repetí la fórmula de los médicos del siglo XVII: «Dios se lo depare bueno». Y adelante. Se me ocurrió que yo debía decir algo de los premios. Al fin y al cabo, sería lo más justo y lo más, por qué no, lo más fácil y espontáneo. Miré el contorno y me vi, de pronto, muy bien acompañado. Comparé, sin proponérmelo, con otra ocasión semejante, hace ya años, a la vuelta de mi América juvenil. Asistí a un reparto de premios y vi, con indecible asombro, empequeñeciéndome por instantes ante la magnitud de los conceptos manejados, que allí andaban al retortero la inmarcesible ciencia oficial, la capacidad única del dicursante, la inquina universal y políglota ante su genialísima obra, apaciguada esta vez, menos mal, por la intervención divina, que, justiciera a no poder más, había inclinado el fallo del jurado hacia su indigna persona. ¡Dios mío, qué barullo! Yo no entendía de aquello ni las comas, pero, sonaba tan bonito... ¡No, no lo podía entender! Yo, lo sabéis todos, escribo y hablo la lengua de la calle, la de la esquina con viento y gesto familiares, el habla con rictus y blasfemias inocentes, con escasa sintaxis del viejo que recuerda –«¡hasta aquí llegó la nieve aquel año!»– o la del taconeo rítmico de una muchachuela joven acera arriba, pasos que resuenan firmes sobre la común esperanza. Era natural que yo no pudiera entender ni jota de aquel galimatías. Lo malo es que, quién sabe, a lo mejor, a lo mejor, todo aquello podría ser verdad, a ver, lo decía tan alto, tan convencido, y yo sin enterarme, y como yo casi todo el país. En fin, que estábamos aviados los pobrecillos de a pie...

unos alumnos míos alemanes las exclamaciones andaluzas de la bailaora de *Bienvenido Mr. Marshall* (Digo... ¡vaya!), y ahora se me pone de pie en el recuerdo aquella proyección privada o medio privada de *Los jueves, milagro* en el saloncillo de Areneros, Luis con su disgusto a cuestas, disgusto por muchas razones, y sí, allí estaba el milagro, se palpaba en aquel rapaz cojo que encontraba su animal perdido y que, renqueando, gozoso y solitario, andaba a la zaga de un inmenso clamor vacío, el griterío de todos los demás, del país entero. Sí, mucho, mucho se gritaba por entonces y algunos íbamos detrás cojeando. Y algo muy parecido me ocurre al ver aquí a Antonio Buero, tan luchador y denunciador siempre; quién iba a decirnos que compartiríamos, codo con codo, el agonioso luchar con los números de la Academia, empeñados en que aquello marche. Y veo la madurez de Carlos Sahagún, al que siempre he leído con respeto, eso es, respeto, ya desde los tiempos de *Las profecías del agua* o de aquel sobrecogedor *Como si hubiera muerto un niño*. Y compruebo una vez más la juventud empeñosa de Andrés Amorós, al que conocí casi de estudiante, o sin casi, ya anunciaba tras su palabra escueta la agudeza de sus juicios y el empuje de su labor, y vuelvo a escuchar a Carmen Carbonell, que me conduce a mis esfuerzos por incorporarme al teatro, por intentar descifrar la vida entre telones... Era en aquellos tiempos de *Los cuatro ases*, creo. Y me reencuentro con viejos nombres conocidos en el campo de los traductores, como Fernández Murga y Armiñó, y Gimferrer y López Muñoz, ejemplares en su trabajo y su dedicación, los cuatro haciendo pensar y hablar en español a escritores ajenos... Sí, es una clara verdad, hoy me siento muy bien acompañado. Quizá por esto se ha pensado que fuese yo quien diera las gracias en nombre de todos. Ya que no tengo grandes cosas propias a que referirme, pues, por lo menos, se habrán dicho: hagámosle que pase el apurillo de leer unos renglones. Yo doy las gracias en nombre de todos los premiados al Ministerio de Cultura, por los premios y por este rato de convivencia en ejercicio. Y, como es natural, se las expreso a las personas que aquí, en este instante representan al Ministerio. Es muy necesario que todos nos demos cuenta de que pertenecemos a una colectividad que ha exportado siempre con brillo los productos de su fantasía o de su alegría, qué más da. Al Ministerio le corresponde activar y encauzar este aliento, contando con todos, y hacer que no veamos en estos premios otra cosa que un reconocimiento a nuestro esfuerzo, al laboreo que un día escogimos y en el que desearíamos permanecer andando a gusto y al frente, sin fisuras, dando a la colectividad lo mejor que tenemos y que, sin duda, en gran parte hemos aprendido de ella. Si estos premios de hoy sirven para ello, bien venidos sean. Vaya nuestra gratitud a quienes lo han hecho posible, neguemos vigencia a toda ortopedia que coarte y manifestemos nuestra infinita esperanza en el trabajo y en la palabra nueva, recién estrenada y creadora de cada día, las pocas palabras verdaderas de que habló hace algunos años un gran creador de español y oscuro profesor de francés. Si hemos de aprender, y ojalá aprendamos, su emocionada lección, obedezcamos, de una vez por todas, a nuestro viejo clásico:

Igual con la vida el pensamiento.

Que estos premios lleven, en una nueva andadura española, este anhelo. Gracias, por ayudar a ello, señor ministro. A todos, muchas gracias por haberme escuchado.

# Europa: Sus lenguas y la moneda

Si la lengua es el medio tradicional de comunicación en la especie humana, el dinero representa a su vez el medio tradicional de intercambio de bienes y servicios, resultado de una evolución del trueque. Ambas herramientas mantienen un alto componente cultural en el que valores como el poder, la soberanía y las ideologías *ad usum* participan con más o menos fortuna. Sobre ambas herramientas se han construido también constelaciones de reflexiones filosóficas, sociales, económicas e históricas, algunas de las cuales predominan no tanto por su luminosidad como por la fuerza o la habilidad con la que su contemplación y reverencia ha sido impuesta a las sociedades humanas en diversas épocas y circunstancias.

## En el principio fue la palabra

Las lenguas de la Unión Europea tienen orígenes muy diversos. La mayoría forma parte del vasto grupo indoeuropeo, cuyas principales familias son la germánica, la románica, la eslava y la celta. El griego y las lenguas bálticas lituana y letona son también de origen indoeuropeo, aunque no pertenecen a ninguna de esas ramas principales. El húngaro, el finés y el estonio proceden del grupo finougrio de lenguas. El maltés se asemeja al árabe, con influencias italianas.

La mayoría de las lenguas "regionales" y "minoritarias" de la UE pertenecen a uno u otro de los grupos anteriormente mencionados. Una

importante excepción es el vascuence, hablado a ambos lados de la frontera franco-española, cuyas raíces siguen siendo objeto de investigación. El concepto de "lengua minoritaria" abarca no sólo las lenguas de menor difusión, como la lengua sami de Laponia o el bretón en Francia, sino también el uso de lenguas oficiales de la UE cuando son habladas por una minoría en otro país miembro.

Las lenguas oficiales de la UE son: alemán, checo, danés, eslovaco, esloveno, español, estonio, finés, francés, griego, húngaro, inglés, italiano, letón, lituano, maltés, neerlandés, polaco, portugués, sueco, búlgaro y rumano.

Las lenguas celtas se hablan en los confines occidentales de Europa: Irlanda; Bretaña, en Francia; y regiones occidentales del Reino Unido. Ninguna es lengua oficial de la Unión Europea. Sin embargo, el gaélico irlandés tiene una situación especial: los Tratados de la UE y algunos textos clave se han traducido a esa lengua, que puede también ser utilizada por los ciudadanos irlandeses, en ciertos casos, en sus relaciones con las instituciones de la UE.

La UE tiene menos lenguas oficiales que países miembros. Esto se explica porque Alemania y Austria comparten el alemán; El Reino Unido e Irlanda usan la misma lengua; Grecia y Chipre tienen el griego en común; y Bélgica y Luxemburgo tienen lenguas comunes con sus vecinos franceses, neerlandeses y alemanes. El resultado es 22 lenguas oficiales para 25 países.

## Buenos días Unión Europea

### CÓMO SE SALUDA EN CADA UNA DE LAS 22 LENGUAS OFICIALES DE LA UE

| | | | |
|---|---|---|---|
| Alemán | *Guten Morgen* | Húngaro | *Jó reggelt* |
| Búlgaro | *Dobró utro!* | Inglés | *Good morning* |
| Checo | *Dobre rano* | Italiano | *Buon giorno* |
| Danés | *God morgen* | Letón | *Labrīt* |
| Eslovaco | *Dobré ráno* | Lituano | *Labas Rytas* |
| Esloveno | *Dobro jutro* | Maltés | *L-Ghodwa t-tajba* |
| Español | *Buenos días* | Neerlandés | *Goedemorgen* |
| Estonio | *Tere hommikust* | Polaco | *Dzien dobry* |
| Finés | *Hyvää huomenta* | Portugués | *Bom dia* |
| Francés | *Bonjour* | Rumano | *Bunã dimineata* |
| Griego | *Kalimera* | Sueco | *God morgon* |

# OCTAVIO PAZ (1914-1998)

## La búsqueda del presente

Las lenguas son realidades más vastas que las entidades políticas e históricas que llamamos naciones. Un ejemplo de esto son las lenguas europeas que hablamos en América. La situación peculiar de nuestras literaturas frente a las de Inglaterra, España, Portugal y Francia depende precisamente de este hecho básico: son literaturas escritas en lenguas trasplantadas. Las lenguas nacen y crecen en un suelo; las alimenta una historia común. Arrancadas de su suelo natal y de su tradición propia, plantadas en un mundo desconocido y por nombrar, las lenguas europeas arraigaron en las tierras nuevas, crecieron en las sociedades americanas y se transformaron (…).

A despecho de estos vaivenes, la relación nunca se ha roto. Mis clásicos son los de mi lengua y me siento descendiente de Lope y de Quevedo como cualquier escritor español..., pero no soy español. Nuestro diálogo se realiza en el interior de la misma lengua. Somos y no somos europeos. ¿Qué somos entonces? Es difícil definir lo que somos pero nuestras obras hablan por nosotros.

### Literaturas americanas

La gran novedad de este siglo en materia literaria ha sido la aparición de las literaturas de América. Primero surgió la angloamericana y después, en la segunda mitad del siglo XX, la de América Latina en sus dos grandes ramas, la hispanoamericana y la brasileña. Aunque son muy distintas, las tres literaturas tienen un rasgo en común: la pugna, más ideológica que literaria, entre las tendencias cosmopolitas y las nativistas.(...)

Otras diferencias son de orden literario y se refieren más a las obras en particular que al carácter de cada literatura. ¿Pero tienen *carácter* las literaturas, poseen un conjunto de rasgos comunes que las distingue unas de otras? No lo creo.

La primera y básica diferencia entre la literatura latinoamericana y la angloamericana reside en la diversidad de sus orígenes. Unos y otros comenzamos por ser una proyección europea. Ellos de una isla y nosotros de una península. Dos regiones excéntricas por la geografía, la historia y la cultura. Ellos vienen de Inglaterra y la Reforma; nosotros, de España, Portugal y la Contrarreforma. Apenas si debo mencionar, en el caso de los hispanoamericanos, lo que distingue a España de las otras naciones europeas y le otorga una notable y original fisonomía histórica (...).

El sentimiento de separación se confunde con mis recuerdos más antiguos y confusos: con el primer llanto, con el primer miedo. Como todos los niños, construí puentes imaginarios y afectivos que me unían al mundo y a los otros. Vivía en un pueblo de las afueras de la ciudad de México, en una vieja casa ruinosa, con un jardín selvático y una gran habitación llena de libros (...). El tiempo era elástico; el espacio, giratorio. Mejor dicho: todos los tiempos, reales o imaginarios, eran *ahora mismo* (...).

El tiempo comenzó a fracturarse más y más. Mi ahora se disgregó: el verdadero tiempo estaba en otra parte. A pesar del testimonio de mis sentidos, el tiempo de allá, el de los otros, era el verdadero, el tiempo del presente real. Acepté lo inaceptable: fui adulto. Así comenzó mi expulsión del presente.

## La fractura del tiempo

(...) La búsqueda del presente no es la búsqueda del edén terrestre ni de la eternidad sin fechas: es la búsqueda de la realidad real. Para nosotros, hispanoamericanos, ese presente real no estaba en nuestros países: era el tiempo que vivían los otros, los ingleses, los franceses, los alemanes. El tiempo de Nueva York, París, Londres. Había que salir en su busca y traerlo a nuestras tierras. Esos años fueron también los de mi descubrimiento de la literatura. Comencé a escribir poemas. No sabía qué me llevaba a escribirlos: estaba movido por una necesidad interior difícilmente definible. Apenas ahora he comprendido que entre lo que he llamado mi expulsión del presente y escribir poemas había una relación secreta (...). Buscaba la puerta de entrada al presente: quería ser de mi tiempo y de mi siglo. Un poco después, esta obsesión se volvió idea fija: quise ser un poeta moderno. Comenzó mi búsqueda de la modernidad.

¿Qué es la modernidad? Ante todo, es un término equívoco: hay tantas modernidades como sociedades. Cada una tiene la suya (...) La modernidad es una palabra en busca de su significado: ¿es una idea, un espejismo o un momento de la historia? ¿Somos hijos de la modernidad o ella es nuestra creación? Nadie lo sabe a ciencia cierta. Poco importa: la seguimos, la perseguimos. Para mí, en aquellos años, la modernidad se confundía con el presente o, más bien, lo producía.

Para nosotros, latinoamericanos, la búsqueda de la modernidad poética tiene un paralelo histórico en las repetidas y diversas tentativas de modernización de nuestras naciones. Es una tendencia que nace a fines del siglo XVIII y que abarca a la misma España (...).

A diferencia de las otras revoluciones del siglo XX, la de México no fue tanto la expresión de una ideología más o menos utópica como la explosión de una realidad histórica y psíquica oprimida. Fue un sacudimiento popular que mostró lo que estaba escondido. Por esto mismo fue, tanto o más que una revolución, una revelación. México buscaba al presente afuera y lo encontró adentro, enterrado pero vivo. La búsqueda de la modernidad nos llevó a descubrir nuestra antigüedad, el rostro oculto de la nación (...).

> México buscaba al presente afuera y lo encontró adentro, enterrado pero vivo.

Mi búsqueda no fue quimérica, aunque la idea de modernidad sea un espejismo, un haz de reflejos. La modernidad me condujo a mi comienzo, a mi antigüedad. La ruptura se volvió reconciliación. Supe así que el poeta es un latido en el río de las generaciones (...).

El hombre moderno se ha definido como un ser histórico. Otras sociedades prefirieron definirse por valores e ideas distintos al cambio(...). Una tras otra, esas ideas y creencias fueron abandonadas. Me parece que comienza a ocurrir lo mismo con la idea del progreso (...). Asistimos al crepúsculo del futuro. La baja de la idea de modernidad, y la boga de una noción tan dudosa como postmodernidad, no son fenómenos que afecten únicamente a las artes y a la literatura: vivimos la crisis de las ideas y creencias básicas que han movido a los hombres desde hace más de dos siglos (...).

En primer término: está en entredicho la concepción de un proceso abierto hacia el infinito y sinónimo de progreso continuo (...). En segundo término: la suerte del sujeto histórico, es decir, de la colectividad humana, en el siglo XX. En tercer término: la creencia en el progreso necesario (...).

(...) Muy probablemente, estamos al fin de un período histórico y al comienzo de otro. ¿Fin o mutación de la Edad Moderna? Es difícil saberlo. El derrumbe de las utopías ha dejado un gran vacío (...).

La reflexión sobre el ahora no implica renuncia al futuro ni olvido del pasado: el presente es el sitio de encuentro de los tres tiempos.

En mi peregrinación en busca de la modernidad me perdí y me encontré muchas veces. Volví a mi origen y descubrí que la modernidad no está afuera sino adentro de nosotros. Es hoy y es la antigüedad más antigua, es mañana y es el comienzo del mundo, tiene mil años y acaba de nacer. Perseguimos a la modernidad en sus incesantes metamorfosis y nunca logramos asirla. Se escapa siempre: cada encuentro es una fuga. Entonces las puertas de la percepción se entreabren y aparece el otro tiempo, el verdadero, el que buscábamos sin saberlo: el presente, la presencia.

*El País* (extracto)

# Augusto Roa Bastos (1917-2005)

## Premio Cervantes

Augusto Roa Bastos ha obtenido el Premio Cervantes de este año. Nació en Asunción (Paraguay) en 1917. Su infancia transcurrió en la región de Guairá, en el pequeño pueblo de Iturbe. Le tocó, muy joven, padecer una de las guerras más duras de las que se han librado en el continente sudamericano. También una de las más absurdas: la guerra de Chaco, que enfrentó a Bolivia y Paraguay, en una de las zonas más inhóspitas de este mundo, por un petróleo cuya cuantía se reveló más tarde despreciable frente al inmenso contingente de vidas humanas que costó. Más tarde conoció las cuitas de otra guerra. Esta vez como corresponsal en Europa, para decir de los episodios sangrientos que jalonaron esa hecatombe que responde al nombre de segunda guerra mundial. Sus peripecias vitales, luego, están salpicadas de conflictos con la tierra que le vio nacer. El exilio es el denominador común de su relación con Paraguay. Una y otra vez, las mordazas de lo político le obligaron a emigrar. Estuvo en Buenos Aires, en Toulousse, en España. En ningún momento dejó de escribir. Su primer libro, una colección de relatos que tituló *El trueno entre las hojas*, apareció en 1953. Después llegó su consagración con *Hijo de hombre* (1960), que le permitió figurar en la larga lista de escritores del llamado *boom* sudamericano. La suya, sin embargo, no fue una literatura de las más leídas: figuró su nombre, pero éste no se embadurnó con los oropeles de la fama. Más tarde publicó *El baldío* (1966), *Madera quemada* y *Los pies sobre el agua* (ambas en 1967), y *Yo, el Supremo,* su obra maestra. Trabajó ocasionalmente como profesor de cine y escribió guiones. El titulado *La sed,* basado en *Hijo de hombre,* fue premiado en una de las ediciones del festival de cine de San Sebastián. Poeta, periodista, autor teatral. Quemó los manuscritos de su última novela inédita, *El fiscal,* que completaba la trilogía que había iniciado con *Hijo de hombre* y *Yo, el Supremo.* Ahora, con la emoción del premiado, asegura que volverá a escribirla.

Aun cuando Agusto Roa Bastos sólo hubiera escrito *Yo, el Supremo,* ya estaría de sobra justificada la decisión del jurado que le ha otorgado el máximo galardón de la literatura escrita en castellano. Esta novela es uno de los mayores prodigios de escritura de cuantos se han llevado a cabo en nuestro ámbito literario. Pertenece a lo que ya se considera un género, la "novela de dictadores", pero frente a otros títulos que han asumido este objetivo –el de desnudar los meandros del poder absoluto–, la de Roa Bastos tiene la particularidad de haber logrado, con una sabiduría sorprendente, suplantar minuciosamente la intimidad del caudillo. Es el doctor Francia, dictador de Paraguay, el que habla en sus páginas: Roa Bastos se convierte así en una especie de oscuro amanuense cuya escritura traduce el lenguaje del tirano. Pero no es éste el único mérito de la novela. En ella destaca también la belleza barroca de un estilo de largo aliento, la complejidad de una estructura cuyas piezas van cuadrando de manera sorprendente y, por fin, un entendimiento profundo y extraordinariamente personal de lo que es el tiempo. Y de lo que es, por lo tanto, la muerte: el único reto que merece ser tenido en cuenta a la hora de emborronar cuartillas con la disciplina de la escritura.

*El País*

# Enrique Tierno Galván (1918-1986)

## Bando sobre la limpieza en Madrid

*El Alcalde Presidente del Excelentísimo Ayuntamiento de Madrid:*

*La Villa de Madrid ha sido siempre ejemplo de convivencia cortés en un ambiente limpio. Circunstancias que todos los madrileños conocen han ido estropeando nuestra ciudad hasta el extremo de que los propios vecinos de Madrid se han hecho desidiosos en cuanto atañe al cuidado de su ciudad y, en algunos casos, en cuanto a dar buen ejemplo y mantener honestas costumbres. Los vecinos debemos contribuir con nuestro esfuerzo a que la Villa recobre la limpieza y el decoro que siempre tuvo y siempre se le ha reconocido.*

*El trabajo que esto requiere, y para el que pido la ayuda de cuantos en Madrid viven, debe principalmente orientarse, por ahora y hasta que el Ayuntamiento dé nuevas normas sobre calles y fachadas, a procurar que nuestros parques y jardines sean modelos de lugares limpios y apacibles, propios para el esparcimiento, el paseo tranquilo y el sosiego del espíritu. Por lo cual, requiero a los madrileños para que estén al cuidado y eviten dejar caer papeles y restos de cualquier clase en los caminos y praderas de los parques y jardines y que a la vez cuiden de no pisar el césped que se pierde y estropea con facilidad por la falta de humedad ambiente y por no estar a nuestro alcance regarlo con tanta frecuencia como su mantenimiento requeriría.*

*Por consiguiente, y para que el cumplimiento de este Bando sea efectivo, se advierte que quienes lo infrinjan serán amonestados por los guardas públicos, y si insistieran en la infracción, habrán de abonar la cantidad mínima que prevén las Ordenanzas vigentes, por su imperdonable descuido y falta de educación cívica.*

*Enrique Tierno Galván*
*Madrid, 31 de julio de 1979*

## 1. Conteste las siguientes preguntas.

1. ¿Qué sabe de los Premios Nobel?
2. ¿Conoce algún autor en lengua española galardonado con el Nobel? ¿Hay compatriotas suyos premiados con el Nobel?
3. ¿Cómo recibió Camilo José Cela la noticia de haber ganado el máximo galardón de literatura? ¿Qué irradian sus palabras pronunciadas a la hora de recibir el premio?
4. ¿Cómo determina Alonso Zamora Vicente su propio estilo narrativo en el discurso al recibir el Premio Nacional de Literatura?
5. ¿Qué opina el autor sobre la actitud y la vocación de los representantes de la creación artística?
6. Defina la relación que guardan la lengua y el dinero con respecto a la sociedad humana. A continuación, haga una clasificación de los idiomas que se hablan en la Unión Europea según su origen.
7. ¿Cuáles son los rasgos que diferencian a la literatura americana, según Octavio Paz?
8. "El poeta es un latido en el río de las generaciones". Comente esta frase del gran poeta mexicano.
9. ¿Cuáles son las características que perfilan la obra artística del escritor Augusto Roa Bastos?
10. Enumere los esfuerzos que se requieren por parte de los madrileños, según el Bando de Enrique Tierno Galván, para mantener la limpieza de la capital. ¿Qué piensa de la limpieza de su ciudad o pueblo?

## 2. Los afijos en español. Lea las palabras del recuadro y fíjese en el significado de los afijos. Luego, basándose en palabras de los textos de la lección 1 y en los afijos citados, escriba la que corresponde a las definiciones siguientes.

| | | | |
|---|---|---|---|
| incredulidad<br>indecible<br>infracción | **in-, im-, i-:** | negación, privación:<br>"adentro", "al interior": | ***increíble, injusticia***<br>***incluir*** |
| | **-dad:** | cualidad: | ***maldad*** |
| | **-ble:** | capacidad, posibilidad:<br>actitud, cualidad: | ***separable***<br>***sensible*** |
| | **-ción:** | acción, efecto:<br>objeto, lugar: | ***acusación***<br>***embarcación*** |

Ej: *Algo de mucho valor, que no se puede pagar* ***impagable***

1. Manso, dulce, agradable en el trato; de buen temple, tranquilo ___________
2. Que no se debe o puede perdonar _________
3. Singularidad, individualidad, especialidad _________
4. Digno de desprecio ___________
5. Acción y efecto de idear, trazar o proponer el plan para la ejecución de algo _________
6. Que no puede tener término; muy numeroso, enorme ___________
7. Acción y efecto de viajar a un lugar sagrado, de andar por tierras extrañas _________
8. Algo que no cesa y se repite con mucha frecuencia _________
9. Cualidad de tranquilo y calmoso _________
10. Algo imposible de marchitarse _________

## 3. Utilice la expresión que más convenga a la frase.

| | |
|---|---|
| *a cuestas* | *a la zaga* |
| *sacar fruto* | *estar gafado* |
| *a solas* | *codo con codo* |
| *en carne viva* | *a toda pastilla* |
| *a despecho de* | *de sobra* |

1. Aquella empresa las entusiasmó tanto que, colaborando al unísono, _________, consiguieron realizar el proyecto antes del plazo señalado.
2. Corrían tantos rumores sobre el caso que, preferí verla _________ para aclarar los posibles malentendidos.
3. En cuanto me ponga a trabajar en esta empresa, tendré medios económicos _________ para comprarme el coche.
4. La joven generación de poetas ya no quiere ir _________ de las ideas estéticas de sus predecesores.
5. Mi abuelo, con sus ochenta y seis años _________, todavía sigue cultivando la huerta.
6. El miércoles pasado _________ porque, por problemas de trabajo, llegué a la consulta con media hora de retraso y el médico no me pudo atender.
7. Por falta de tiempo, salimos de casa _________ y lo dejamos todo desordenado.
8. Todo lo que te ocurre es porque el accidente ha sido reciente, lo tienes _______, por lo que el dolor es muy intenso.
9. Procurad _________ de los momentos buenos de la vida.
10. _________ todos tus amigos, harás tu voluntad y saldrás para los Estados Unidos.

## 4. Busque expresiones sinónimas a las dadas en la actividad anterior.

*Ej:* Sacar fruto — *Sacar provecho, sacar tajada*

________________ ________________
________________ ________________
________________ ________________
________________ ________________

## 5. Complete los espacios en blanco con la palabra más adecuada de las que a continuación se escriben y póngala en la forma que exige la frase.

| | |
|---|---|
| *inhóspito* | *excéntrico* |
| *pugna* | *jalonar* |
| *avalar* | *sacudida* |
| *ostentosidad* | *importante* |
| *infatigablemente* | *derramar* |

1. Una isla _________ se divisaba en el horizonte.
2. La opinión pública _________ la decisión del Consejo Municipal de cerrar el tráfico por la calle principal de la ciudad y convertirla en una zona peatonal.
3. Siguieron _________ y con esmero las obras de la casa porque querían mudarse cuanto antes e iniciar una nueva etapa.
4. Con esa cara que has puesto que _________ alegría por todas partes, nos estás contagiando a todos.
5. No podía entender sus _________ ideas que ya no convencían a nadie.
6. Los defensores de la oposición armaron una verdadera _________ ideológica en los medios de comunicación enfrentándose al nuevo gobierno con el fin de derribarlo.
7. La pérdida de vuestros amigos en el accidente os provocó una _________ dolorosa.
8. La _________ playa nos recibió con su ambiente desagradable y, por sentirnos sin abrigo y protección, preferimos alejarnos de inmediato.
9. Todo el mundo aborrecía su vanidad y _________.
10. La publicación de tu última colección de cuentos _________ un período importante en tu desarrollo y te proporcionará nuevos horizontes.

## 6. Rellene los espacios en blanco con la preposición adecuada.

1. En lo que atañe _________ mis problemas, me gustaría que me echaras una mano para solucionarlos.
2. No cuida en absoluto _________ su salud.
3. El anciano poseía una elocuencia excepcional, salpicaba su charla _________ sentencias, proverbios y refranes que, usadas siempre con tino, hacían su expresión viva, persuasiva y conmovedora.
4. El sendero nos condujo _________ un pequeño claro en lo más oscuro del bosque.
5. Preferí renunciar _________ todos los bienes hasta que satisficiera sus caprichos materialistas.
6. En los años de mi carrera universitaria me esforzaba mucho porque aspiraba _________ ser una buena periodista.
7. ¡Que te conozco muy bien y lo tengo muy claro!, con la primera dificultad que te surja, desistirás _____________ tus intenciones y objetivos.
8. El pintor se puso muy contento _________ el premio conseguido, declarando que la mitad del dinero lo distribuiría entre los necesitados.
9. Siempre os habéis empeñado _________ hacer las cosas muy bien y terminar a tiempo.
10. ¡Brindemos _______ nuestra salud y felicidad!

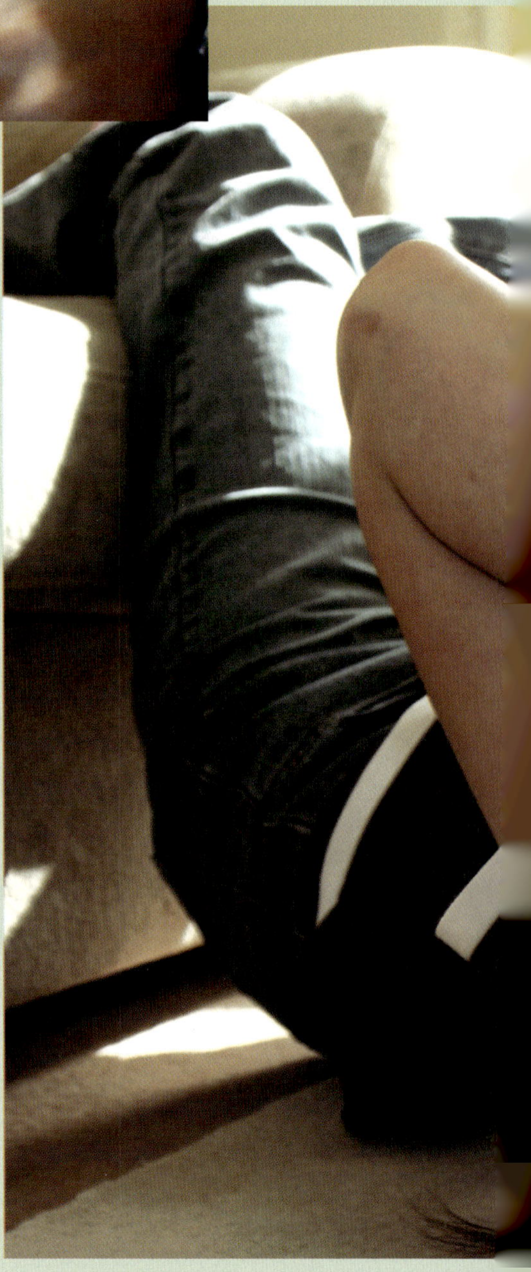

# Formas de **comunicación**

## ESQUEMA GRAMATICAL 1

### Prefijos

| | | | |
|---|---|---|---|
| A-, AN- | «negación»: ateo, anovulatorio. | EN-, EM- | «acción en»: enterrar, empaquetar. |
| ANTE- | «anterioridad»: anteponer. | ENTRE- | «situación o estado intermedios»: entrecruzar. |
| ANTI- | «oposición»: anticonceptivo. | EX- | «fuera»: excéntrico. |
| CIRCUN- | «movimiento»: circunferencia. | EX- | «lo que ha sido y ya no es»: ex-jesuita, ex-alumno. |
| CON-, CO- | «asociación»: confraternizar, coeditor. | HIPER- | «superioridad, exceso»: hipercrítico. |
| CONTRA- | «oposición»: contraguerrillero. | HIPO- | «inferioridad»: hipocentro. |
| DES-, DE- | «negación»: desamortizar, depreciar. | IN-, IM-, I- | «negación»: incompleto, imberbe, ilegible. |
| DIS- | «negación»: disociar. | INFRA- | «debajo de»: infradotado. |

**NOTA**

| | | | | | |
|---|---|---|---|---|---|
| *A-* | *Se usa delante de consonante.* | *EN-* | *Se emplea delante de consonante.* | *IM* | *Se usa delante de* b *y* p. |
| *AN-* | *Se utiliza delante de vocal.* | | | *I-* | *Se usa delante de* l *y* r. |
| *EM-* | *Se usa delante de* b *y* p. | *IN-* | *Se usa delante de consonante.* | | |

### *1.* Diga el significado y forme frases con los términos siguientes.

| | | | | | | |
|---|---|---|---|---|---|---|
| infrarrojo | envejecer | disociar | entrecortado | embarrar | expectorar | encartar |
| inflamar | infrascrito | hipodérmico | invisible | disforme | encaminar | exterminar |
| hipertensión | hipocentro | infrasonido | hipotaxis | involuntario | disparate | hipermetropía |
| entrecejo | entremés | dislocar | exhalar | hipotrofia | hiperestesia | incinerar |

### *2.* Diga el significado y forme frases con los términos siguientes.

| | | | | | |
|---|---|---|---|---|---|
| contrarrestar | desabrochar | dispar | asemántico | disfemismo | desagradar |
| antediluviano | desterrar | contrarreforma | antiaéreo | descalzar | antecámara |
| desvelar | circundar | condolencia | contrasentido | anticlímax | anteojo |
| ataraxia | antesala | circunspección | despilfarrar | acatólico | desabotonar |

## ESQUEMA GRAMATICAL 2

### Abreviaturas

| | | | | | |
|---|---|---|---|---|---|
| admón. | *administración* | dto. | *descuento* | mús. | *música* |
| art. | *artículo* | docum. | *documento* | n.º | *número* |
| autom. | *automovilismo* | ecol. | *ecológico* | p.b. | *peso bruto* |
| a/c | *a cuenta* | econ. | *económico* | p. n. | *peso neto* |
| a/f | *a favor* | educ. | *educación* | Pol. | *Política* |
| Bibl. | *Biblioteca* | fact. | *factura* | P.V.P. | *Precio venta al público* |
| Biol. | *Biología* | Geogr. | *Geografía* | pza. | *plaza* |
| Bioq. | *Bioquímica* | imp. | *importe* | Quím. | *Química* |
| c/ | *calle* | ind. | *industria* | S. A. | *Sociedad Anónima* |
| c/a | *cuenta abierta* | inv. | *inventario* | Sind. | *Sindicato* |
| c/c. | *cuenta corriente* | izda. | *izquierda* | tecn. | *tecnología* |
| Corp. | *Corporación* | líq. | *líquido* | tur. | *turismo* |
| dep. | *Deportes* | ltda. | *limitada* | Ud. | *Usted* |
| Der. | *Derecho* | m/c.c. | *mi cuenta corriente* | vto. | *vencimiento* |
| dcha. | derecha | | | | |

## 3. Señale la incorrección y, donde sea necesario, utilice la expresión correcta.

1 Juan llegó con hambre, se sentó *en / a* la mesa y devoró la comida.
2. Todas las compras nos salieron *gratis / de gratis.*
3. El encuentro ocurrió *de / por* casualidad.
4. Juan y Pedro quedaron *en / para / de* el martes.
5. La estación de autobuses está *frente de / frente a* mi casa.
6. Me comentaron *de* que los carnavales del año pasado fueron muy animados.
7. Llegamos *a / con* tiempo de coger el avión.
8. Estoy estudiando *a base de / en base a* los apuntes que me prestaste.
9. Estoy completamente seguro *que / de que* llevará a cabo lo prometido.
10. Ellos dijeron *de* que no podían llegar *a / por* causa de la nieve.

## 4. Sustituya las palabras *cosa*, *algo*, *esto* y *eso* por expresiones más precisas.

Ej.: La obediencia es *cosa* poco frecuente ___________*La obediencia es una virtud poco frecuente.*

1. La envidia es una *cosa* muy extendida. ______________________________
2. El mérito es una *cosa* notable. ______________________________
3. La *cosa* se aprobará en Consejo de Ministros.______________________________
4. En su rostro había *algo* de maligno.______________________________
5. Este niño tiene *algo* distinguido. ______________________________
6. He visto en sus ojos *algo* de odio. ______________________________
7. Tú te confías a cualquiera. *Esto* puede acarrearte disgustos. ______________________________
8. Se expresa con afectación. *Eso* hace complicado su mensaje.______________________________
9. Es una mujer inteligente y capaz. *Esto* le hará triunfar. ______________________________
10. He visto en su mirada *algo* de rabia.______________________________

## 5. Señale la incorrección y, donde sea necesario, utilice la expresión correcta.

1. Los jefes militares no acostumbran *a salir* de noche. ______________________________
2. La niña se hizo un vestido *en / de / con* terciopelo.______________________________
3. Los certificados están *abajo de / bajo* la carpeta de la mesa. ______________________________
4. A Juan le dijeron *de que / que* se acercase al estreno de la obra de teatro. ______________________________
5. Aquí fue *en donde / donde / que* lo mataron. ______________________________
6. El niño estaba escondido *atrás / detrás* de la puerta de la sala. ______________________________
7. El ladrón se encontraba *cerca tuyo / cerca de ti.*______________________________
8. Consuelo tiene afición *por / a* las ciencias matemáticas.______________________________
9. El médico me recomendó unas pastillas *para / contra* el catarro. ______________________________
10. José salió *en / con* dirección a Toledo. ______________________________

## Refranes españoles

- *A buen entendedor, pocas palabras bastan.*
- *A buen hambre, no hay pan duro.*
- *A caballo regalado, no le mires el diente.*
- *A Dios rogando y con el mazo dando.*
- *A enemigo que huye, puente de plata.*
- *A falta de pan, buenas son tortas.*
- *Afortunado en el juego, desgraciado en amores.*
- *A grandes males, grandes remedios.*
- *Agua pasada no mueve molino.*
- *Agua que no has de beber, déjala correr.*
- *A la cama no te irás, sin saber una cosa más.*
- *A perro flaco, todo son pulgas.*

## ESQUEMA GRAMATICAL 3

### Locuciones españolas

- *A boca de cañón:* a quemarropa.
- *A buen seguro:* ciertamente.
- *A cada instante:* frecuentemente, a menudo.
- *A campo traviesa:* cruzando el campo.
- *A cántaros:* en abundancia, con mucha fuerza.
- *A cara descubierta:* públicamente, sin rebozo.
- *A carta cabal:* completo, intachable.
- *A ciegas:* ciegamente, irreflexivamente.
- *A ciencia cierta:* con toda seguridad, sin la menor duda.
- *A contrapelo:* contra el curso normal.
- *A cosa hecha:* con éxito asegurado.
- *A chorros:* con abundancia.
- *A destajo:* por un tanto ajustado.
- *A diestro y siniestro:* sin orden, sin discreción ni miramiento.

### 6. Utilice la locución que más convenga a la frase.

1. El manifestante se abrió paso ____________ ante la llegada de la policía.
2. El sábado pasado estuvo lloviendo ____________ en la meseta norte. Se recogieron 140 litros por metro cuadrado.
3. Para llegar cuanto antes a la cima es conveniente ir ____________.
4. El ladrón entró en el establecimiento ____________.
5. Los albañiles estuvieron trabajando ____________ durante todo el mes.
6. El juicio fue llevado por el abogado de oficio ____________.
7. Cuando vayamos a Salamanca, iremos ____________ porque no podemos perder más tiempo con el asunto en cuestión.
8. Pedro se portó, como en él es habitual, ____________ ante el nuevo caso de cólera.
9. El alumno fue dando tumbos por la secretaría del centro; iba ____________.
10. ____________ me iré de viaje el mes que viene.

*a buen seguro*
*a cara descubierta*
*a campo traviesa*
*a cántaros*
*a carta cabal*
*a ciencia cierta*
*a contrapelo*
*a cosa hecha*
*a destajo*
*a diestro y siniestro*
*a ciegas*

## ESQUEMA GRAMATICAL 4

### Algunos usos del artículo

1. Delante de los nombres propios o apellidos que vayan en plural:
   *La dinastía de los Borbones. La mansión de los Lujanes.*
2. No es corriente usarlo ante nombres de mujer; sin embargo, sí ante nombres célebres de la cultura en general:
   *La Pardo Bazán (escritora). La Caballé (cantante lírica).*
3. Ante los nombres de persona precedidos por un adjetivo o por un nombre genérico:
   *El almirante Churruca, la reina Sofía, la eterna Marilyn.*
4. Delante de algunos nombres de países: *el Paraguay, el Uruguay*. Por regla general, lo llevan cuando se trata de nombres compuestos:
   *Los Estados Unidos, los Países Bajos.*

   La mayoría de los países, no: *España, Francia, Suecia.*
5. Sí lo llevan, generalmente, los nombres de regiones y comarcas:
   *El Maestrazgo, La Lombardía, El Magreb, La Mancha.*
6. Aunque lo general es que no aparezca el artículo, lo llevan algunos nombres de ciudades:
   *Los Ángeles, El Cairo, La Habana.*
7. Delante de los nombres de los clubes deportivos:
   *El Real Madrid, el Betis, el Milán, la Real Sociedad.*
8. Los hablantes de español de origen levantino y catalán lo suelen emplear delante de nombres propios:
   *El Pascual, la María Antonia.*

### 7. Ponga el artículo delante de los nombres que deban llevarlo.

*Estuve, ______ domingo pasado, viendo ______ partido entre ______ Celta y ______ Rácing. Me encontré en ______ estadio con ______ Luis, el hijo de ______ señor Sánchez, que había ido con ______ sargento Gómez, antiguo vecino mío.*

*En ______ Brasil hay actualmente una enorme complejidad política por la conducta de ______ grandes multinacionales.*

*La ciudad de ______ Palmas ofrece, durante todo ______ año, un interesante panorama turístico.*

*La región de ______ Rioja se caracteriza, al igual que ______ Mancha, por sus vinos.*

*______ China, ______ India y ______ Afganistán son países de ______ Asia; ______ Senegal, ______ Camerún y ______ Congo son, en cambio, de ______ África.*

### 8. Utilice *el* o *la* según convenga.

| | | | |
|---|---|---|---|
| ____ acné | ____ álgebra | ____ ancla | ____ ánfora |
| ____ arca | ____ arpa | ____ haba | ____ hada |
| ____ acta | ____ asma | ____ aspa | ____ águila |
| ____ área | ____ hambre | ____ hampa | |

## ESQUEMA GRAMATICAL 5

### Los determinantes

| | | | | |
|---|---|---|---|---|
| el<br>del<br>al<br>este<br>ese<br>aquel | este<br>ese<br>aquel<br>el ... mío<br>el ... tuyo<br>el ... suyo | mi<br>tu<br>su<br>el ... nuestro<br>el ... vuestro<br>el ... suyo | nuestro<br>vuestro<br>su | libro |
| la<br>de la<br>a la<br>esta<br>esa<br>aquella | esta<br>esa<br>aquella<br>la ... mía<br>la ... tuya<br>la ... suya | mi<br>tu<br>su<br>la ... nuestra<br>la ... vuestra<br>la ... suya | nuestra<br>vuestra<br>su | ciudad |
| los<br>de los<br>a los<br>estos<br>esos<br>aquellos | estos<br>esos<br>aquellos<br>los ... míos<br>los ... tuyos<br>los ... suyos | mis<br>tus<br>sus<br>los ... nuestros<br>los ... vuestros<br>los ... suyos | nuestros<br>vuestros<br>sus | libros |
| las<br>de las<br>a las<br>estas<br>esas<br>aquellas | estas<br>esas<br>aquellas<br>las ... mías<br>las ... tuyas<br>las ... suyas | mis<br>tus<br>sus<br>las ... nuestras<br>las ... vuestras<br>las ... suyas | nuestras<br>vuestras<br>sus | ciudades |

### 9. Use la forma adecuada del determinante.

1. Mis zapatos son mejores que ______, aunque también son más caros.
2. No me refiero a esto, sino a ______ que tú y yo sabemos.
3. De verdad, ______ que dices me parece una solemne tontería.
4. ______ chica es mucho más atractiva que ésta.
5. En ______ circunstancias era imposible actuar.
6. ¡Atención, te has pasado ______ disco en rojo!
7. No conozco ______ poema, ni tampoco ______ cuentos.
8. En ______ situación, lo mejor es guiarse por lo que nos digan.
9. De un tiempo a ______ parte, estamos teniendo mucha desgracia.
10. Si tuviéramos más cuidado, evitaríamos ______ accidentes que nos desangran.

### 10. Use la forma adecuada del determinante.

1. No te consiento que utilices ______ máquina de afeitar.
2. ______ aspiraciones son idénticas a las tuyas.
3. ______ hijos son muy salados.
4. Lo que es mío es también ______.
5. Tu trabajo es interesante, pero ______ es fascinante.
6. ______ pretensiones de trabajo eran demasiado para mis posibilidades financieras.
7. Déme ______ dirección y ______ teléfono, intentaré ponerme en contacto con usted.
8. No me quiero meter en ______ negocios. Tú eres el responsable.
9. No ha sido una idea mía, sino de ______ hermano.
10. ______ proyecto ha sido aprobado por el director; el de ellos, no.

## 11. Escoja la forma correcta.

1. Los acuerdos de la reunión figuran recogidos en *el / la segundo / segunda* acta.
2. Mañana tendremos la clase en *ese / esa* aula.
3. Inmediatamente hablaremos de ese asunto; es el tercer punto de *el / la* orden del día.
4. *El / la* orden que se impartió desde capitanía era muy concreta: no disparar.
5. El avión se encontró inesperadamente con *un / una* cometa.
6. Nos tuvimos que meter en *la / el* agua fría del mar.
7. *El / la* mar de las playas de Santander es muy *impetuoso / impetuosa*.
8. El juez en el juicio no apreció *ningún / ninguna* atenuante.
9. El paracaidista casi rozó *un / una* rama de un árbol.
10. El niño dijo: "no beberé más de *este / esta* agua".

## ESQUEMA GRAMATICAL 6

### Composición

LA COMPOSICIÓN DE LA PALABRA OFRECE TRES FASES PRINCIPALES:

**A. Composición en sentido propio:**

**Principio fundamental:** ***dos o más palabras se juntan para formar una nueva.***

1. Composición de tipo latino: *todopoderoso*, traducción docta de *omnipotente;* de tipo griego: vocal *o* en lugar de la *i* latina: *litografía.*
2. Compuesta por unidades semánticas, de determinante a determinado y por su función: *a sabiendas, barbilampiño.*
3. Componentes de independencia en la frase: *ojo de buey.*
4. Composición coordinativa: *coliflor.*
5. Composición subordinativa: *apagavelas, guardamuebles.*
6. Componentes adjetivos: *agridulce.*
7. Dos sustantivos: *carricoche.*
8. Adjetivo y sustantivo: *minifalda, minitrén, alicorto.*
9. Verbo y sustantivo: *quitasol, lavaplatos.*
10. Adverbio y verbo: *bendecir, malcasar.*
11. Adverbio y sustantivo: *malandanza.*
12. Adverbio y conjunción: *aunque.*
13. Conjunción y verbo: *siquiera, vaivén.*
14. Frase hecha: *bienmesabe, correveidile.*
15. Dos nombres propios: *Mari Blanca, Mari Carmen.*

**B. Fase prefijal:**

1. Por preposiciones o prefijos separables: *anteponer, posponer, entretela, entreacto.*
2. Por prefijos propiamente dichos o elementos *inseparables* que no tienen uso fuera de la composición: *a, an, ab, abs, ad, ana, anfi, archi, bis, circum, cis, citra, deci, de, di, en, epi, equi, ex, extra, hiper, hipo, in, inter, meta, miria, mono, ob, per, peri, pos, pre, pro, proto, re, res, super, trans, ultra.* Por ejemplo: *aparecer, abjurar, admirar abstraer, circunvecino, cisalpino, obtener, permitir, superfluo.*

**C. Fase de composición parasintética:**

Se trata de la palabra formada por composición y derivación: *paniaguado, pordiosero* (por + Dios + sufijo -ero), *aprisionar* (prefijo a + prisión + sufijo -ar), *endulzar* (en + dulce + ar).

Los parasintéticos no deben confundirse con los derivados de palabras compuestas: *subdiaconado* derivado de *subdiácono, subdesarrollado* de *sub-* y *desarrollo.*

El mayor número de parasintéticos se da en los verbos formados por prefijos: *descuartizar, descabezar, ensimismar, sonrojar.*

Se llama también parasintética la composición de dos palabras con un sufijo sin que exista el grupo previo de las dos palabras, como *desalmado.*

Es muy corriente y curiosa la composición por reduplicación, en la que el segundo miembro suele ser como un eco o imitación del primero: *tiquis miquis, a troche y moche.*

## 12. Sustituya las palabras en cursiva por un adverbio acabado en -mente.

1. Nos saludó *con afecto.* — *Nos saludó afectuosamente.*
2. Nos escribe *con regularidad.* ______________________
3. Nos ve *cada cierto tiempo.* ______________________
4. Nos informó del asunto *con brevedad.* ______________________
5. Nos invitó a su casa *con cordialidad.* ______________________
6. Trabaja todos los días *con intensidad.* ______________________
7. Vive en Alemania *con modestia.* ______________________
8. Has realizado el examen *con descuido.* ______________________
9. Nos dio las instrucciones *con altanería.* ______________________
10. Comimos *con parquedad.* ______________________

## 13. Escriba los gentilicios correspondientes a las siguientes ciudades.

| | | | |
|---|---|---|---|
| Cuenca | ______ | Teruel | ______ |
| Ciudad Real | ______ | Málaga | ______ |
| Soria | ______ | Badajoz | ______ |
| Alicante | ______ | Cádiz | ______ |
| Tenerife | ______ | Albacete | ______ |
| Toledo | ______ | La Coruña | ______ |
| Elche | ______ | Murcia | ______ |
| Huelva | ______ | Almería | ______ |
| Valladolid | ______ | Ceuta | ______ |
| Zaragoza | ______ | Mérida | ______ |

## 14. Las siguientes palabras son polisémicas. Construya, con cada una de ellas, dos frases en las que su significado sea distinto.

- *Juan se ha comido una buena chuleta de cordero.*
- *Pedro utilizó su chuleta en el examen de matemáticas.*

______________________
______________________
______________________
______________________
______________________
______________________
______________________
______________________
______________________
______________________

*araña*
*portero*
*pico*
*frente*
*satélite*
*pastor*
*columna*
*eminencia*
*chuleta*
*rosco*
*cubo*
*radio*
*colapso*

## Atención

Las palabras siguientes presentan doble posibilidad de acentuación; la Real Academia Española prefiere la transcrita en primer lugar:

| | | | | | |
|---|---|---|---|---|---|
| • *alveolo* | *alvéolo* | • *ósmosis* | *osmosis* | • *políglota* | *poliglota* |
| • *gladíolo* | *gladiolo* | • *cardiaco* | *cardíaco* | • *ibero* | *íbero* |
| • *amoniaco* | *amoníaco* | • *pentagrama* | *pentágrama* | • *reuma* | *reúma* |
| • *fríjoles* | *frijoles* | • *cónclave* | *conclave* | • *medula* | *médula* |
| • *austriaco* | *austríaco* | • *período* | *periodo* | • *tortícolis* | *torticolis* |
| • *omóplato* | *omoplato* | • *etíope* | *etiope* | • *olimpiada* | *olimpíada* |
| • *cantiga* | *cántiga* | • *policiaco* | *policíaco* | • *chófer* | *chofer* |

## 15. Diga con una sola palabra el significado de las frases siguientes.

1. Ciencia que se ocupa de la luna. ____________________
2. Ciencia que se ocupa de los volcanes. ____________________
3. Ciencia que se ocupa de las razas humanas. ____________________
4. Ciencia que se ocupa de la escritura e interpretación de los textos antiguos. ____________________
5. Ciencia que se ocupa de la información automática. ____________________
6. Parte de la filosofía que estudia la moral y las costumbres. ____________________
7. Ciencia que se ocupa de los aspectos biológicos del hombre y su relación con el medio geográfico, histórico y cultural. ____________________
8. Parte de la lingüística que se ocupa de los aspectos sociales de la lengua. ____________________
9. Parte de la lingüística que se ocupa del origen de las palabras. ____________________
10. Parte de la filosofía que se ocupa de la actividad psíquica. ____________________

## ¿SEGURO QUE SABES LO QUE DICES?

SER UNA BIRRIA. *El birria* o *la birria* es vocablo que designaba al **personaje estrafalario, ridículo y graciosillo que, de uno u otro modo, amenizaba –y ameniza, en algunos sitios–** los jolgorios populares. Desde ese origen folclórico ha venido, en nuestros días, a modismo familiar con el que se califica de deleznable o ridícula cualquier cosa que pretenda, sin mérito, pasar por estimable.

MATAR EL GUSANILLO. Hay varias hipótesis sobre el origen de esta expresión, cuyo significado es regalarse en ayunas con una copa de aguardiente o bebida similar (aunque también se usa como sinónimo de colmar un capricho profundo). Durante mucho tiempo se creyó que existía en verdad un **"gusanillo" alojado en el vientre al que era preciso eliminar o siquiera adormecer mediante un latigazo de alcohol.**

METER EL CUEZO. La palabra cuezo significa *cuévano chico* y es la **artesilla de madera en que los albañiles amasan el yeso.** De modo que con la frase figurada *meter el cuezo* se designa el acto de proceder con torpeza, inmiscuyéndose en cuestiones o en negocios ajenos.

*Diccionario fraseológico documentado del español actual,* M. Seco, O. Andrés, G. Ramos, Madrid, Aguilar, 2004

# 2 El entorno social

## Ramón María del Valle-Inclán (1866-1936)

### Mi bisabuelo (*Jardín umbrío*)

Don Manuel Bermúdez y Bolaño, mi bisabuelo, fue un caballero alto, seco, con los ojos verdes y el perfil purísimo. Hablaba poco, paseaba solo, era orgulloso, violento y muy justiciero. Recuerdo que algunos días en la mejilla derecha tenía una roséola, casi una llaga. De aquella roséola la gente del pueblo murmuraba que era un beso de las brujas, y a medias palabras venían a decir lo mismo mis tías las Pedrayes. La imagen que conservo de mi bisabuelo es la de un viejo caduco y temblón que paseaba al abrigo de la iglesia en las tardes largas y doradas. ¡Qué amorosa evocación tiene para mí aquel tiempo! ¡Dorado es tu nombre, Santa María de Louro! ¡Dorada tu iglesia con nidos de golondrinas! ¡Doradas tus piedras! ¡Toda tú dorada, villa de Señorío!

De la casa que tuvo allí mi bisabuelo sólo queda una parra vieja que no da uvas, y de aquella familia tan antigua, un eco en los libros parroquiales; pero en torno de la sombra de mi bisabuelo flota todavía una leyenda. Recuerdo que toda la parentela le tenía por un loco atrabiliario. Yo era un niño y se recataban de hablar en mi presencia; sin embargo, por palabras vagas llegué a descubrir que mi bisabuelo había estado preso en la cárcel de Santiago. En medio de una gran angustia presentía que era culpado de algún crimen lejano, y que había salido libre por dinero. Muchas noches no podía dormir, cavilando en aquel misterio, y se me oprimía el corazón si en las altas horas oía la voz embarullada del viejo caballero que soñaba a gritos. Dormía mi bisabuelo en una gran sala de la torre, con un criado a la puerta, y yo le suponía lleno de remordimientos, turbado su sueño por fantasmas y aparecidos. Aquel viejo tan adusto me quería mucho, y correspondíale mi candor de niño rezando para que le fuese perdonado su crimen. Ya estaban frías las manos de mi bisabuelo cuando supe cómo se habían cubierto de sangre.

Un anochecido, escuché el relato a la vieja aldeana que ha sido siempre la crónica de la familia. Micaela hilaba su copo en la antesala redonda, y contaba a los otros criados las grandezas de la casa y las historias de los mayores. De mi bisabuelo recordaba que era un gran cazador, y que una tarde, cuando volvía de tirar a las perdices, salió a esperarle en el camino del monte el cabezalero de un foral que tenía en Juno. Era un hombre ciego a quien una hija suya guiaba de la mano. Iba con la cabeza descubierta al encuentro del caballero:

–¡Un ángel lo trae por estos caminos, mi amo!

Hablaba con la voz velada de lágrimas. Don Manuel Bermúdez le interrogó breve y adusto:

–¿Ha muerto tu madre?

–¡No lo permita Dios!

–¿Pues qué te ocurre?

–Por un falso testimonio están en la cárcel dos de mis hijos. ¡Quiere acabar con todos nosotros el escribano Malvido! Anda por las puertas con una obligación escrita, y va tomando las firmas para que ninguno vuelva a meter los ganados en las Brañas del Rey.

Suspiró la mociña que guiaba a su padre:

–Yo lo vide a la puerta de tío Pedro de Vermo.

Se acercaron otras mujeres y unos niños que volvían del monte agobiados bajo grandes haces de carrascas. Todos rodearon a don Manuel Bermúdez.

–Ya los pobres no podemos vivir. El monte donde rezábamos nos lo quita un ladrón de la villa.

Clamó el ciego:

–Más os vale no hablar y arrancaros la lengua. Por palabras como ésas están en la cárcel dos de mis hijos.

Al callar el ciego gimió la mociña:

–Por estar encamada no se llevaron los alcaldes a mi madre Águeda.

Cuentan que mi bisabuelo al oír esto dio una voz muy enojado, imponiendo silencio:

–¡Habla tú, Serenín! ¡Que yo me entere!

Todos se apartaron, y el ciego labrador quedó en medio del camino con la cabeza descubierta, la calva dorada bajo el sol poniente. Llamábase Serenín de Bretal, y su madre, una labradora de cien años, Águeda la del Monte.

# Miguel Mihura (1905-1977)

## *Maribel y la extraña familia*

*Doña Paula:* Siéntate aquí, Matilde, siéntate... *(Y le señala un sitio a su lado, en el sofá de la izquierda, y las dos se sientan sonrientes, mientras se dirige a Doña Vicenta y Don Fernando.)* Y ustedes también pueden sentarse...

*Doña Vicenta:* Gracias.

*Don Fernando:* Gracias.

*(Y también se sientan sonrientes.)*

*Doña Paula:* Les he hecho oír el precioso disco de Elvis Presley, y no sabes los elogios tan entusiastas que me han hecho de él. Todo lo que te diga es poco...

*Doña Matilde:* Me alegro mucho que les haya agradado.

*Doña Vicenta:* ¡Y por cierto! ¿Dónde has ido a comprarlo, mi querida Matilde?

*Doña Matilde:* Pues he ido a comprarlo a una tienda de la calle de Fuencarral.

*Doña Paula:* *(Asombrada.)* ¡No me digas! ¿Pero has ido hasta la calle de Fuencarral?

*Doña Matilde:* Pero si vivimos en la calle de Hortaleza, mujer...

*Doña Paula:* De todos modos has tenido que cruzar de acera a acera... ¡Pero qué horror, Matilde! ¡No debes hacer esas locuras! *(Al matrimonio.)* Yo vivo hace sesenta años en esta misma casa de la calle Hortaleza, y nunca me he atrevido a llegar hasta la calle de Fuencarral... ¡Y eso que me han hablado tanto de ella! *(A Doña Matilde.)* ¿Cuál de las dos es más bonita? Cuéntame, cuéntame...

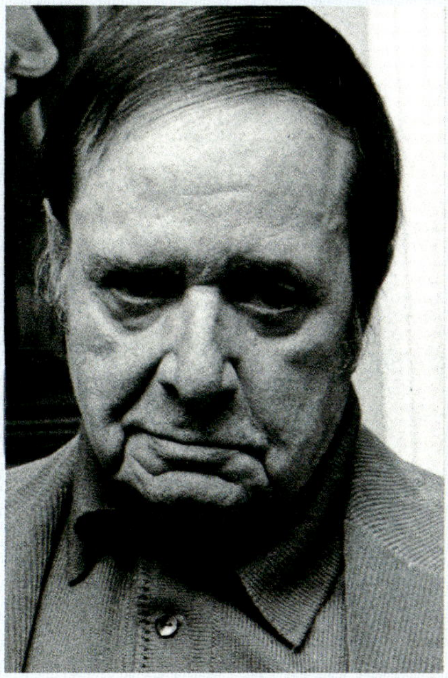

*Doña Matilde:* Son dos estilos diferentes. No pueden compararse.

*Doña Paula:* ¿Pero tiene árboles? ¿Estatuas? ¿Monumentos?

*Doña Matilde:* Si he de decirte la verdad, no me he fijado bien. Sólo crucé la calle, entré en la tienda, compré a Elvis Presley y me volví a casa... Pero, a mi juicio, es más estrechita...

*Doña Paula:* ¿Cuál de las dos? ¿Ésta o aquélla?

*Doña Matilde:* De eso precisamente es de lo que no me acuerdo yo muy bien...

*Doña Paula:* ¡Ah! Siendo así no he perdido nada con no verla... *(Al matrimonio, que sigue picando de las chocolatinas.)* ¿Y les gustan a ustedes las chocolatinas? Son de la fábrica de mi hermana...

*Doña Matilde:* Mi marido al morir me dejó la fábrica, y mi hijo ahora está al frente de ella. ¡Ah! Las famosas chocolatinas "Terrón e Hijo". Producimos poco, pero en calidad nadie nos aventaja... Ustedes mismos habrán comprobado que son verdaderamente exquisitas...

*Doña Paula:* La fábrica está emplazada en un pequeño pueblo de la provincia de Cuenca, a ciento y pico de kilómetros de Madrid, y junto a la fábrica, en un chalet, vive mi hermana con su hijo, que a la vez es mi sobrino, y a quien también quiero bastante... Un chico verdaderamente encantador: fino, agradable, educado y amante del trabajo. Para él sólo existe su fábrica y su mamá. Su mamá y sus chocolatinas... Y ésta es toda su vida.

*Doña Matilde:* Y ahora hemos venido a pasar una temporada aquí, a casa de mi hermana Paula, para ver si el chico encuentra novia en Madrid y por fin se casa. Porque allí, en aquella provincia, es decir, en el pueblo donde tenemos la fábrica y donde vivimos, figúrense qué clase de palurdas se pueden encontrar... Chicas anticuadas en todos los aspectos, tanto física como moralmente...

*Doña Paula:* Y ya conocen ustedes nuestras ideas avanzadas. Nada de muchachas anticuadas y llenas de prejuicios, como éramos nosotras... ¡Qué horror de juventud la nuestra! Porque si yo no he salido a la calle hace sesenta años, desde que me quedé viuda, no ha sido por capricho, sino porque me daba vergüenza que me vieran todos los vecinos que estaban asomados a los balcones para criticar a las que salían...

*Doña Matilde:* ¡Qué época aquella en que todo lo criticaban! ¡El sombrero, el corsé, los guantes, los zapatos!

*Doña Paula:* Había un sastre en un mirador, siempre observando con un gesto soez, que me llenaba de rubor... Y después empezaron los tranvías y los automóviles, y ya me dio miedo que me atropellaran, y no salí. Y aquí lo paso tan ricamente, escuchando música de baile y escribiendo a los actores de cine de Norteamérica para que me manden autógrafos...

*Doña Matilde:* Por eso, para mi hijo, yo quiero una muchacha moderna, desenvuelta, alegre y simpática, que llene de alegría la fábrica de chocolatinas.

*Doña Paula:* Una muchacha de las de ahora. Empleada, mecanógrafa, enfermera, hija de familia, no importa lo que sea... Rica o pobre, es igual...

*Doña Matilde:* El caso es que pertenezca a esta generación maravillosa. Que tenga libertad e iniciativas...

*Doña Paula:* Porque mi sobrino es tan triste, tan apocado, tan poquita cosa... Un provinciano, ésa es la palabra...

*Doña Matilde:* Es como un niño, figúrense. Siempre sin separarse de mis faldas...

*Doña Paula:* Pero por lo visto ya ha encontrado la pareja ideal.

*Doña Matilde:* Y él solito, no crean...

*Doña Paula:* Como yo no tengo relaciones sociales, porque las viejas me chinchan y las jóvenes se aburren conmigo, no he podido presentarle a nadie. Pero el niño se ha ambientado en seguida, y parece ser que ha conocido a una señorita monísima, muy moderna y muy fina, y a lo mejor la trae esta tarde para presentárnosla.

*Doña Matilde:* ¡Y tenemos tanta ilusión por conocerla...!

*Doña Paula:* Siempre hemos odiado nuestra época, y hemos admirado esta generación nueva, fuerte, sana, valiente y llena de bondad...

*Doña Matilde:* ¡Qué hombres los de antes, que se morían en seguida!

*Doña Paula:* A mí el mío me duró solamente un día y medio. Nos casamos por la mañana, pasamos juntos la noche de bodas y a la mañana siguiente se murió.

*Doña Matilde:* Y es que se ponían viejos en seguida. Yo tuve la suerte de que el mío me durase un mes y cinco días, a base de fomentos. Pero ya te acordarás, Paula. Tenía veintidós años y llevaba una barba larga, ya un poco canosa... Y tosía como un condenado.

*Doña Paula:* Según dice mi médico, ahora también se mueren antes que las mujeres, pero no en semejante proporción.

*Doña Matilde:* Yo creo que lo que les sucede es que el amor les sienta mal.

*Doña Paula:* Y los pobres se obstinan en hacerlo, creyendo que con ello nos complacen... ¡Pobrecillos!

*Doña Matilde:* ¡Por presumir de hombres y contarlo luego en el casino, son capaces hasta de morir!

*Doña Paula:* En efecto, en efecto... *(Y de repente Doña Paula se dirige al matrimonio, que sigue en el mismo sitio, imperturbable, y les dice:)* ¡Ah! ¿Pero se van ustedes ya? ¡Huy! ¡Pero qué lástima!

*Doña Matilde:* ¡Qué pronto! ¿Verdad?

*Doña Paula:* *(Se levanta.)* Nada, nada, si tienen ustedes prisa, no queremos detenerles más.

*Doña Matilde:* *(Se levanta).* Claro que sí... A lo mejor se les hace tarde.
*(Y el matrimonio entonces no tiene más remedio y también se levanta.)*

*Doña Paula:* Pues les agradecemos mucho su visita.

*Doña Matilde:* Hemos tenido un verdadero placer.

*Doña Paula:* *(Ha sacado de un bolsillo un billete de cincuenta pesetas, que le entrega a Doña Vicenta.)* ¡Ah! Y aquí tienen las cincuenta pesetas.

*Doña Vicenta:* Muchísimas gracias, doña Paula.

*Doña Paula:* No faltaba más.

*Don Fernando:* Buenas tardes, señoras...

*Doña Matilde:* Buenas tardes.

# Ernesto Sábato (1911)

## *El túnel*

Bastará decir que soy Juan Pablo Castel, el pintor que mató a María Iribarne; supongo que el proceso está en el recuerdo de todos y que no se necesitan mayores explicaciones sobre mi persona.

Aunque ni el diablo sabe qué es lo que ha de recordar la gente, ni por qué. En realidad, siempre he pensado que no hay memoria colectiva, lo que quizá sea una forma de defensa de la especie humana. La frase «todo tiempo pasado fue mejor», no indica que antes sucedieran menos cosas malas, sino que –felizmente– la gente las echa en el olvido. Desde luego, semejante frase no tiene validez universal; yo, por ejemplo, me caracterizo por recordar preferentemente los hechos malos y, así, casi podría decir que «todo tiempo pasado fue peor», si no fuera porque el presente me parece tan horrible como el pasado; recuerdo tantas calamidades, tantos rostros cínicos y crueles, tantas malas acciones, que la memoria es para mí como la temerosa luz que alumbra un sórdido museo de la vergüenza. ¡Cuántas veces he quedado aplastado durante horas, en un rincón oscuro del taller, después de leer una noticia en la sección policial! Pero la verdad es que no siempre lo más vergonzoso de la raza humana aparece allí; hasta cierto punto, los criminales son gente más limpia, más inofensiva; esta afirmación no la hago porque yo mismo haya matado a un ser humano: es una honesta y profunda convicción. ¿Un individuo es pernicioso? Pues se lo liquida y se acabó. Eso es lo que yo llamo una buena acción. Piensen cuánto peor es para la sociedad que ese individuo siga destilando su veneno y que en vez de eliminarlo se quiera contrarrestar su acción recurriendo a anónimos, maledicencia y otras bajezas semejantes. En lo que a mí se refiere, debo confesar que ahora lamento no haber aprovechado mejor el tiempo de mi libertad, liquidando a seis o siete tipos que conozco.

Que el mundo es horrible, es una verdad que no necesita demostración. Bastaría un hecho para probarlo, en todo caso: en un campo de concentración un ex pianista se quejó de hambre y entonces lo obligaron a comerse una rata, pero viva.

No es de eso, sin embargo, de lo que quiero hablar ahora; ya diré más adelante, si hay ocasión, algo más sobre este asunto de la rata.

### II

Como decía, me llamo Juan Pablo Castel. Podrán preguntarse qué me mueve a escribir la historia de mi crimen (no sé si ya dije que voy a relatar mi crimen) y, sobre todo, a buscar un editor. Conozco bastante bien el alma humana para prever que pensarán en la vanidad. Piensen lo que quieran: me importa un bledo; hace rato que me importan un bledo la opinión y la justicia de los hombres. Supongan, pues, que publico esta historia por vanidad. A fin de cuentas estoy hecho de carne, huesos, pelo y uñas como cualquier otro hombre y me parecería muy injusto que exigiesen de mí, precisamente de mí, cualidades especiales; uno se cree a veces un superhombre, hasta que advierte que también es mezquino, sucio y pérfido. De la vanidad no digo nada: creo que nadie está desprovisto de este notable motor del Progreso Humano. Me hacen reír esos señores que salen con la modestia. ¡Cuántas veces tropezamos con esa clase de individuos! Hasta un hombre, real o simbólico, como Cristo, pronunció palabras sugeridas por la vanidad o al menos por la soberbia. ¿Qué decir de León Bioy, que se defendía de la acusación de soberbia argumentando que se había pasado la vida sirviendo a individuos que no le llegaban a las rodillas? La vanidad se encuentra en los lugares más inesperados: al lado de la bondad, de la abnegación, de la generosidad. Cuando yo era chico y me desesperaba ante la idea de que mi madre debía morirse un día (con los años se llega a saber que la muerte no sólo es soportable, sino hasta reconfortante), no imaginaba que mi madre pudiese tener defectos. Ahora que no existe, debo decir que fue tan buena como puede llegar a serlo un ser humano. Pero recuerdo, en sus últimos años, cuando yo ya era un hombre, cómo al comienzo me dolía descubrir debajo de sus mejores acciones un sutilísimo ingrediente de vanidad o de orgullo. Algo mucho más demostrativo me sucedió a mí mismo cuando la operaron de cáncer. Para llegar a tiempo tuve que viajar dos días enteros sin dormir. Cuando llegué al lado de su cama, su rostro de cadáver logró sonreírme levemente, con ternura, y murmuró unas palabras para compadecerme (¡ella se compadecía de mi cansancio!). Y yo sentí dentro de mí, oscuramente, el vanidoso orgullo de haber acudido tan pronto. Confieso este secreto para que vean hasta qué punto no me creo mejor que los demás.

Sin embargo, no relato esta historia por vanidad. Quizá estaría dispuesto a aceptar que hay algo de orgullo o de soberbia. Pero ¿por qué esa manía de querer encontrar explicación a todos los actos de la vida? Cuando comencé este relato, estaba firmemente decidido a no dar explicaciones de ninguna especie. Tenía ganas de contar la historia de mi crimen, y se acabó: al que no le gustara, que no la leyese. Aunque no lo creo, porque precisamente esa gente que siempre anda detrás de las explicaciones es la más curiosa, y pienso que ninguno de ellos se perderá la oportunidad de leer la historia de un crimen hasta el final.

Podría reservarme los motivos que me movieron a escribir estas páginas de confesión; pero como no tengo interés en pasar por excéntrico, diré la verdad, que de todos modos es bastante simple: pensé que podrían ser leídas por mucha gente, ya que ahora soy célebre; y aunque no me hago muchas ilusiones acerca de la humanidad en general y de los lectores de estas páginas en particular, me anima la débil esperanza de que alguna persona llegue a entenderme. AUNQUE SEA UNA SOLA PERSONA.

«¿Por qué –se podrá preguntar alguien– apenas una débil esperanza si el manuscrito ha de ser leído por tantas personas? Éste es el género de preguntas que considero inútiles. Y no obstante hay que preverlas, porque la gente hace constantemente preguntas inútiles, preguntas que el análisis más superficial revela innecesarias. Puedo hablar hasta el cansancio y a gritos delante de una asamblea de cien mil rusos: nadie me entendería. ¿Se dan cuenta de lo que quiero decir?»

Existió una persona que podría entenderme. Pero fue, precisamente, la persona que maté.

## Miguel Delibes (1920)

### *Cinco horas con Mario*

Casa y hacienda, herencia son de los padres, pero una mujer prudente es don de Yavé, y en lo que a ti concierne, cariño, supongo que estarás satisfecho, que motivos no te faltan, que aquí, para *inter nos*, la vida no te ha tratado tan mal, tú dirás, una mujer sólo para ti, de no mal ver, que con cuatro pesetas ha hecho milagros, no se encuentra a la vuelta de la esquina, desengáñate. Y ahora que empiezan las complicaciones, zas, adiós muy buenas, como la primera noche, ¿recuerdas?, te vas y me dejas sola tirando del carro. Y no es que me queje, entiéndelo bien, que peor están otras, mira Transi, imagínate con tres criaturas, pero me da rabia, la verdad, que te vayas sin reparar en mis desvelos, sin una palabra de agradecimiento, como si todo esto fuese normal y corriente. Los hombres, una vez que os echan las bendiciones, a descansar, un seguro de fidelidad, como yo digo, claro que eso para vosotros no rige, os largáis de parranda cuando os apetece y sanseacabó, que las mujeres, de sobras lo sabes, somos unas románticas y unas tontas. Y no es que yo vaya a decir ahora que tú hayas sido una cabeza loca, cariño, sólo faltaría, que no quiero ser injusta, pero tampoco pondría una mano en el fuego, ya ves. ¿Desconfianza? Llámalo como quieras, pero lo cierto es que los que presumís de justos sois de cuidado, que el año de la playa bien se te iban las vistillas, querido, que yo recuerdo la pobre mamá que en paz descanse, con aquel ojo clínico que

se gastaba, que yo no he visto cosa igual, el mejor hombre debería estar atado, a ver. Mira Encarna, tu cuñada es, ya lo sé, pero desde que murió Elviro ella andaba tras de ti, eso no hay quien me lo saque de la cabeza. Encarna tiene unas ideas muy particulares sobre los deberes de los demás, cariño, y ella se piensa que el hermano menor está obligado a ocupar el puesto del hermano mayor y cosas por el estilo, que aquí, sin que salga de entre nosotros, te diré que, de novios, cada vez que íbamos al cine y la oía cuchichear contigo en la penumbra me llevaban los demonios. Y tú, dale, que era tu cuñada, valiente novedad, a ver quién lo niega, que tú siempre sales por peteneras, con tal de justificar lo injustificable, que para todos encontrabas disculpas menos para mí, ésta es la derecha. Y no es que yo diga o deje de decir, cariño, pero unas veces por fas y otras por nefás, todavía estás por contarme lo que ocurrió entre Encarna y tú el día que ganaste las oposiciones, que a saber qué pito tocaba ella en este pleito, que en tu carta, bien sobrio, hijo. «Encarna asistió a la votación y luego celebramos juntos el éxito». Pero hay muchas maneras de celebrar, me parece a mí, y tú, que en Fuima, tomando unas cervezas y unas gambas, ya, como si una fuese tonta, como si no conociera a Encarna, menudo torbellino, hijo. ¿Pero es que crees que se me ha olvidado, adoquín, cómo se te arrimaba en el cine estando yo delante? Sí, ya lo sé, éramos solteros entonces, estaría bueno, pero, si mal no recuerdo, llevábamos hablando más de dos años y unas relaciones así son respetables para cualquier mujer, Mario, menos para ella, que, te digo mi verdad, me sacaba de quicio con sus zalemas y sus pamplinas. ¿Crees tú que, conociéndola, estando tú y ella mano a mano, me voy a tragar que Encarna se conformase con una cerveza y unas gambas? Y no es eso lo que peor llevo, fíjate, que, al fin y al cabo de barro somos, lo que más me duele es tu reserva, «no desconfíes», «Encarna es una buena chica que está aturdida por su desgracia», ya ves, como si una se chupase el dedo, que a lo mejor a otra menos avisada se la das, pero lo que es a mí... Tú viste la escenita de ayer, cariño, ¡qué bochorno!, no irás a decirme que es la reacción normal de una cuñada, que llamó la atención, y yo achicada, a ver, que hasta parecía una mujer sin sentimientos, yo qué sé, y Vicente Rojo «sacadla de aquí, está muy afectada», que me puso frita, lo confieso. Con la mano en el corazón, Mario, ¿es que venía eso a cuento? ¡Si parecía ella la viuda! Me apuesto lo que quieras a que cuando lo de Elviro no llegó a esos extremos, que a saber qué hubiera tenido que hacer yo.

# Lauro Olmo (1923-1994)

## *La camisa*

**ACTO TERCERO**

*El mismo decorado. Al levantarse el telón se ve, tendida en la cuerda del solar, la camisa. Tiene el faldón roto; está gastada.*

(Por el fondo de la calle aparece un golfillo con una cesta de reparto de comestibles al hombro. La lleva cogida con la mano izquierda. En la derecha trae una armónica. Desde antes de aparecer en escena viene tocando el pasodoble que subraya esta obra. Al llegar al centro del escenario se para y deja la cesta en el suelo. Sacude la armónica contra la palma de su mano izquierda, quitándole así la saliva. Carga otra vez con la cesta y desaparece por el lateral izquierdo, siempre tocando el citado pasodoble. Con la musiquilla perdiéndose a lo lejos aparece JUAN por el fondo de la calle. Viene con la indumentaria de todos los días y firme. Sospechosamente firme. De vez en cuando da un traspié. Al llegar ante la camisa la mira. Luego, en un rapto de furor, la desgarra en dos mitades. Hecho esto, abre la puerta de la chabola violentamente con el pie. Entra y se tumba en la cama. Al corredor de MARÍA sale BALBINA con un barreño de ropa lavada y la va tendiendo en la cuerda. Acabando de tender un camisón de dormir, sale RICARDO al corredor.)

*Ricardo:* ¡No sé cómo agradecérselo, señora Balbina!

*Balbina:* Esto lo hago por ella, no por ti. ¡A ti ya te había yo estrangulao! ¡Maldita sea tu sangre!

*Ricardo:* ¡Me cegué, señora Baibina! ¡No supe lo que hacía!

*Balbina:* Pero sí sabes meterte en la tasca: ¡a olvidar! A olvidar ¿qué? ¿Que tenéis unas mujeres que son las que de verdá aguantan lo que cae sobre vosotros? ¡Vaya unos tíos! ¿Sabes lo que te digo? ¡Que sois bazofia! To lo arregláis con media frasca de tinto.

*Ricardo:* *(Sin darse por aludido.)* Se encuentra mejor la María, ¿verdad?

*Balbina:* Ella tiene más reaños que tú.

*Ricardo:* Si a usté le parece, aviso al médico.

*Balbina:* ¡A la guardia civil es a quien habría que avisar! Pero ¿es que no te has dao cuenta que casi la matas?

*Ricardo:* ¡Le juro que me cegué, señora Balbina! ¡Es que esa manía que le ha dao de agarrar la sartén... !

*Balbina:* ¿Y qué quieres que haga la pobre en estao...? Dejémoslo, Ricardo. *(Acaba de tender la ropa y se enfrenta con él.)* Pero escúchame: como mientras ella esté en la cama te bebas un tanto así de vino *(Junta el índice y el pulgar)*, ¡te juro por mis muertos que te arranco las entrañas! *(Se agacha y coge el barreño.)*

*Ricardo:* *(Dolido.)* ¡Soy un miserable, señora Balbina! ¡Un canalla!

*Balbina:* *(Sin acritud.)* Le he puesto dos sábanas mías. Mañana lavaré las vuestras. Anda, vete a su lao. Yo me voy a preparar la cena. Procura que esté quieta, que no se mueva.

*Ricardo:* ¿Y la hemorragia?
*Balbina:* Parece que se le ha cortao. De toas formas hay que avisar al médico. Seguramente tendrán que hacerla un raspao. Oye: la María se ha caído por la escalera, ¿entendido? Pues hala, pa dentro. *(Lo empuja,)* ¡Y no te me derrumbes, hombre!
*Nacho:* Me lo ha contao el Agustinillo.
*Lolita:* ¡Pero si sólo se lo he dicho a la abuela!
*Nacho:* *(Parándose,)* Y la abuela a tu madre. Y cuando se lo decía, el Agustinillo pegó la oreja.
*Lolita:* Bueno ¿y qué? ¿Acaso ha pasao algo? ¡Ni que hubiera entrao a servir en su casa!
*Nacho:* Ese tío es un mal bicho, Lolita. Lo que quiere es abusar de ti. ¡Y me lo cargo, eh! ¡Cerdo...! ¿Te acuerdas de la Mari Loli, la del pocero? Pues a ésa la tenía echao el ojo y en cuanto se la redondearon las carnes... ¡Pa qué contarte! Ese canalla se ceba donde ve hambre. No petardos: ¡un día le coloco una bomba en la tasca!
*(Pausa.)*
*Lolita:* ¿Sabes que ha escrito el Sebas?
*Nacho:* Sí, me lo ha contao tu hermano. Ya era hora de que el tío se acordara. ¿Cuántos días hace que se fue?
*Lolita:* Pues verás... Al día siguiente de morirse la mujer del tío Maravillas. O sea: dieciséis, diecisiete, veintidós días. ¡No te puedes imaginar la bronca que ha habido en casa!
*Nacho:* Es que, por lo que me ha contao el Agustinillo, la cartita se las trae, tú.
*Lolita:* Pues a pesar de to mi madre se va.
*Nacho:* Mi tío dice que hay que irse por sindicatos, que a los que se van por las buenas se las hacen pasar morás. ¿Sabes que en muchos sitios ponen cartelitos prohibiéndoles la entrá? ¡Ha venío en el "Ya", no creas! Chica, ni que fuéramos unos mal nacíos. ¡La madre que...! Na; que he cambiao de parecer y en cuanto me especialice me largo a Suiza. ¡Te enseñaré a esquiar, chatilla!

*Abuela:* Espera, condenao, espera.
*Agustinillo:* *(Al lado ya de Lolita y Nacho, les pregunta vivamente.)* ¿Os habéis enterao?
*Lolita:* ¿De qué?
*Abuela:* ¡Este crío me trae a matacaballo!
*Agustinillo:* *(A la Abuela, que pasa de largo.)* Abuela, ¡no lo saben!
*Abuela:* *(Metiéndose en la chabola.)* Yo no entiendo de futboles.
*Agustinillo:* *(A Lolita y Nacho.)* Que el Lolo ha acertao. ¿A que no sabéis cuántos resultaos?
*Nacho:* ¿Trece?
*Agustinillo:* ¡Catorce!
*Nacho:* *(Vivísimo.)* ¿Catorce? ¡Ahivá qué tío! ¿Y cuántos boletos máximos ... ?
*Agustinillo:* No sé, eso no lo sé. ¡Pero como sean tres o cuatro ... !

## 1. Realice las tareas siguientes y conteste a las preguntas que se plantean.

1. Encuentre en el texto "Mi bisabuelo" las palabras con las que el autor describe a don Manuel Bermúdez.
2. ¿Qué impresión se deduce del comportamiento de las dos hermanas, doña Paula y doña Matilde, según el fragmento de *Maribel y la extraña familia* de Miguel Mihura?
3. Busque en el mismo texto las palabras que definen al hijo de doña Matilde y de su imaginaria novia.
4. El vocablo *vanidad* se repite varias veces en el fragmento de *El túnel*. ¿Cómo la determina el autor?
5. "Aunque sea una sola persona" se puede interpretar como una frase clave, fundamental para la sugerencia artística de toda la obra. ¿Qué características del protagonista le comunican dichas palabras?
6. Analice el nombre del título que ha escogido Ernesto Sábato. ¿Qué simboliza el túnel?
7. ¿Qué técnica narrativa ha elegido Miguel Delibes para exponer las confesiones y los sentimientos de su protagonista?
8. En *Cinco horas con Mario*, Carmen hace un retrato de los valores morales de su tiempo. ¿A qué época se remonta la vida de la protagonista?
9. ¿Qué registro de lenguaje marca el texto extraído de *La camisa*?
10. Fíjese en el empleo de formas verbales como "has dao", "había estrangulao","he cambiao", o de sustantivos del tipo "un raspao", "su lao", etc. ¿En qué registro lingüístico se emplean?

## 2. La sinonimia. Relacione las palabras de la columna A con sus respectivos sinónimos de la columna B. A continuación, escriba los antónimos correspondientes a los vocablos de la columna A.

| A | B | |
|---|---|---|
| 1 atrabiliario, a. | a autenticidad, utilidad, eficacia, vigor. | ________ |
| 2 adusto, a. | b desleal, infiel, traidor, falso. | ________ |
| 3 candor. | c dañoso, nocivo, perjudicial, peligroso. | ________ |
| 4 calamidad. | d vileza, indignidad, abatimiento, timidez. | ________ |
| 5 validez. | e juerga, jaleo, diversión, fiesta, bulla. | ________ |
| 6 convicción. | f sinceridad, ingenuidad, pureza. | ________ |
| 7 pernicioso, a. | g colérico, irritado, destemplado, violento. | ________ |
| 8 bajeza. | h certeza, seguridad, persuasión. | ________ |
| 9 pérfido, a. | i desgracia, infortunio, desdicha. | ________ |
| 10 parranda. | j huraño, austero, desagradable, árido. | ________ |

## 3. Locuciones coloquiales. Lea las definiciones dadas a continuación y escriba las locuciones adverbiales y verbales del habla coloquial a las que se refieren, basándose en los textos de la lección 2. A continuación, forme frases con ellas.

1. Matar a alguien; hacerle mucho daño.
2. No importarle absolutamente nada a alguien.
3. Muy fuertemente; con exceso; más de lo habitual; en gran manera.
4. Decir algo sin relación con el tema discutido; hacer algo inoportuno, fuera de propósito.
5. Agotarle a alguien la paciencia.
6. Tener alguien parte en alguna cosa o negocio; tener influencia o autoridad.
7. Justa o injustamente; por una cosa o por otra.
8. Irritarse alguien, encolerizarse demasiado.
9. Ser algo oportuno; venir al caso, al propósito.
10. Ser alguien valiente; tener riñones.

## 4. Lea las siguientes frases completándolas con los verbos más adecuados.

1. Mantenía su tenacidad y ____________ resolver las dificultades.
2. Oye, deja ya de ____________ hija, no es tan lista como tú te crees.
3. En aquel momento tuvimos que ____________ apoyo de sus padres porque pasábamos por un período muy malo.
4. Debido a nuestros problemas económicos, nos __________ la casa que teníamos en el pueblo.
5. Últimamente se le acumularon tantas desgracias que era lógico que todo el mundo ____________ sus sufrimientos.
6. ____________ lo poco que tengo, no soy nada exigente.
7. ____________ (tú) el extraño ruido que se oía de la calle.
8. ¡Qué barbaridad! Ellos ____________ los juegos de azar todo lo que llevaban consigo.
9. De joven ____________ tabaco y ahora tengo problemas de salud.
10. Por no hacerme daño, mis padres ____________ en mi presencia los episodios trágicos de la guerra.

*recurrir a*
*aturdir por*
*silenciar*
*abusar de*
*presumir de*
*obstinarse en*
*embargar*
*compadecer(se) de*
*conformarse con*
*apostar a*

## 5. Las interjecciones. Lea el significado de las interjecciones siguientes. Luego, rellene los espacios en blanco de las oraciones que siguen con la más adecuada.

**La interjección** es parte invariable de la oración que puede formar una oración completa, independiente. Sirve para expresar un estado de ánimo, un sentimiento profundo o para apelar al interlocutor.

| | |
|---|---|
| *¡demonio(s)!* | indica disgusto, extrañeza, sorpresa, admiración. |
| *¡zas!* | imita al sonido que hace un golpe o el golpe mismo; indica que algo sucede de forma rápida. |
| *¡hala!* | infunde aliento; mete prisa; muestra sorpresa. |
| *¡uf!* | denota cansancio, fastidio, sofoco. |
| *¡puf!* | indica molestia, repugnancia por algo. |
| *¡ay!* | denota dolor, disgusto, sorpresa, admiración. |
| *¡pío!* | imita la voz de un ave. |
| *¡guau!* | expresa admiración, alegría. |
| *¡olé!* | indica ánimo, muestra entusiasmo, aprobación. |
| *¡cáspita!* | expresa disgusto, extrañeza, admiración, sorpresa. |

1. Me chiflan los polluelos. ________, míralos, vienen a picar.
2. _______ Llevas cinco horas trabajando en el ordenador, estás hecha polvo. Se te van a nublar los ojos.
3. Otra vez se nos ha estropeado el equipo de música. _______
4. _______, qué hermosa está la mañana.
5. Dio un golpe sobre la mesa, y _______ todos los cubiertos saltaron por las aires.
6. _______ Se les cayeron todos los libros del escritorio.
7. Ya es hora de ponerte a estudiar. _______. Déjate de juegos.
8. _______ Tengo un dolor de muelas que me mata.
9. ¿A qué huele en esta habitación? _______ ¡Qué asco me da!
10. - He sacado una buena nota en el examen.
    - _______, estupendo ¡Enhorabuena!

# El hombre y **su medio social**

## ESQUEMA GRAMATICAL 1

### Siglas

| | |
|---|---|
| AA | Asociación Automovilista. |
| ACAIP | Asociación de Corresponsales de las Agencias Internacionales de Prensa. |
| ADENA | Asociación para la Defensa de la Naturaleza. |
| AEB | Asociación Empresarial Bancaria. |
| AEBI | Asociación Española de Baloncestistas Internacionales. |
| AFA | Asociación de Fútbol Amateur. |
| AFE | Asociación de Futbolistas Españoles. |
| AI | Amnistía Internacional. |
| AMPE | Asociación de Medios Publicitarios Españoles. |
| APETI | Asociación Profesional Española de Traductores e Intérpretes. |
| ASEAN | Asociación de las Naciones del Sureste Asiático. |
| BAE | Biblioteca de Autores Españoles. |
| CAMPSA | Compañía Arrendataria del Monopolio de Petróleos, Sociedad Anónima. |
| CASA | Construcciones Aeronáuticas, S. A. |
| CC.OO. | Comisiones Obreras. |
| ESO | Educación Secundaria Obligatoria. |
| FIFA | Federación Internacional de fútbol. |
| PP | Partido Popular. |
| UE | Unión Europea. |

### *1.* Diga el significado y forme frases con los términos siguientes.

cronología ______________________

cólera ______________________

homónimo ______________________

heliógrafo ______________________

hemoglobina ______________________

hemofilia ______________________

autopsia ______________________

automóvil ______________________

biopsia ______________________

dinámico ______________________

iconografía ______________________

geología ______________________

cronógrafo ______________________

calcografía ______________________

homófono ______________________

heliocéntrico ______________________

hemoptisis ______________________

antropología ______________________

autógena ______________________

autógrafo ______________________

demografía ______________________

dinamita ______________________

gastritis ______________________

ginecología ______________________

### *2.* Diga el significado y forme frases con los términos siguientes.

iconolatría ______________________

hemorroide ______________________

antropofagia ______________________

braquigrafía ______________________

cronista ______________________

heterodoxia ______________________

homosexual ______________________

helioscopio ______________________

biodinámica ______________________

antropomorfismo ______________________

ginecólogo ______________________

cronómetro ______________________

heteromorfo ______________________

homogéneo ______________________

gástrico ______________________

iconoclasta ______________________

gastronomía ______________________

antropometría ______________________

biografía ______________________

bioquímica ______________________

autobiografía ______________________

biotopo ______________________

homólogo ______________________

heterosilábico ______________________

## ESQUEMA GRAMATICAL 2

### Prefijos

| | | | | | |
|---|---|---|---|---|---|
| ACRO- | «lo alto»: | *acróbata.* | HELIO- | «sol»: | *heliotropo.* |
| DEMO- | «pueblo»: | *democracia.* | BRAQUI- | «corto»: | *braquicéfalo.* |
| ANTROPO- | «hombre»: | *antropocéntrico.* | HEMO- | «sangre»: | *hemofilia.* |
| DINAMO- | «fuerza»: | *dinamómetro.* | CACO- | «malo»: | *cacofonía.* |
| AUTO- | «sí mismo»: | *autarquía.* | HETERO- | «distinto»: | *heterogéneo.* |
| GASTR- | «estómago»: | *gastroenteritis.* | CROMO- | «color»: | *cromático.* |
| BIBLIO- | «libro»: | *biblioteca.* | HOMO- | «igual»: | *homogéneo.* |
| GIN- | «mujer»: | *gineceo.* | CRONO- | «tiempo»: | *cronómetro.* |
| BIO- | «vida»: | *bioquímica.* | ICONO- | «imagen»: | *iconografía.* |

### 3. Forme frases con los términos siguientes.

*El dermatólogo me ha recomendado que no tome el sol.*

_______________________________________________

_______________________________________________

_______________________________________________

_______________________________________________

_______________________________________________

_______________________________________________

_______________________________________________

_______________________________________________

_______________________________________________

_______________________________________________

_______________________________________________

_______________________________________________

_______________________________________________

_______________________________________________

_______________________________________________

dermatólogo
polígamo
heterogéneo
demografía
parónimo
metamorfosis
citología
mesocracia
diglosia
gerontología
criptograma
metabolismo
helioterapia
braquicefalia
antroponimia
enteritis
cosmografía
didáctica
isomorfo
pancromático
hipoglucemia
metáfora

## Refranes españoles

- *Al saber le llaman suerte.*
- *A quien Dios se la dé, San Pedro se la bendiga.*
- *Al mal tiempo, buena cara.*
- *A mucho hablar, poco acertar.*
- *Ande yo caliente, ríase la gente.*
- *A quien se casa viejo, o muerte, o cuernos.*
- *Año de nieves, año de bienes.*
- *A rey muerto, rey puesto.*
- *A otro perro con ese hueso.*
- *A río revuelto, ganancia de pescadores.*
- *A palabras necias, oídos sordos.*
- *Aprendiz de mucho, maestro de nada.*
- *Cada maestrillo tiene su librillo.*

## 4. Sustituya los verbos en cursiva por expresiones más precisas.

Pedro *tiene* el primer puesto en clase. *Pedro* ocupa *el primer puesto en clase.*

1. Esta aula *tiene* veinte metros de ancho. ______
2. El negocio de Consuelo *tiene* enormes ventajas. ______
3. Tras el accidente, Carmen *tiene* esperanzas en su recuperación. ______
4. El empleado *hizo* una fosa para los desperdicios. ______
5. El profesor *hizo* un artículo en señal de protesta. ______
6. El político de turno *hizo* un discurso muy poco convincente. ______
7. La secretaria *puso* la misma carta en inglés. ______
8. Carmen, antes de dirigirse al tribunal, *puso* en orden sus ideas. ______
9. Santiago *ha dicho* un buen discurso. ______
10. Eduardo es capaz de *ver* la belleza de un cuadro surrealista. ______

## 5. Sustituya los verbos en cursiva por expresiones más precisas.

1. El médico tiene que *ver* a cinco enfermos diarios. ______
2. *Digo* que usted no dice la verdad. ______
3. Aquel alumno *dice* el poema con soltura. ______
4. Juan tuvo la habilidad de *poner* en desacuerdo a toda la familia. ______
5. El juez *dijo* la sentencia con poca convicción. ______
6. Pedro *hizo* mucho dinero con el estraperlo. ______
7. Este cuarto oscuro *tiene* olores malsanos. ______
8. El faro de Santander *tiene* una luz potente. ______
9. Carmen no *dice* sus penas a nadie. ______
10. El guardia *puso* al ladrón en manos del juez. ______

## 6. Sustituya las palabras en cursiva por expresiones más precisas.

1. La avaricia es una *cosa* despreciable. ______
2. Es *cosa* conocida la honradez de nuestros dirigentes. ______
3. Esta fotografía tiene *algo* triste. ______
4. En su rostro había *algo* neurótico. ______
5. Peñalver ganó una medalla de oro; *esto* ya no asombra a nadie. ______
6. Juan practica mucho deporte. *Esto* le servirá para fortalecerse. ______
7. El abuelo solía contar *cosas* inverosímiles. ______
8. El fax es una *cosa* imprescindible para los negocios. ______
9. Tu sonrisa tiene *algo* de inquietante. ______
10. Todos los genios tienen *algo* de locos. ______

## ESQUEMA GRAMATICAL 3

### Locuciones españolas

- *A duras penas:* con dificultad, con trabajo.
- *A escape:* a todo correr.
- *A escote:* pagando cada uno su parte en un gasto común.
- *A humo de pajas:* de modo ligero, sin reflexión.
- *A la corta o a la larga:* más tarde o más temprano.
- *A las primeras de cambio:* sin esperar más.
- *A mandíbula batiente:* a carcajada tendida.
- *A paso de tortuga:* muy despacio.
- *A rienda suelta:* con toda libertad.
- *A tocateja:* pagando al momento.
- *A tontas y a locas:* sin orden ni concierto.
- *A trasmano:* fuera del camino normal.

### 7. Utilice la locución que más convenga a la frase.

*a duras penas*
*a escape*
*a escote*
*a humo de pajas*
*a tocateja*
*a la corta o a la larga*
*a mandíbula batiente*
*a la primera de cambio*
*a paso de tortuga*
*a rienda suelta*
*a tontas y a locas*
*a trasmano*

1. El niño iba a clase ____________________; siempre llegaba tarde.
2. La merienda fue muy cara, así que tuvimos que pagarla ____________________.
3. El perro ____________________ se fue con su antiguo dueño.
4. No nos concedieron crédito y tuvimos que pagar el coche ____________________.
5. Carlos ____________________ consiguió su propósito: un viaje por Europa.
6. Creo que ____________________ tendrá un accidente; conduce sin prudencia.
7. No pasaré por tu casa: me coge ____________________ de mi lugar de trabajo.
8. Estuvo riéndose ____________________ durante toda la ceremonia.
9. Dada la premura de tiempo, el acuerdo se tomó ____________________.
10. ____________________ pudo Miguel reunir el dinero que necesitaba.

### 8. Elija la opción más adecuada.

1. *El desconocido / lo desconocido* me pidió fuego.
2. Los alumnos *que / quienes / los cuales* hayan estudiado mucho, obtendrán el certificado.
3. Trajo en *el bolso / la bolsa* 20 kilos de fruta.
4. Este *pito / pitito / pitillo* sabe muy mal.
5. Ayer me harté a *comer / comiendo / comido* paella en casa de mis padres.
6. El próximo martes *salgo / saldré / voy a salir* para Barcelona.
7. Se ha celebrado el *decimoprimero / undécimo / 11* Congreso de los Derechos de la Mujer.
8. He venido *a / en* Madrid para estudiar español.
9. Vinieron Juan y Pedro a la fiesta, *éste / ése* con la novia; *aquél / ése*, con la suegra.
10. *Los coche cama / los coches cama / los coche camas* son cómodos sólo cuando el tren está parado.

## Numerales

⇛**DÉCIMO.** Adjetivo numeral ordinal de diez. Refiriéndose a reyes o a siglos, alterna con *diez: Alfonso X* = Alfonso *décimo* o Alfonso *diez; siglo X*= siglo *décimo* o siglo *diez.*

⇛**DÉCIMO.** Los ordinales que corresponden a los números del *trece* al *diecinueve* son palabras compuestas con décimo- + el ordinal correspondiente a las unidades *(tercero, cuarto, quinto, etc.). Así tenemos: decimotercero, decimocuarto, decimoquinto, decimosexto, decimoséptimo, decimoctavo, decimonono o decimonoveno.* Las formas femeninas se constituyen simplemente cambiando la *-o* final en *-a: decimotercera, decimocuarta,* etc. Hay que advertir que en todos estos compuestos el elemento *decimo-* es átono, razón por la cual la Academia le suprimió la tilde en la reforma ortográfica de 1959.
Estos numerales, pues, se pronuncian con un solo acento: [dezimokuárto], [dezimoséptimo], etcétera. Existen también las formas *décimo tercero, décimo cuarto, décimo quinto, décimo sexto, décimo séptimo, décimo octavo, décimo nono,* cuyos femeninos son *décima tercera, décima cuarta,* etc., (que también pueden escribirse *decimatercera, decimacuarta,* etc.). Pero son formas hoy poco usadas.

⇛**DECIMOCTAVO.** El numeral ordinal correspondiente a *dieciocho* es *decimoctavo,* sin acento y con una sola *o* en la tercera sílaba (no *decimooctavo).* Su femenino es *decimoctava.* Puede también usarse la forma *décimo octavo,* femenino *décima octava.*

⇛**DECIMONÓNICO.** "Del siglo XIX". Aunque es palabra correcta y de uso corriente, todavía no figura en el Diccionario de la Academia.

⇛**DECIMONONO.** Numeral ordinal correspondiente a *diecinueve.* Su femenino es *decimonona.* También puede decirse *decímonoveno, -na.*

⇛***DECIMOPRIMERO, *DECIMOSEGUNDO.** Los numerales ordinales correspondientes a *once* y *doce* son *undécimo* y *duodécimo.* No deben usarse las formas *decimoprimero* y *decimosegundo,* empleadas por un gran número de periodistas: *«Decimoprimer Curso de Periodismo»* (Radio Nacional de España, 17-VIII-1957); *"grupo decimosegundo"* (*Ya*, 23-IX-1958, 10).

(Manuel Seco:
*Diccionario de dudas de la lengua española,* Ed. Aguilar)

## ESQUEMA GRAMATICAL 4

### Relativos e interrogativos

**Relativos**

| | Masculino | Femenino | | Masculino | Femenino |
|---|---|---|---|---|---|
| **Singular** | (El) que | (La) que | **Plural** | (Los) que | (Las) que |
| | (El) cual | (La) cual | | (Los) cuales | (Las) cuales |
| | Quien | Quien | | Quienes | Quienes |
| | Cuyo | Cuya | | Cuyos | Cuyas |

**Interrogativos**

| *Para las personas* | *Para las cosas* | *De cantidad* | *De posesión (ant.)* |
|---|---|---|---|
| Quién | Qué | Cuánto | (Cúyo) |
| Quiénes | Cuál | Cuánta | (Cúya) |
| | Cuáles | Cuántos | (Cúyos) |
| | | Cuántas | (Cúyas) |

## 9. Elija la opción correcta y, donde sea necesario, ponga el verbo en el tiempo adecuado.

1. Mi cartera es *mayor / mayora / más grande* que la tuya.
2. *Por / para* el próximo verano me compraré una lancha.
3. Antonio llevaba *correr / corridos / corridas / corriendo* ya dos kilómetros, cuando empezó a llover.
4. Encarna pronto será madre; espera *un / una* bebé *antes de / delante* de un mes.
5. Haz lo que a ti te *dar / dé* la gana.
6. Con el frío que hizo ayer, el agua *convertirse en / volverse / ponerse* en hielo.
7. *Le / la / lo* dije que intentara hablar más despacio.
8. *¿Qué gato / cuál gato / quién gato* es el tuyo: el negro o el bizco?
9. Cuando *va / vayas / irás* a Madrid, visítame.
10. Hoy *estar / ser* a 20 de enero.

## 10. Elija la opción correcta y, donde sea necesario, ponga el verbo en el tiempo adecuado.

1. Dejadme en paz y *marchaos / marcharos* de una vez.
2. Si tienes un poco de vergüenza, no *decir* esas burradas.
3. Por mucho que tú me lo *jurar,* no te creeré.
4. Qué *idea más tonta / más tonta idea* acabo de tener.
5. *Por / para* mi parte, no hay ningún inconveniente.
6. Estuve media hora *antes / delante* de tu casa.
7. No sé *qué / quién* de nosotros tiene razón.
8. Deberíais *quedaos / quedaros* más tiempo.
9. Ana está durmiendo: *no hacer / no hagáis* ruido.
10. Ten en cuenta *que / de que* no somos los únicos.

## ESQUEMA GRAMATICAL 5

### Indefinidos

| | *Pronombre indefinido* | *Adjetivo determinativo* | *Adverbio* | *Sustantivo* |
|---|---|---|---|---|
| **Mucho** | Enseñaba *mucho.* | Gastó *mucho* dinero. | Se lo encarecí *mucho.* | Lo *mucho* ofende. |
| **Tanto** | No esperaba *tanto* de ti. | No lo juzgué digno de *tanto* honor. | Los niños no hablan *tanto.* | |
| **Cuanto** | Habló *cuanto* quiso. | ¡*Cuánto* tiempo pierdes! | ¡*Cuánto* te afanas! | |
| **Bastante** | Aprendió *bastante.* | Tengo *bastante* tiempo. | Llegó *bastante* alegre. | Creo que hay lo *bastante.* |
| **Algo** | Debo decirte *algo.* | | Es *algo* difícil de entender. | |
| **Nada** | *Nada* le aprovecha. | | No me gusta *nada* su lección. | |

## 11. Complete la frase, utilizando la forma de relativo más conveniente.

1. ______________ se fueron de viaje llegaron demasiado cansados como para salir de juerga.
2. A ______________ se jubilaron, se les impuso la medalla del trabajo.
3. Ya les he echado un vistazo a tus libros, pero no encuentro ______________ deseaba.
4. Las preguntas ______________ lanzas molestan muchísimo.
5. La película ______________ proyectaron ayer, ya la había visto.
6. Estamos hablando de la Iglesia, ______________ poderes no han decaído en la actualidad.
7. El libro de ______________ saqué la cita está agotado en la editorial.
8. Sois vosotros ______________ lo hicisteis fatal, por lo tanto resolvedlo.
9. Siempre he hecho todo ______________ tú has querido.
10. A ______________ encuentro a menudo por la Facultad, es a tu amigo.

*quien*
*el que*
*el cual*
*cuyo*
*los que*
*quienes*
*lo que*

## 12. Complete la frase, utilizando la forma de relativo más conveniente.

1. El sitio en ______________ vivo es muy tranquilo.
2. El chico ______________ me gusta está ahora de espaldas.
3. ______________ han llegado tarde no pueden entrar al recital, para no molestar.
4. He recorrido unos lugares maravillosos de ______________ recuerdo, sobre todo, sus muchas obras de arte.
5. He conocido a sus padres, ______________ simpatía me conquistó inmediatamente.
6. Te ayudaré a repasar la lección antes de ______________ te vayas a dormir.
7. ¡ ______________ tuviera una tercera oportunidad en la vida!
8. Es un tipo reservado, todavía desconocemos ______________ son sus gustos.
9. ______________ sea el director no le autoriza a abusar del poder.
10. Todavía no sé ______________ de los dos quiero encargar.

*que*
*quien*
*el que*
*el cual*
*cuyo/a*
*los que*
*cuales*

## 13. Complete la frase con el indefinido adecuado.

1. Le conocí ______________ tiempo atrás.
2. No encuentro la ropa en ______________ parte.
3. ¿Tiene ______________ ventaja comprar a plazos?
4. No tolero de ______________ modo que me lleve la contraria.
5. No quiero pedir ______________ a mis amigas.
6. En el juego del tenis, no me gana ______________.
7. Sin duda ______________ a estas horas el tren habrá llegado.
8. Antes tenía ______________ interés por la pintura.
9. ______________ texto que trate sobre arqueología me interesa.
10. Me aseguró que un día ______________ vendría a verme.

## 14. Complete la frase con el indefinido adecuado.

1. ______________ chiste que cuente, siempre resulta divertido.
2. En nuestra sociedad la mujer puede hacer ______________ trabajo.
3. En ______________ ciudad hay monumentos diversos.
4. Hay que resolver ______________ cuestión según lo requiera ______________ caso.
5. ______________ intento de acabar con el terrorismo ha sido inútil.
6. La Inquisición hacía quemar ______________ libro considerado heterodoxo.
7. ______________ alumno tiene que llevar su composición.
8. ______________ las semanas va al médico.
9. ______________ quince días necesita dinero.
10. ¿Vive ______________ extranjero aquí?

## ESQUEMA GRAMATICAL 6
### Estructuras de relativo y sus posibles sustituciones

**1. Por un sustantivo en aposición acompañado de un complemento prepositivo:**
- *El alcalde, que favoreció la vida ciudadana.*
- *El alcalde, favorecedor de la vida ciudadana.*

**2. Por un adjetivo concertado con o sin complemento prepositivo:**
- *Las personas que trabajan.*
- *Las personas trabajadoras.*

**3. Por una nueva expresión:**
- *Una prueba que confirma mis sospechas.*
- *Una prueba en apoyo de mis sospechas.*

## 15. Sustituya la oración de relativo por una expresión más conveniente.

1. Cela, que escribió *La Colmena*, ha ganado el premio Nobel. ______________
2. De esa fuente brota un agua que no se puede beber. ______________
3. El jefe pronunció un discurso que no se entendió. ______________
4. El catedrático, que no admite opiniones de nadie, es un dictador. ______________
5. El arcipreste de Talavera, que vivió antes que Cervantes, escribió *El Corbacho*. ______________
6. Lázaro es un hombre que no atiende súplicas. ______________
7. El diputado ha pronunciado un discurso que combate el proyecto de ley. ______________
8. Mis alumnos, que juegan al fútbol, serán buenos deportistas. ______________
9. En la historia hubo siempre especuladores que tenían una gran fortuna. ______________
10. Antonio es un enfermo que no corre peligro. ______________
11. El ministro es una persona con la que resulta fácil hablar. ______________
12. Luis, a quien le molesta el tabaco, no está hoy aquí. ______________
13. El hombre que conducía el autocar, resultó ileso. ______________
14. Elena, que había escrito el guión, fue la que más criticó la película. ______________
15. Debemos aplaudir a quien ha preparado al equipo. ______________

# 3 El paisaje

## Miguel de Unamuno (1864-1936)

### Guadalupe *(Por tierras de Portugal y España)*

La España pintoresca y legendaria sería mucho mejor conocida que lo es –por los españoles, se entiende– si tuviéramos mejores caminos y vías de comunicación o si fuésemos más entusiastas y menos comodones. Entre nosotros, el amor a la hermosura y a la tradición no ha llegado aún a formas de piedad. Y así, cuando hace aún pocos días marchaba yo con dos amigos a visitar el célebre monasterio de Guadalupe, las gentes sencillas de aquellas tierras no se explicaban las molestias que soportábamos sino atribuyéndolo a que lo hiciésemos por promesa o votos religiosos.

Y es realmente penoso el viaje a no ir en automóvil –se puede llegar por carretera hasta el mismo monasterio–. Desde Oropesa, pasando por El Puente del Arzobispo, unas diez horas de coche hasta el puerto de San Vicente, lindero entre las provincias de Toledo y Cáceres, y de allí bajamos en carro a Guadalupe, a través de unas montañas bravías y fragosas.

Entonaban el corazón aquellas vastas verdes soledades tendidas al pie de la sierra. En la garganta de la Peña Amarilla, cerníanse, trazando lentas espirales, dos águilas. Luego las mil vueltas y revueltas de la carretera, entre frondosidades de árboles, y al fin se nos abrió a la vista la mole ingente del monasterio, rodeado por el pueblo.

(...) Allí se alzaba, carcomidos por los siglos sus muros de mampostería, severo y señorial, sobre fondo de verdura. Su exterior tiene, ciertamente, poco que admirar como obra arquitectónica; son la posición y el lugar los que le dan realce.

El pueblo de Guadalupe, que rodea y abraza el monasterio, es uno de esos típicos pueblos serranos llenos de encanto y de frescura. Sus soportales, su fuente, sus calles con entrantes y salientes y voladizos balcones de madera, sus casas señoriales, su sello, en fin, de reposadero.

El monasterio, hoy muy deteriorado, ofrece aún al visitante su magnífica iglesia, con una de las más hermosas verjas de hierro forjado que puedan verse, sus dos claustros, su relicario, su sacristía. En uno de los dos claustros, mudéjar, con muy pintoresco templete en el centro, sentí una vez más la tentación que en parecidos sitios me asalta: la de abandonar estas luchas y trabajos en que estoy metido y darme a ver pasar la vida en meditación y en sosiego. Pero...

Al otro claustro, medio arruinado, le llaman allí el Convento de las Garrapatas –es decir, de las arañas, y no de las garrapatas propiamente tales–, y lo ocupan hasta cuarenta familias pobres y nada limpias, que crían a sus chiquillos donde los reverendos frailes jerónimos durmieron sus siestas.

El monasterio era riquísimo, y de esta riqueza quedan aún vestigios y restos. Tan ricos eran los jerónimos, que después de enseñar al visitante una opulenta capa, cuajada de oro y pedrería, que regaló a la Virgen el rey Felipe II, se le enseña otra más opulenta aún y preciosa, que le regaló la Orden para achicar al rey. Y nos mostraron capas, casullas, frontales, unos de subido valor artístico, pero los más de mayor precio material que estético. Mejor aún, para mi gusto, es la magnífica colección de libros de coro –tal vez la mejor de España– con iniciales iluminadas y graciosísimas viñetas.

Pero la joya del monasterio, lo que ello sólo merece todas las penalidades del viaje, lo que ha de hacer de Guadalupe lugar de peregrinación de los amantes del arte, es la soberbia colección de cuadros de Zurbarán que en su sacristía se guarda. Hay que ir allá para conocer a nuestro gran pintor extremeño. Diez grandes cuadros, de más de cuatro varas de alto por tres de ancho algunos, unos algo menores, y varias tablitas pequeñitas.

Los ocho que cubren las paredes del cuerpo de la sacristía representan a personajes de la Orden. ¡Qué figura la de aquel venerable padre Andrés de Salmerón, de rodillas, con las manos juntas, mientras Cristo le pone una mano sobre la cabeza! Allí llega al colmo la genuina sobriedad de la pintura clásica española. Y el Enrique III que pone el capelo arzobispal al venerable padre Fernando Yáñez de Figueroa, aquella figura trazada con el mínimo de líneas y colores, nada tiene que envidiar a las figuras de Velázquez. Encima del altar de la sacristía se ve la llamada Perla de Zurbarán, un San Jerónimo que, llevando nuestra mirada tras de la suya, nos abre perspectivas celestiales.

Hermosísimo es, sin duda, cuanto el arte humano puede aún ofrecernos en Guadalupe; mas es más hermoso aún lo que allí la Naturaleza nos ofrece. Subimos a Mirabel, dependencia del monasterio, y bajamos de allí por medio de uno de los más espesos y más frondosos bosques de que en mi vida he gozado. Jamás vi castaños más gigantescos y más tupidos. Y nogales, álamos, alcornoques, robles, quejigos, encinas, fresnos, almendros, alisos junto al regato, y todo ello embalsamado por el olor de perfumadas matas.

# Antonio Machado (1875-1939)

## A orillas del Duero
*(Campos de Castilla)*

Mediaba el mes de julio. Era un hermoso día.
Yo, solo, por las quiebras del pedregal subía,
buscando los recodos de sombra, lentamente.
A trechos me paraba para enjugar mi frente
y dar algún respiro al pecho jadeante;
o bien, ahincando el paso, el cuerpo hacia adelante
y hacia la mano diestra vencido y apoyado
en un bastón, a guisa de pastoril cayado,
trepaba por los cerros que habitan las rapaces
aves de altura, hollando las hierbas montaraces
de fuerte olor –romero, tomillo, salvia, espliego–.
Sobre los agrios campos caía un sol de fuego.

Un buitre de anchas alas con majestuoso vuelo
cruzaba solitario el puro azul del cielo.
Yo divisaba, lejos, un monte alto y agudo,
y una redonda loma cual recamado escudo,
y cárdenos alcores sobre la parda tierra
–harapos esparcidos de un viejo arnés de guerra–,
las serrezuelas calvas por donde tuerce el Duero
para formar la corva ballesta de un arquero
en torno a Soria. –Soria es una barbacana,
hacia Aragón, que tiene la torre castellana–.
Veía el horizonte cerrado por colinas
oscuras, coronadas de robles y de encinas;
desnudos peñascales, algún humilde prado
donde el merino pace y el toro, arrodillado
sobre la hierba, rumia; las márgenes del río
lucir sus verdes álamos al claro sol de estío,
y, silenciosamente, lejanos pasajeros
–¡tan diminutos!–, carros, jinetes y arrieros,
cruzar el largo puente, y bajo las arcadas
de piedra ensombrecerse las aguas plateadas
del Duero.

El Duero cruza el corazón de roble
de Iberia y de Castilla.

¡Oh, tierra triste y noble,
la de los altos llanos y yermos y roquedas,
de campos sin arados, regatos ni arboledas;
decrépitas ciudades, caminos sin mesones
y atónitos palurdos sin danzas ni canciones
que aún van, abandonando el mortecino hogar,
como tus largos ríos, Castilla, hacia la mar!

Castilla miserable, ayer dominadora,
envuelta en sus andrajos desprecia cuanto ignora.
¿Espera, duerme o sueña? ¿La sangre derramada
recuerda cuando tuvo la fiebre de la espada?
Todo se mueve, fluye, discurre, corre o gira;
cambian la mar y el monte y el ojo que los mira.
¿Pasó? Sobre sus campos aún el fantasma yerra
de un pueblo que ponía a Dios sobre la guerra.

La madre en otro tiempo fecunda en capitanes,
madrastra es hoy apenas de humildes ganapanes.
Castilla no es aquella tan generosa un día,
cuando Myo Cid Rodrigo el de Vivar volvía,
ufano de su nueva fortuna y su opulencia,
a regalar a Alfonso los huertos de Valencia;
o que, tras la aventura que acreditó sus bríos,
pedía la conquista de los inmensos ríos
indianos a la corte, la madre de soldados,
guerreros y adalides que han de tornar, cargados
de plata y oro, a España, en regios galeones,
para la presa cuervos, para la lid leones.
Filósofos nutridos de sopa de convento
contemplan impasibles el amplio firmamento;
y se les llega en sueños, como un rumor distante,
clamor de mercaderes de muelles de Levante,
no acudirán siquiera a preguntar: ¿qué pasa?
Y ya la guerra ha abierto las puertas de su casa.

Castilla miserable, ayer dominadora,
envuelta en sus harapos desprecia cuanto ignora.

El sol va declinando. De la ciudad lejana
me llega un armonioso tañido de campana
–ya irán a su rosario las enlutadas viejas–.
De entre las peñas salen dos lindas comadrejas;
me miran y se alejan, huyendo, y aparecen
de nuevo, ¡tan curiosas...! Los campos se oscurecen.
Hacia el camino blanco está el mesón abierto,
el campo ensombrecido y el pedregal desierto.

# Juan Ramón Jiménez (1881-1958)

## La casa de enfrente *(Platero y yo)*

¡Qué encanto siempre, Platero, en mi niñez, el de la casa de enfrente a la mía! Primero, en la calle de la Ribera, la casilla de Arreburra, el aguador, con su corral al Sur, dorado siempre de sol, desde donde yo miraba a Huelva, encaramándome en la tapia. Alguna vez me dejaban ir, un momento, y la hija de Arreburra, que entonces me parecía una mujer, y que ahora, ya casada, me parece como entonces, me daba azamboas y besos... Después, en la calle Nueva –luego Cánovas, luego Fray Juan Pérez–, la casa de don José, el dulcero de Sevilla, que me deslumbraba con sus botas de cabritilla de oro, que ponía en la pita de su patio cascarones de huevos, que pintaba de amarillo canario con fajas de azul marino las puertas de su zaguán; que venía, a veces, a mi casa, y mi padre le daba dinero, y él le hablaba siempre del olivar... ¡Cuántos sueños le ha mecido a mi infancia esa pobre pimienta que, desde mi balcón, veía yo, llena de gorriones, sobre el tejado de don José! (Eran dos pimientas que no uní nunca: una, la que veía, copa con viento o sol, desde mi balcón; otra, la que veía en el corral de don José, desde su tronco...)

Las tardes claras, las siestas de lluvia, a cada cambio leve de cada día o de cada hora, ¡qué interés, qué atractivo tan extraordinario, desde mi cancela, desde mi ventana, desde mi balcón, en el silencio de la calle, el de la casa de enfrente!

## La verja cerrada *(Platero y yo)*

Siempre que íbamos a la bodega del Diezmo, yo daba la vuelta por la pared de la calle de San Antonio y me venía a la verja cerrada que da al campo. Ponía mi cara contra los hierros y miraba a derecha e izquierda, sacando los ojos ansiosamente, cuanto mi vista podía alcanzar. De su mismo umbral, gastado y perdido entre ortigas y malvas, una vereda sale y se borra, bajando, en las Angustias. Y, vallado suyo abajo, va un camino ancho y hondo por el que nunca pasé...

¡Qué mágico embeleso ver, tras el cuadro de hierros de la verja, el paisaje y el cielo mismos que fuera de ella se veían! Era como si una techumbre y una pared de ilusión quitaran de lo demás el espectáculo, para dejarlo solo a través de la verja cerrada... Y se veía la carretera, con su puente y sus álamos de humo, y el horno de ladrillos, y las lomas de Palos, y los vapores de Huelva, y, al anochecer, las luces del muelle de Riotinto y el eucalipto grande y solo de los arroyos sobre el morado ocaso último...

Los bodegueros me decían, riendo, que la verja no tenía llave... En mis sueños, con las equivocaciones del pensamiento sin cauce, la verja daba a los más prodigiosos jardines, a los campos más maravillosos... Y así como una vez intenté, fiado en mi pesadilla, bajar volando la escalera de mármol, fui, mil veces, con la mañana, a la verja, seguro de hallar tras ella lo que mi fantasía mezclaba, no sé si queriendo o sin querer, a la realidad...

# J. MARTÍNEZ RUIZ, «AZORÍN» (1873-1967)

## Arcos y su filósofo (*La Andalucía trágica*)

¿Qué es lo que más cautiva vuestra sensibilidad de artistas: los llanos uniformes o los montes abruptos? ¿Cuáles son los pueblos que más os placen: los extendidos en la llanada clara o los alzados en los picachos de las montañas? Arcos de la Frontera es uno de estos postreros pueblos: imaginad la meseta plana, angosta, larga, que sube, que baja, que ondula, de una montaña; poned sobre ella casitas blancas y vetustos caserones negruzcos; haced que uno y otro flanco del monte se hallen rectamente cortados a pico, como un murallón eminente; colocad al pie de esta muralla un río callado, lento, de aguas terrosas, que lame la piedra amarillenta, que la va socavando poco a poco, insidiosamente, y que se aleja, hecha su obra destructora, por la campiña adelante en pronunciados serpenteos, entre terrenos y lomas verdes, ornado de gavanzos en flor y de mantos de matricarias gualdas... Y cuando hayáis imaginado todo esto, entonces tendréis una pálida imagen de lo que es Arcos.

No hay en esta serranía pueblo más pintoresco. Sobre la cumbre de la montaña, la muchedumbre de casitas moriscas se apretuja y hacina en una larga línea de cuatro o más kilómetros. El poblado comienza ya en la ladera suave de una colina; después baja a lo hondo; luego comienza a subir en pendiente escarpada por la alta montaña; más tarde baja otra vez, se extiende en breve trecho por el llano y llega hasta morir en la falda de otro altozano. Y hay en lo alto, en el centro, en lo más viejo y castizo de la ciudad, unas callejuelas angostas que se retuercen, que se quiebran súbitamente en ángulos rectos, pavimentados de guijos relucientes, resbaladizos; al pasar, allá en lo hondo, bajo vuestros pies, veis un rodal de prado verde o un pedazo de río que espejea al sol... El ruido de los pasos de un transeúnte resuena de tarde en tarde suavemente. Pasáis ante el oscuro zaguán de una casa solariega; por la puerta entreabierta, dentro, en el estrecho patio sombrío, penumbroso, un naranjo destaca su follaje esmaltado de doradas esferas.

Flota en el aire un vago olor a azahar; el cielo azul se muestra, como una estrecha cinta, en lo alto, entre las dos filas de casas de la vía. Y vosotros proseguís en vuestro paseo: las callejuelas se enredan en una maraña inextricable; ya suben a lo alto, ya bajan a lo hondo en cuestas por las que podéis rodar rápidamente a cada paso. Ahora, a vuestra mano izquierda, ha aparecido un largo muro; en él, a largos intervalos, vense abiertos anchos portillos. Asomaos a uno de ellos; dejad reposar sobre el pretil vuestro cuerpo cansado: un panorama como no lo habréis visto jamás se descubre ante vuestros ojos. Nos hallamos sobre un elevado tajo de doscientos, de trescientos metros de altura; la campiña verde se pierde en lontananza en suaves ondulaciones; millares y millares de olivos cenicientos marcan en el gayo tapiz sus copas rotundas, hoscas; limita el horizonte una línea azul de montañas, dominada por un picacho soberbio, casi esfumado en el cielo, de un violeta suave. Y abajo, al pie de la muralla,

en primer término, el Guadalete trágico, infausto, se acerca hasta lamer la roca, forma una ancha herradura, vuelve a alejarse tranquilo y cauteloso. En las quiebras y salientes de las rocas, las ortigas y las higueras silvestres extienden su follaje; van dando vueltas y más vueltas en el aire, bajo vuestras miradas, los gavilanes y los buitres con sus plumajes pardos; desde un remanso de la corriente un molino nos envía el rumor incesante de su presa, por la que el agua se desparrama en borbotones de blanca espuma.

Y pasan los minutos rápidos, insensibles; pasan tal vez las horas. Un sosiego, una nobleza, una majestad extraordinarias se exhalan del vasto panorama. A nuestra espalda, en las altas callejas, tal vez tintinea una herrería con sus sones joviales, o acaso un gallo vigilante lanza al aire su canto. Y es preciso continuar en nuestra marcha para escudriñar la ciudad toda. ¿No os encantan a vosotros –como al cronista– los viejos y venerables oficios de los pueblos? ¿No he hablado mil veces, y he de hablar otras tantas, de estos herreros, de estos carpinteros, de estos peltreros, de estos alfayates morunos, de estos talabarteros? En Arcos, vosotros, al par que camináis por calles y por plazas, vais registrando con vuestra vista los interiores de tiendas y talleres. Tal vez vuestros pasos os conduzcan allá al final de una callejuela serpenteante, solitaria; a la izquierda está el pretil que corre sobre el tajo; a la derecha recomienza otra vez la peña, manchada por las plantas bravías, coronada por blancas casas. Al cabo de la calle, en un recodo, os detenéis ante una puertecilla. Estáis ante la casa del hombre más eminente de Arcos; no os estremezcáis; no busquéis entre vuestros recuerdos ninguna remembranza; vosotros no conocéis a este hombre. Y, sin embargo, él, que os ha visto contemplar un momento las enjalmas, los ataharres, los petrales que penden en su chiquita tienda, os invita a pasar. Y él –¿cómo podéis dudarlo de un andaluz?– os va contando toda su vida, año por año, día por día, hora por hora.

Sobre la cumbre de la montaña, la muchedumbre de casitas moriscas se apretuja y hacina en una larga línea de cuatro o más kilómetros.

# Pío Baroja (1872-1956)

## Cuenca (*Los recursos de la astucia, «Memorias de un hombre de acción»*)

Cuenca, como casi todas las ciudades interiores de España, tiene algo de castillo, de convento y de santuario. La mayoría de los pueblos del centro de la Península da una misma impresión de fortaleza y de oasis; fortaleza, porque se les ve preparados para la defensa; oasis, porque el campo español, quitando algunas pequeñas comarcas, no ofrece grandes atractivos para vivir en él, y en cambio la ciudad los ofrece comparativamente mayores y más intensos.

Así, Madrid, Segovia, Cuenca, Burgos, Ávila presentan idéntico aspecto de fortalezas y de oasis en medio de las llanuras que les rodean, en la monotonía de los yermos que les circundan, en esos parajes pedregosos, abruptos, de aire trágico y violento.

En la misma Andalucía, de tierras fértiles, el campo apenas se mezcla con la ciudad; el campo es para la gente labradora el lugar donde se trabaja y se gana el pan con fatigas y sudores; la ciudad, el albergue donde se descansa y se goza. En toda España se nota la atracción por la ciudad y la indiferencia por el campo. Si un hombre desde lo alto de un globo eligiera sitio para vivir, en Castilla elegiría la ciudad; en aquella plaza, en aquel paseo, en aquella alameda, en aquel huerto; en cambio en la zona cantábrica, en el País Vasco, por ejemplo, elegiría el campo, este recodo del camino, aquella orilla del río, el rincón de la playa... Así se da el caso, que a primera vista parece extraño, de que la llanura monótona sirva de base a ciudades fuertes y populosas; en cambio, el campo quebrado y pintoresco esconde únicamente aldeas.

La ciudad española clásica, colocada en un cerro, es una creación completa, un producto estético, perfecto y acabado. En su formación, en su silueta, hasta en aquellas que son relativamente modernas, se ve que ha presidido el espíritu de los romanos, de los visigodos y de los árabes.

Cuenca, como pueblo religioso, estratégico y guerrero, ofrece este aire de centinela y observador.

Son estas ciudades roqueras, místicas y alertas: tienen el porte de grandes atalayas para otear desde la altura.

Cuenca, como pueblo religioso, estratégico y guerrero, ofrece este aire de centinela y observador.

Se levanta sobre un alto cerro que domina la llanura, y se defiende por dos precipicios, en cuyo fondo corren dos ríos: el Júcar y el Huécar.

Estos barrancos, llamados Las Hoces, se limitan por el cerro de San Cristóbal, en donde se asienta la ciudad, y por el del Socorro y el del Rey, que forman entre ellos y el primero fosos muy hondos y escarpados.

El foso, por el que corre el río Huécar, en otro tiempo y como medio de defensa, podía inundarse.

El caserío antiguo de Cuenca, desde la cuesta de Vélez, es una pirámide de casas viejas, apiñadas, manchadas por la lepra amarilla de los líquenes.

Dominándolo todo, se alza la torre municipal de la Mangana. Este caserío antiguo, de romántica silueta, erguido sobre una colina, parece el Belén de un nacimiento.

Es un nido de águilas hecho sobre una roca.

El viajero, al divisarlo, recuerda las estampas que reproducen arbitraria y fantásticamente los castillos de Grecia y de Siria, los monasterios de las islas del Mediterráneo y los del monte Athos.

Desde la orilla del Huécar, por entre moreras y carrascas, de abajo arriba, se ve el perfil de la ciudad conquense en su parte más larga.

Aparece en fila una serie de casas amarillentas, altas, algunas de diez pisos, con paredones derruidos, asentadas sobre las rocas vivas de la hoz, manchadas por las matas, las hiedras y las mil clases de hierbajos que crecen entre las peñas.

Estas casas, levantadas al borde del precipicio, con miradores altos, colgados, y estrechas ventanas, producen el vértigo. Alguna que otra torre descuella en la línea de tejados que va subiendo hasta terminar en el barrio del Castillo, barrio rodeado de viejos cubos de murallas ruinosas.

Salvando la hoz del Huécar existía antes un gran puente de piedra –un elefante de cinco patas sostenido en el borde del río–, que se apoyaba por los extremos, estribándose, en los dos lados del barranco.

# GERARDO DIEGO (SORIA, 1896-1987)

## Romance del Duero

Río Duero, río Duero
nadie a acompañarte baja,
nadie se detiene a oír
tu eterna estrofa de agua.

Indiferente o cobarde,
la ciudad vuelve la espalda.
No quiere ver en tu espejo
su muralla desdentada.

Tú, viejo Duero, sonríes
entre tus barbas de plata,
moliendo con tus romances
las cosechas mal logradas.

Y entre los santos de piedra
y los álamos de magia
pasas llevando en tus ondas
palabras de amor, palabras.

Quién pudiera como tú,
a la vez quieto y en marcha,
cantar siempre el mismo verso,
pero con distinta agua.

Río Duero, río Duero,
nadie a estar contigo baja,
ya nadie quiere atender
tu eterna estrofa olvidada.

Sino los enamorados
que preguntan por sus almas
y siembran en tus espumas
palabras de amor, palabras.

## Esta Soria arbitraria

Esta Soria arbitraria, mía ¿quién la conoce?
Acercaos a mirarla en los grises espejos
de mis ojos, cansados de mirar a lo lejos.
Vedla aquí, joven, virgen de todo roce.

Sombreros florecidos tras la misa de doce.
Y bajo la morada sombra de los castaños,
unos ojos que miran, cariñosos o huraños,
o que no miran, ¡ay!, por no darme ese goce.

Abajo el río, orla y música del paisaje,
para que el alma juegue, para que el alma viaje
y sueñe tras los montes con las vegas y el mar.

Y arriba las estrellas, las eternas y fieles
estrellas, agitando sus mudos cascabeles,
lágrimas para el hombre que no sabe llorar.

## 1. Realice las tareas siguientes.

1. La descripción del paisaje castellano es uno de los objetivos artísticos de la obra de Miguel de Unamuno. Justifique dicha afirmación apoyándose en el fragmento leído de su obra *Por tierras de Portugal y de España*.
2. Busque en el poema "A orillas del Duero" las palabras que perfilan el contraste entre la imagen que se describe de la tierra castellana de ayer y de hoy según la visión de Antonio Machado.
3. ¿Qué ven los ojos de Juan Ramón Jiménez tras la verja cerrada?
4. "Arcos y su filósofo" de Azorín pinta un paisaje que ofrece a la mirada del lector un juego de formas, de movimiento, de color y de sonido. Enumere las palabras que, en su opinión, pertenecen a cada una de estas características. La siguiente tabla le puede servir de apoyo:

| forma | movimiento | color | sonido |
|---|---|---|---|
| uniforme<br>abrupto<br>angosto | subir<br>bajar<br>ondular | blanco<br>negruzco<br>amarillento | callado<br>ruido<br>resonar |

5. Haga un comentario sobre el contenido, estilo y técnica narrativa de los escritores Azorín y Pío Baroja, tomando en consideración los fragmentos leídos. ¿Ve rasgos estilísticos comunes y otros que los diferencien?

## 2. Los sufijos en español. Fíjese en las palabras citadas en el recuadro y en el significado de los sufijos. A continuación, diga el vocablo que corresponde a las definiciones dadas y forme una frase con él.

| | | |
|---|---|---|
| pedreg**al** | **-al** | - en sustantivos indica el lugar en que abunda el primitivo: *cerezal*.<br>- en adjetivos indica relación o pertenencia: *cultural*. |
| foll**aje** | **-aje** | - acción y efecto: *aterrizaje*.<br>- lugar: *hospedaje*.<br>- colectividad: *ramaje*. |

1. lugar poblado de robles ______
2. conjunto de cuerdas ______
3. lugar espesamente poblado de árboles y arbustos ______
4. tierra sembrada de maíz ______
5. conjunto de ropa ______
6. campo lleno de matas y maleza ______
7. número de kilómetros recorridos ______
8. extensión grande de terreno arenoso ______
9. sitio cubierto de peñascos ______
10. conjunto de andamios ______

## 3. Oraciones condicionales. Lea las oraciones transcritas a continuación y rellene los espacios en blanco con la forma verbal correspondiente.

*La España pintoresca y legendaria sería mucho mejor conocida que lo es –por los españoles, se entiende– si tuviéramos mejores caminos y vías de comunicación o si fuésemos más entusiastas y menos comodones.* (Unamuno)

*Si un hombre desde lo alto de un globo eligiera sitio para vivir, en Castilla elegiría la ciudad; ... en cambio en la zona cantábrica, en el País Vasco, por ejemplo, elegiría el campo...* (Pío Baroja)

1. Si (encontrar, yo) ____________ mis apuntes de Literatura española, (prestárselos) ____________ inmediatamente.
2. Si (fumar, vosotras) ____________ menos, (sentirse) ____________ mucho mejor.
3. Si tus hermanos (necesitar) ____________ dinero para el viaje, (prestárselo, tú) ____________ a ellos.
4. Si (ser, nosotros) ____________ más extravertidos, (actuar) ____________ de otra manera.
5. Si Juana (pedir) ____________ perdón a sus padres, no (estar, ellos) ____________ tan enfadados.
6. Si no (intervenir) ____________ su abuelo, los chicos (seguir) ____________ peleándose.
7. Si (saber, tú) ____________ algo sobre el tema, (decírmelo) ____________.
8. Si (tener, yo) ____________ tiempo suficiente, (dedicarme) ____________ a la lectura.
9. Si la Fundación (conceder) ____________ a sus primos la beca, (estudiar, ellos) ____________ este año en EE UU.
10. Si ( hacerme, tú) ____________ caso, no (tener) ____________ dificultades.

## 4. Complete las oraciones dadas a continuación utilizando las palabras del recuadro. Luego, busque y escriba los antónimos de los adjetivos citados.

*decrépito*
*estúpido*
*deteriorado*
*tupido*
*atónito*
*bravío*
*imponente*
*señorial*
*traumático*
*abrupto*

1. Su casa la guardaba un perro ____________ por lo que no me atrevía a acercarme a la tapia.
2. Un sendero ____________ conducía a la pequeña puerta de la capilla que apenas se divisaba entre el follaje.
3. El campanario de la iglesia se erguía ____________ y majestuoso entre el sosiego de la tarde.
4. Tenía la salud ____________ por completo porque abusaba del tabaco y el alcohol.
5. Las ____________ aguas del río desbordaban muchas veces su cauce y provocaban graves inundaciones.
6. Ya tengo el jersey ____________ otra vez porque lo puse a lavar con agua caliente y eso no es bueno para la lana.
7. Las personas de edad avanzada están tan ____________ que necesitan de nuestros cuidados y atención.
8. La noticia del incendio que causó muchas víctimas en vuestro barrio os dejó ____________.
9. Es de un comportamiento ____________, no posee nada de educación.
10. Nuestras relaciones se iban empeorando cada vez más lo que conllevó a una ruptura ____________ y definitiva.

# El hombre y **la naturaleza**

## ESQUEMA GRAMATICAL 1

### Prefijos

| | |
|---|---|
| INTER- | «en medio de»: *intercambio.* |
| INTRA- | «dentro»: *intramuros.* |
| POS-, POST- | «posterioridad»: *posbélico, poscomunión.* |
| PRE- | «delante, anterior a algo»: *prenatal.* |
| PRO- | «en lugar de, adelante»: *procónsul.* |
| RE- | «de nuevo, otra vez»: *reeditar, revolver.* |
| RETRO- | «hacia atrás»: *retroceder.* |
| SU-, SUB- | «que está debajo, por debajo»: *suburbio, subnormal.* |
| SUPER-, SUPRA- | «que está encima o por encima»: *suprasensible, superhombre.* |
| TRANS- TRAS- | «más allá de, a través de»: *transatlántico, traspasar.* |
| ULTRA- | «más allá de, extremadamente»: *ultraconservador.* |
| VICE- | «en lugar de»: *vicedecano.* |

### 1. Diga el significado y forme frases con los términos siguientes.

remitente ____________
transbordar ____________
suprarrenal ____________
subcomisión ____________
vicecanciller ____________
transmisor ____________
suprasensible ____________
subarrendar ____________
ultramicroscopio ____________
transportar ____________
supranacional ____________
subestimar ____________
ultracorrección ____________
trastienda ____________
subacuático ____________
subsanar ____________
ultratumba ____________
superciliar ____________
superpoblado ____________
subcostal ____________
retroactivo ____________
ultramoderno ____________
superproducción ____________
sublingual ____________
retrotraer ____________
subtropical ____________
retrovisor ____________
rearmar ____________

### 2. Diga el significado y forme frases con los términos siguientes.

pospalatal ____________
recalentar ____________
intramuscular ____________
posdata ____________
preguerra ____________
proclive ____________
reafirmar ____________
intercontinental ____________
preoperatorio ____________
prenupcial ____________
preclásico ____________
relevar ____________
proscenio ____________
posverbal ____________
posbélico ____________
preconcebir ____________
prematrimonial ____________
reconquistar ____________
intravenoso ____________
posoperatorio ____________
propagar ____________
reavivar ____________
intercostal ____________
interlineal ____________
prepotencia ____________
precolombino ____________
prohijar ____________
proveedor ____________

## ESQUEMA GRAMATICAL 2

### Siglas

| | |
|---|---|
| AVE | Tren de Alta Velocidad. |
| CEE | Comunidad Económica Europea. |
| UE | Unión Europea. |
| CEOE | Confederación Española de Organizaciones Empresariales. |
| CEPSA | Compañía Española de Petróleos, S. A. |
| CSD | Consejo Superior de Deportes. |
| FAO | Organización de Naciones Unidas para la Agricultura y la Alimentación. |
| GRAE | Gramática de la Real Academia Española. |
| IVA | Impuesto sobre el Valor Añadido. |
| NATO-OTAN | Organización del Tratado del Atlántico Norte. |
| OCDE | Organización para la Cooperación y el Desarrollo Económicos. |
| OEA | Organización de los Estados Americanos. |
| ONCE | Organización Nacional de Ciegos Españoles. |
| ONU | Organización de las Naciones Unidas. |
| PSOE | Partido Socialista Obrero Español. |
| RACE | Real Automóvil Club de España. |
| RAE | Real Academia Española. |
| RENFE | Red Nacional de Ferrocarriles Españoles. |
| SEAT | Sociedad Española de Automóviles de Turismo. |
| SER | Sociedad Española de Radiodifusión. |
| TALGO | Tren Articulado Ligero Goicoechea-Oriol. |
| UGT | Unión General de Trabajadores. |

### 3. Diga el adjetivo que corresponde a las definiciones siguientes.

Que no es oportuno / *inoportuno.*

1. Que no es perfecto. ____________________
2. Que no está concluido. ____________________
3. Que no se puede recuperar. ____________________
4. Que no puede ser vencido. ____________________
5. Que no reflexiona. ____________________
6. Que no es exacto. ____________________
7. Que no admite duda. ____________________
8. Que carece de armonía. ____________________
9. Que no se puede percibir. ____________________
10. Que no puede perecer. ____________________

### 4. Diga qué adjetivo se aplica.

A la materia que no tiene olor / *inodora.*

1. Al agua *que se puede beber.* ____________________
2. A una acción *digna de alabanza.* ____________________
3. A algo *que no se puede explicar.* ____________________
4. A algo *que puede alcanzarse.* ____________________
5. A algo *que no tiene mancha.* ____________________
6. A algo a lo *que no se puede poner tacha.* ____________________
7. A algo *que no puede alcanzarse.* ____________________
8. A alguien *que no tiene pavor.* ____________________
9. A algo *que no se puede disolver.* ____________________
10. Al día *que no es festivo.* ____________________

## 5. Diga cuáles son los antónimos de las palabras siguientes.

| | | | | | |
|---|---|---|---|---|---|
| **limpio** | sucio | **gigante** | enano | **nervioso** | tranquilo |
| alto | ___ | ancho | ___ | crudo | ___ |
| lleno | ___ | odio | ___ | encendido | ___ |
| empezar | ___ | lícito | ___ | abúlico | ___ |
| ofrecer | ___ | abierto | ___ | culto | ___ |
| rico | ___ | ganador | ___ | ignorante | ___ |

## ESQUEMA GRAMATICAL 3

### Locuciones españolas

- *A troche y moche:* disparatada o inconscientemente.
- *De un plumazo:* expeditivamente.
- *A tutiplén:* en abundancia.
- *En cueros:* en carnes, desnudo.
- *Al tuntún:* sin reflexión.
- *En cuerpo y alma:* de modo total.
- *De armas tomar:* decidido y resuelto.
- *En lontananza:* a lo lejos.
- *De balde:* gratis.
- *En un tris:* en peligro inminente.
- *De boca en boca:* de unas personas a otras.
- *Fuera de quicio:* fuera de orden.
- *De cabo a rabo:* del principio al fin.
- *Por arrobas:* a montones.
- *De mala fe:* con malicia.
- *Por descontado:* de seguro, por supuesto.
- *De par en par:* sin impedimento, abiertamente.
- *Por unanimidad:* con el acuerdo de todos.

## 6. Utilice la locución más conveniente.

1. Estuvimos en el convite y comimos a dos carrillos ___________.
2. El sargento, ___________, arrestó en la cocina al recluta.
3. El año pasado tuvimos una cosecha excelente, los melones se vendían ___________.
4. La historia de nuestros amores va ___________ por toda la ciudad.
5. Si voy a Francia, ___________ que tú vendrás conmigo.
6. Pilar tiene la virtud de ponerme ___________ cuantas veces se lo proponga.
7. Mi casa siempre la tendrás ___________ para ti.
8. El Madrid dominó todo el partido ___________.
9. Hemos ido al cine y no hemos pagado nada; hemos pasado ___________.
10. Las suegras suelen tener un genio ___________.

*de par en par*
*de balde*
*a tutiplén*
*de un plumazo*
*por descontado*
*fuera de quicio*
*de armas tomar*
*por arrobas*
*de cabo a rabo*
*de boca en boca*

## 7. Utilice la palabra más conveniente.

1. Él vive desde hace tres años en el ___________.
2. A España vienen muchos ___________ durante las vacaciones de verano.
3. Él siempre ha sido un ___________ entre nosotros.
4. Ayer llegaron unos ___________ al pueblo para participar en la vendimia.
5. Soy un ___________ en mi propia casa.
6. Su ___________ como intermediario entre las partes en litigio fue decisiva.
7. En la fachada de la catedral se puede ver la ___________ destructora del tiempo.
8. La dimisión, en última instancia, fue un ___________ de dignidad.
9. Nadie tiene derecho a juzgar los ___________ de los demás.
10. El director dijo: ¡Cámara, ___________!

*acción*
*extranjero*
*acto*
*forastero*
*actuación*
*extraño*

## Refranes españoles

- *Cada mochuelo a su olivo.*
- *Cuentas claras, la amistad alargan.*
- *Cada palo aguante su vela.*
- *Cuando las barbas de tu vecino veas pelar, echa las tuyas a remojar.*
- *Cada uno en su negocio sabe más que el otro.*
- *Casa con dos puertas, mala es de guardar.*
- *Cuanto más vieja, más pelleja.*
- *Contra el vicio de pedir, hay la virtud de no dar.*
- *Culo veo, culo quiero.*
- *Coser y cantar, todo es empezar.*
- *Dame pan y dime tonto.*
- *Cría cuervos y te sacarán los ojos.*
- *De aquí a cien años, todos seremos calvos.*
- *Cuando el diablo no tiene que hacer, con el rabo mata moscas.*
- *De cuarenta para arriba, no te mojes la barriga.*

## 8. Utilice la palabra más indicada.

1. ¿Tienes algún ____________ para mañana?
2. ¿Tienen un ____________ de la ciudad?
3. Él siempre se mantiene en un segundo ____________.
4. La noticia viene insertada en primera ____________.
5. Los titulares de la primera ____________ son bastante alarmantes.
6. Se retiraron ____________ para descansar.
7. ____________ un año terminaré la carrera de Derecho.
8. La parte de ____________ está forrada.
9. Mis documentos están ____________ la cartera.
10. La herida me duele por ____________.

adentro
plano
dentro
dentro de
plan
plana

## ESQUEMA GRAMATICAL 4

### Numeración romana

**Las letras que constituyen la numeración romana, y sus valores, son:**

| I | V | X | L | C | D | M |
|---|---|---|---|---|---|---|
| 1 | 5 | 10 | 50 | 100 | 500 | 1.000 |

REGLAS

1. Si a la derecha de una cifra se coloca otra igual o menor (nunca mayor), el valor de la primera queda aumentado en el valor de la segunda.
   **II** = 2 (1+1); **VII** = 7 (5+2)

2. Toda cifra, colocada a la izquierda de otra mayor, resta de ésta su valor.
   **IV** = 4 (5-1)

3. Si entre dos cifras existe otra de menor valor, se combina siempre con la siguiente para restar de ella.
   **XXIX** = 29 ; **XIX** = 19

4. Ninguna letra puede aparecer más de tres veces seguidas.

5. Las letras **V, L** y **D** no deben duplicarse, pues existen otras cifras que representan ese valor: **X, C, M.**

6. El valor de cualquier cifra romana queda multiplicado por mil tantas veces como rayas horizontales se tracen sobre ella.
   $\overline{\textbf{III}}$ = 3.000

## 9. Utilice la expresión más indicada.

1. El capitán gritó: ¡____________, mis soldados!
2. La casa está ____________ la iglesia.
3. Siguieron ____________ con el proyecto emprendido.
4. ____________ nuestro coche iba un camión.
5. Mira hacia ____________ con atención.
6. No te preocupes; déjalo para más ____________.
7. De hoy en ____________ voy a estudiar tres horas diarias.
8. ____________ su padre no se atreve a gritar.
9. Blanca está ____________ mí.
10. Más ____________ encontraréis una señal.

*adelante*
*delante de*

## 10. Sustituya el grupo *muy* + adjetivo por un adjetivo que, por sí solo, signifique la idea superlativa.

Chica *muy guapa / guapísima.*

1. Sonido *muy agudo.* ____________.
2. Respuesta *muy firme.* ____________.
3. Casa *muy lujosa.* ____________.
4. Viento *muy frío.* ____________.
5. Caverna *muy oscura.* ____________.
6. Clima *muy cálido.* ____________.
7. Escena *muy dramática.* ____________.
8. Actividad *muy viva.* ____________.
9. Lucha *muy cruel.* ____________.
10. Viento *muy caliente.* ____________.

## 11. Sustituya el grupo *muy* + adjetivo por un adjetivo que, por sí solo, signifique la idea superlativa.

1. Monumento *muy grande.* ____________.
2. Viejo *muy débil.* ____________.
3. Sed *muy intensa.* ____________.
4. Argumento *muy vulgar.* ____________.
5. Hambre *muy apremiante.* ____________.
6. Persona *muy capacitada.* ____________.
7. Agua *muy templada.* ____________.
8. Toro *muy bravo.* ____________.
9. Río *muy estrecho.* ____________.
10. Montaña *muy abrupta.* ____________.

# ESQUEMA GRAMATICAL 5

## Números partitivos y proporcionales

### Partitivos

2. mitad o medio
3. tercio
4. cuarto
5. quinto
6. sexto
7. séptimo
8. octavo
9. noveno
10. décimo
11. onceavo
12. doceavo
13. treceavo
14. catorceavo
15. quinceavo
16. dieciseisavo
17. diecisieteavo
18. dieciochoavo o dieciochavo
19. diecinueveavo
20. veinteavo
21. veintiunavo
22. veintidosavo
23. veintitresavo
30. treintavo
40. cuarentavo
50. cincuentavo
60. sesentavo
70. setentavo
80. ochentavo
90. noventavo
100. céntimo, centavo

### Proporcionales

2. doble, duplo
3. triple
4. cuádruple, -o
5. quíntuple, -o
6. séxtuplo
7. séptuplo
100. céntuplo

## ESQUEMA GRAMATICAL 6

### Clasificación adjetiva

| | | | |
|---|---|---|---|
| POR SU SIGNIFICACIÓN | CALIFICATIVOS | Positivos: | *justo, bueno, torpe, ignorante, sabio* |
| | | Comparativos: | *más* justo, *menos* torpe, *mejor, mayor, peor* |
| | | Superlativos: | *juntísimo, paupérrimo, sumamente amable,*<br>*el más amable* de todos |
| | | Absoluto: | *bueno* |
| | | Primitivo: | *azul* |
| | | Derivado: | verbal: *amable*<br>nominal: *amoroso* |
| | | De estructura: | simple: *útil*<br>compuesta: *inútil* |
| | DETERMINATIVOS | Demostrativos: | *este, ese, aquel* cuaderno |
| | | Posesivos: | *mi, tu, su, nuestro, vuestro* cuaderno,<br>cuaderno *mío, tuyo, suyo, nuestro, vuestro* |
| | | Indefinidos: | *cualquier, cierto, otro, tal, alguno, ninguno* |
| | | Cuantitativos: | *todo, mucho, poco, bastante, algún,*<br>*un solo, más* interés |
| | | Distributivos: | *cada* día, los *demás* libros, *ambos* alumnos,<br>con *sendas* escopetas |
| | | Numerales: | Cardinales: *un* lápiz, *dos* libros, *tres* niños<br>Ordinales: página *primera, segunda, tercera,*<br>*cuarta, quinta, sexta, séptima...*<br>Partitivos: *medio* vaso, un *tercio,* un *cuarto*<br>Múltiplos: *doble, triple* tiempo |
| | | Interrogativos: | ¿*qué* calle?, ¿*quiénes* llegaron?, ¿*cuál* de los dos? |
| | | Exclamativos: | ¡*qué* alegría!, ¡*cuánta* gente! |
| POR SU CONSTRUCCIÓN | | Atributivos: | tienes unos ojos *preciosos.* |
| | | Predicativos: | tus joyas son muy *estimables,*<br>¡qué *hermosa* tarde! |
| POR SU FORMA EXPRESIVA | | Epítetos: | *verde* hierba, *blanca* nieve<br>(adjetivo explicativo) |

## 12. Utilice la expresión más conveniente para el significado de la frase.

1. ____________ todo se reduce a corregir lo escrito.
2. No soy un cliente asiduo; sólo vengo ____________.
3. He comido ____________, siento cierta somnolencia.
4. El alumno recitó la lección ____________.
5. Creo que el tío ha hecho ____________ por ti.
6. Suelo venir ____________ a esta cafetería.
7. He aconsejado a la secretaria que sea ____________ discreta con la infomación que posee.
8. He comprobado que la situación es lo ____________ difícil como para no prestar ____________ atención.
9. El autobús se retrasó ____________ que el tren.
10. Pusieron la estantería ____________ del radiador.

*de memoria*
*convenientemente*
*sobre todo*
*encima*
*demasiado*
*de vez en cuando*
*después de*
*suficientemente*
*mucho más*
*nunca más*
*muy*
*en realidad*
*de pronto*
*bastante*
*a menudo*

## 13. Utilice el adjetivo más conveniente. Tenga en cuenta la anteposición o posposición.

*atractivo*
*excelente*
*confortable*
*prudente*
*fantástico*
*magnífico*
*encantador*
*lujoso*
*acogedor*
*hábil*
*maravilloso*
*delicado*
*feroz*
*intransigente*

1. Estuvo alojado en un ____________ apartamento ____________.
2. Permanecieron reunidos durante cuatro horas en una ____________ cafetería ____________.
3. No pudo llevar a cabo sus ____________ sueños ____________.
4. Pudo dominar su ira observando un ____________ silencio ____________.
5. El presidente del Gobierno llegó en un ____________ automóvil ____________.
6. El tío trajo del Japón un ____________ regalo ____________.
7. La ciudad en fiestas presentaba un ____________ ambiente ____________.
8. No existen tantas complicaciones por contar con un ____________ decano ____________.
9. Álvaro se sometió a una ____________ operación ____________ de nariz.
10. Carmen se presentó en la fiesta con un ____________ traje ____________.

## 14. Utilice el adjetivo o el adverbio más conveniente para el significado de la frase.

1. A Felipe ____________ se le entiende lo que dice.
2. Reconozco que he cometido una ____________ equivocación.
3. Con este dinero ____________ podremos pagar el viaje.
4. Puedes contárselo: es una chica muy ____________.
5. Pasó tan ____________ que no pude ver su cara.
6. Ya no se escriben novelas tan ____________ como aquéllas.
7. No tiene ____________ que reaccionar así.
8. Es demasiado ____________ para tomar tales decisiones.
9. ____________ no ha habido supervivientes en el siniestro.
10. Mi coche está mucho más ____________ que el tuyo.

*rápidamente*
*viejo*
*estúpida*
*escasamente*
*joven*
*raramente*
*interesantes*
*desgraciadamente*
*necesariamente*
*discreta*

# 4 Aspectos del vivir hispánico

## Alonso Zamora Vicente (1916-2006)

### Siempre en la calle (*A Traque Barraque*)

La verdad, no sé por dónde empezar, y, en fin de cuentas, qué más da. Lo mejor es empezar por en medio. Años arriba, años abajo, siempre resulta algo muy parecido: malos humores, y nada más que malos humores. Pero se sigue tirandillo. ¿Qué quiere usted saber? A mí me da lo mismo contarle una cosa que otra. Ya estoy para el arrastre, y de una manera u otra, con éstos o aquéllos, pues que me han de arrastrar. Ésa es la fija. Ya ve usted, y no es broma, ¿eh?, a ver si me entiende, desde que me concedieron la plaza, la bequita, como dice Secundino, el nieto de la señora Cleo, la estanquera, que estudia para turista... El Secundino, hombre, el Secundino, la Cleo qué va, es más vieja que yo, solamente que como tiene familia puede vivir en su casa, pero ya ve, menudo telele que tiene, que cuando va a tomar la sopa, hasta la hija pierde la paciencia y le desea la muerte. Eso sí, se lo dice de manera muy fina, que para eso es bachiller, pero lo cierto es que se lo dice, y por muy finolis que sea, óigame, es que se trata de su madre, ¿eh? Su madre, y, vamos, que... Usted me entiende (...). Bueno, pues le decía que, desde que tengo la placita en el hotel (ya sabrá usted que le llamamos el hotel a eso, lo cual que a las monjas les cabrea de lo lindo), pues, sí, desde que tengo cama y mesa en el hotel... Oiga, yo cuento como me da la real gana, vamos, hombre; usted, a callar. Luego que si los viejos tenemos mal genio. Sí, eso. Digo que desde que... Que ya me han sacado en televisión varias veces, y siempre digo que estoy muy bien, y que qué estupendo, y que qué hogar, y que qué estupendo tres o cuatro veces más, ya lo voy diciendo sin equivocarme, y que si mis médicos, y que si la ropita limpia, y que si fue y que si vino. Bueno, qué más da. Luego, por lo menos ese día, hay algo más de postre, o se merienda algo. Bien que se lo gana uno, tanto esperar, decir amén y luego... Bueno, mejor no seguir, porque, a ver, lo que pasa, aunque uno es muy pobre y no está muy viejo, pues que cada quién es cada quién, ¿no es verdad, usted? Sí, sí, en medio de todo, suerte, lo que se dice suerte, no me ha faltado. Qué me va a faltar. Antes, yo comía en la tasca del sanabrés, ahí, a la vuelta de la esquina, en el treinta y ocho. Ya ve, todos estos viejales de aquí dicen que es un tipo de mucho cuidado. Que si mató a golpes a su primera mujer. Que si no paga impuestos como está mandado. Que si echa al vino cada bautizo que no sube ese día el agua al entresuelo, y que echa a las comidas la intemerata. Que si es republicano. Ya ve, una perla, ¿no? Pues a mí, cuando pasaba el día 15, que ya ▶

sabía él que no tenía una perra, pues que no me cobraba la comida, y me seguía cambiando la servilleta, y los domingos hasta me daba un partagás de tamaño natural, y el año de los hielos me daba café y media copa, y me pasaba a la rebotica a jugar a la lotería casi toda la tarde, tan calentito, venga a cantar Los-dos-patitos, El-quince-la-niña-bonita, El-setenta-y-dos, Tengo-quina, El-abuelo. Era un pasatiempo bonito. Y nunca me decían allí: Quítate esas legañas, Límpiate los puños, A ver si dejas de gargajear, so guarrete, y cosas así. Serán todo lo republicanos que quieran, pero allí se estaba bien, vaya si se estaba (...). Pues, sí, ya ve, me quedé en Carabanchel, cerquita del hospital, bueno, y del cementerio. Tenía una casita de una planta, con dos ventanas, una gran cortina de esparto en la puerta. No, no tenía calle, ni número, ni nada. No hacía falta. Nadie se acordaba de mí. ¿Para qué iba a ir al pueblo? Quite usted allá. Me dediqué a la chatarra. Era negocio honrado, fácil de mover. A tanto el quilo, compro. A tantito más el mismo quilo, me lo vendo. Y así fui pasando. Hasta tuve una radio de galena, oiga, aquello era vidorra. También salía a hacer otras cosas, extras... Recogía moñigos por la carretera, después de que había pasado la caballería, o la artillería montada, y los preparaba para mantillo de los tiestos, era muy lucrativo. No hay alhábega de mejor perfume ni hortensia de mejor color que las abonadas con estiércol de yegua en celo, eso lo sabe todo el mundo. Así sacaba unas beatas para los toros, o para el circo, o para las charlotadas nocturnas en Vista Alegre, tan cerquita de casa, a un paso. También cuidaba los caballos del médico y de su mujer, un tronco que daba envidia. Pero... Ya sabe usted, esas cosas que pasan: se compraron un automóvil, un fotinga, y, ¡a la calle! Ahora no he dicho nada feo. Solamente: ¡A la calle! Yo con los autos, nada. La única vez que he salido en los periódicos fue en 1923, mandaba García Prieto, en que la aleta de un Hispanosuiza me sacó de la acera y me dio un buen revolcón. En la esquina de la plaza del Rey, donde había un herbolario. Malparió la dueña, que vio el accidente y se asustó mucho, a ver, usted me dirá, un auto subiéndose a la acera, eso era muy grave entonces. Me indemnizaron con un pantalón del propietario del Hispano, un fulano con bombín, botines y leontinas, algo amaricado, pero, eso sí, se quitaba el sombrero para hablar. Se veía que era una persona de posibles y muy bien educada, no faltaba más. Ahí es cuando me casé con la Petronila, que vendía castañas asadas junto a Price, al ladito de donde me empitonó el Hispanosuiza. Las castañas, aquello rentaba, producía, o sea, vamos, usted me comprende. La Petronila, una gran mujer. Alta, fuerte, un lunar muy bien puesto en la sien, así, en semejante lugar, y se hacía un caracolillo la mar de aparente con los pelos que le nacían allí, uno era blanco, se lo elogiaban mucho en la vecindad. Estábamos contentos en nuestra chabolita, pero, aquí... Es que aquí no dejan en paz a nadie, ya lo ve. Que si era una vergüenza, que qué barbarie, que qué pecado, que si un horror, que si el mal ejemplo para el pueblo... El pueblo, no vea usted para lo que valía el pueblo, para recibir el ejemplo de un chatarrero y de su mujer, bastante bien avenidos, no nos metíamos con nadie, se lo juro por éstas... Sí, claro, es que, ya me comprende usted, estábamos, bueno, pues así, arrejuntados, que no se llevaba entonces tanto, o que, por lo menos, parecía muy mal a aquellas señoras que se empeñaron en llevarnos a la iglesia. ¡Vaya boda! Menos mal que fue tempranito. Luego lo sentimos, porque, la verdad, quedamos muy bien. La Petronila llevaba una mantillita de Almagro, negra, y una cruz de diamantes de doña Sonsoles, la del cabo, y un prendedor en el moño, con una perla, de la señora Colasa, la frutera, y un vestido de crespón que brillaba mucho. Y yo mi corbata grande, con alfiler, y una chistera, y unas botas nuevas, y un medio chaqué. Talmente un concejal. Estuvo todo muy bien y, al acabar, tomamos café con tostadas y chinchón dulce. En el tupi *La Puerta de Getafe*, frente a la fábrica de cerillas, donde estaba el pilón del ganado. Nos llevaron a casa. Y nos quitaron todo enseguidita, se ve que lo necesitaban para casar a otros malos ejemplos que

a lo mejor habría por allí, digo yo, en Leganés, en Cuatro Vientos, vaya usted a saber, si no a ver por qué tanta prisa (...). La Petronila me regaló entonces, se lo agradecí mucho, una cartera de piel de lagarto, mírela, aquí está, con la foto de nuestra boda. Ya teníamos bastantes años. ¡Hombre, estaría bueno, bastantes menos que ahora! No, no, por favor, no me haga hacer cuentas. La Petro, además, contaba por duros y por reales, y qué sé yo qué más. ¿Se da cuenta, oiga? Observe, llevo un clavel en el ojal. La Petro lo guardó mucho tiempo en una caja, en la cómoda. Porque teníamos una cómoda, no se vaya a creer, de caoba. Esta cartera y esta foto es lo único que me queda de entonces. Todo el negocio se lo llevó la guerra, cuando los nacionales llegaron allí ¡pum, pam, pam! Nada. Ni el solar. Luego han hecho por allí una cárcel, lo que prueba que la tierra era buena. Sí, hombre, sí, ya le he dicho que no nos quedó nada después del cacao aquel. Nos costó trabajo encontrar el sitio. Vamos, que no éramos nosotros solos los que no teníamos calle, ni número, ni nada. Casi todo el pueblo estaba igual. A ver, tres años y pico arreándole a dar. Y, para que usted vea lo que son las cosas, nos tropezamos revolviendo la escombrera con el espejo de la Petro. ¡Qué alegría, qué gritos! ¡Mira, mira, Tomás, el espejito, mi espejito! ¡Qué lagrimones, Señor! Era un espejito de mano, de ésos con un mango así, y tenía una raja de lado a lado. Era el que empleaba la Petronila para arreglarse, mi Petronila era muy aseadita. Ya se puede figurar cómo lo recogimos, cómo se le caía el moco a la Petro al limpiarlo con la falda, acariciándole. Es que... (...) La Petronila se murió del tifus después de la guerra, cuando espichó tanta gente. Por eso estoy viudo ahora, a ver. No fue ella sola, sino mucha más gente se murió, hombre, que si se morían, a ver, tantas hambres, tantos fríos, tantos disgustos. Los disgustos matan mucho, ¿no sabe? La Petronila era muy cariñosa, vaya si lo era, y me cuidaba mucho. ¡Qué camisas, qué pañuelito blanco tenía siempre yo! Una buena mujer, la Petronila. Ahora, al recordarla, me suena su voz, ya se lo he dicho, igualito, igualito, aquí: ¡Tomás, no te vayas a resfriar! ¡Tomás, que no me entere yo que bebes! ¿No la oye? Todo está oliendo a ella, como ella. Se me pone la carne de gallina. Usted perdone. Esto no lo puedo decir en el hotel, está prohibido. Total, que después de lo de la pobre Petro, me quedé solo con el perro, un bastardo canelo muy simpático. Me daba calor por la noche, durmiendo a mi lado, sobre la manta. ¡Ah, se me pasaba, caramba, esta cabeza! Esa manta la habíamos salvado cuando la evacuación, nos la habían regalado las mujeres aquellas que nos casaron, era preciosa. Tenía una cinta de seda todo alrededor. Claro que ya al final esa cinta se había caído, o estaba rota por partes. Se ve que era de mala calidad. El perro, como le iba diciendo, a veces manchaba mucho la manta, no estaba bien adiestrado. También se murió. Para mí que lo mataron los de la loquería, porque se metía por allí, buscando la cocina. Había una enfermera alemana con muy malas pulgas, enamorada de su gato. Ahí estuvo la madre del cordero. ¡Adiós, mi Canelo! A lo mejor le inyectaron locura y se les iría la mano en la ración, a ver, pobre animal. Ya, otra vez solo. Siempre solo. Y, ¿sabe?, es muy malo tomar cariño a la gente, tomar cariño a la Petronila, tomar cariño al Canelo, al sanabrés, al espejito, a la manta... Tarde o temprano... Hala, a hacer... bueno, gárgaras (...) Así que... Oiga, me estoy quedando ronco. Yo, ya he pagado, con las pesetillas de la ayuda de no sé qué de previsión, un ataúd la mar de arregladito. Como no gasto nada, cada mes le voy poniendo algún adornito, que si un crucifijo, esto me ha valido algún postre aparte, las monjas lo han celebrado mucho... Que si una especie de almohadita. Que si unas asas decentes. Lo malo es si no sé ya qué ponerle antes de... Tendré que decir que me pongan a mí, que me dejen allí, quietecito, y que se callen, por favor, que se callen... Mire, mire, ya casi siento este descanso tan bueno, y me quiero estirar, y dormir, dormir... Oiga, ¿usted cree que allí, bueno, usted me entiende dónde, la Petronila seguirá asando castañas, y el Canelo vendrá por las noches a la manta, y habrá un sitio para los republicanos como el sanabrés, y venga, y venga, y venga y dale ... ? Ojalá, porque si no...

# ANTONIO BUERO VALLEJO (1916-2000)

## *Historia de una escalera* (1949)

*Doña Asunción:* ¿Qué haces?
*Fernando:* *(Desabrido.)* Ya lo ves.
*Doña Asunción:* *(Sumisa.)* ¿Estás enfadado?
*Fernando:* No.
*Doña Asunción:* ¿Te ha pasado algo en la papelería?
*Fernando:* No.
*Doña Asunción:* ¿Por qué no has ido hoy?
*Fernando:* Porque no.

*(Pausa.)*

*Doña Asunción:* ¿Te he dicho que el padre de Elvirita nos ha pagado el recibo de la luz?
*Fernando:* *(Volviéndose hacia su madre.)* ¡Sí!, ¡Ya me lo has dicho! *(Yendo hacia ella.)* ¡Déjame en paz!
*Doña Asunción:* ¡Hijo!
*Fernando:* ¡Qué inoportunidad! ¡Pareces disfrutar recordándome nuestra pobreza!
*Doña Asunción:* ¡Pero hijo!
*Fernando:* *(Empujándola, y cerrando de golpe.)* ¡Anda, anda para dentro!

*(Con un suspiro de disgusto, vuelve a recostarse en el pasamanos. Pausa. URBANO llega al primer rellano. Viste traje azul mahón. Es un muchacho fuerte y moreno, de fisonomía ruda, pero expresivo: un proletario: FERNANDO lo mira avanzar en silencio. URBANO comienza a subir la escalera y se detiene al verle.)*

*Urbano:* ¡Hola! ¿Qué haces ahí?
*Fernando:* Hola, Urbano. Nada.
*Urbano:* Tienes cara de enfado.
*Fernando:* No es nada.
*Urbano:* Baja al «casinillo». *(Señalando el hueco de la ventana.)* Te invito a un cigarro. *(Pausa.)* ¡Baja, hombre! *(Fernando empieza a bajar, sin prisa.)* Algo te pasa. *(Sacando la petaca.)* ¿No se puede saber?
*Fernando:* *(Que ha llegado.)* Nada, lo de siempre... *(Se recuestan en la pared del «casinillo». Mientras, hacen los pitillos.)* ¡Que estoy harto de todo esto!
*Urbano:* *(Riendo.)* Eso es ya muy viejo. Creí que te ocurría algo.
*Fernando:* Puedes reírte. Pero te aseguro que no sé cómo aguanto. *(Breve pausa.)* En fin, ¡para qué hablar! ¿Qué hay por tu fábrica?
*Urbano:* ¡Muchas cosas! Desde la última huelga de metalúrgicos la gente se sindica a toda prisa. A ver cuándo nos imitáis los dependientes.
*Fernando:* No me interesan esas cosas.
*Urbano:* Porque eres tonto. No sé de qué te sirve tanta lectura.
*Fernando:* ¿Me quieres decir lo que sacáis en limpio de esos líos?
*Urbano:* Fernando, eres un desgraciado. Y lo peor es que no lo sabes. Los pobres diablos como nosotros nunca lograremos mejorar de vida sin la ayuda mutua. Y eso es el sindicato. ¡Solidaridad! Ésa es nuestra palabra. Y sería la tuya si te dieses cuenta de que no eres más que un triste hortera. ¡Pero como te crees un marqués!

*Fernando:* No me creo nada. Sólo quiero subir. ¿Comprendes? ¡Subir! Y dejar toda esta sordidez en que vivimos.

*Urbano:* Y a los demás, que los parta un rayo.

*Fernando:* ¿Qué tengo yo que ver con los demás? Nadie hace nada por nadie. Y vosotros os metéis en el sindicato porque no tenéis arranque para subir solos. Pero ése no es camino para mí. Yo sé que puedo subir y subiré solo.

*Urbano:* ¿Se puede uno reír?

*Fernando:* Haz lo que te dé la gana.

*Urbano:* *(Sonriendo.)* Escucha, papanatas. Para subir solo, como dices, tendrías que trabajar todos los días diez horas en la papelería; no podrías faltar nunca, como has hecho hoy...

*Fernando:* ¿Cómo lo sabes?

*Urbano:* ¡Porque lo dice tu cara, simple! Y déjame continuar. No podrías tumbarte a hacer versitos ni a pensar en las musarañas; buscarías trabajos particulares para redondear el presupuesto y te acostarías a las tres de la mañana contento de ahorrar sueño y dinero. Porque tendrías que ahorrar, ahorrar como una urraca; quitándolo de la comida, del vestido, del tabaco... Y cuando llevases un montón de años haciendo eso, y ensayando negocios y buscando caminos, acabarías por verte solicitando cualquier miserable empleo para no morirte de hambre... No tienes tú madera para esa vida.

*Fernando:* Ya lo veremos. Desde mañana mismo...

*Urbano:* *(Riendo.)* Siempre es desde mañana. ¿Por qué no lo has hecho desde ayer o desde hace un mes? *(Breve pausa.)* Porque no puedes. Porque eres un soñador. ¡Y un gandul! *(Fernando le mira, lívido, conteniéndose, y hace un movimiento para marcharse.)* ¡Espera, hombre! No te enfades. Todo esto te lo digo como un amigo.

*(Pausa.)*

*Fernando:* *(Más calmado y levemente despreciativo.)* ¿Sabes lo que te digo? Que el tiempo lo dirá todo. Y que te emplazo. *(Urbano le mira.)* Sí, te emplazo para dentro de... diez años, por ejemplo. Veremos, para entonces, quién ha llegado más lejos; si tú con tu sindicato o yo con mis proyectos.

*Urbano:* Ya sé que no llegaré lejos; y tampoco tú llegarás. Si yo llego, llegaremos todos. Pero lo más fácil es que dentro de diez años sigamos subiendo esta escalera y fumando en este «casinillo».

*Fernando:* Yo, no. *(Pausa.)* Aunque quizá no sean muchos diez años...

# JAIME SALOM (1925)

## La casa de las chivas

### ACTO PRIMERO

*Interior de la casa en donde PETRA y TRINI viven con su PADRE, y en la que, durante la acción de la obra, se cobijan varios soldados. A un lado, patio con su lavadero. En la región catalanalevantina. Verano de 1938.*

*(PETRA, TRINI y el PADRE, cenando. Atardecer.)*

*Padre:* *(Terminando su cena.)* ¿No hay más?
*Petra:* Le he puesto la ración mayor que a nadie.
*Padre:* Pero sin pan...
*Petra:* No haberse comido el chusco entero al mediodía.
*Padre:* Para qué le vale a un hombre hecho y derecho un cacho así para veinticuatro horas.
*Petra:* Estamos en guerra, ¿aún no se ha enterado, padre?
*Padre:* ¡No me voy a enterar; y he de dormir en el desván porque me han llenado la casa de gentuza...!
*Petra:* ¿De qué íbamos a comer, si no fuese por ellos? No será de lo que saque de la huerta... Ha tenido que marcharse casi todo el pueblo para no morirse aquí de hambre.
*Padre:* Pues a mí no me echan de esta casa, aunque me maten. Se las canté bien claras a ese pez gordo, que quiso meternos en el tren de evacuación... ¡A mí, no! ¡Yo, no! Que he pasado lo mío antes de llegar aquí... Demasiado me ha tocado rodar por esos mundos, desde que salimos de Caravaca hace ya diez años... Vosotros erais unas crías que sólo sabíais abrir la boca para pedir... ¡Los ahorros de toda mi vida, el trabajo de un hombre, desde niño... eso es esta casa! Y si me la tiran abajo de un cañonazo, te juro que me agarraré a las paredes para que me caigan las piedras encima. *(Transición.)* Un poco de pan, para acompañar el arroz... ¡No creo que sea pedir demasiado!
*Trini:* *(Dándole un chusco.)* Tome, padre.
*Petra:* *(A TRINI.)* ¿De dónde has sacado tú ese chusco?
*Trini:* Es mío. Mi ración.
*Petra:* Mentira. Te he visto merendar esta tarde.
*Trini:* Tú sueñas, rica... ¿De dónde iba a sacar yo la merienda?
*Petra:* No lo sé. Pan y pimiento.
*Padre:* ¿Cómo? ¿Has dicho... pimiento? ¿Pero has sido capaz de eso, mala hija? El único que quedaba en la planta... Yo esperaba que creciera para semilla.
*Trini:* Bah, no le haga caso, padre. Está borracha.
*Petra:* ¿De qué? Si no hay vino.
*Padre:* Eso es verdad, hija. ¡Bastante lo siento!
*Trini:* Pues bien, sí. Me he comido el dichoso pimiento, ¿qué pasa? El día menos pensado hubiera desaparecido lo mismo.
*Padre:* ¡Y para que no me lo roben, me lo robas tú! ¡Yo lo vigilaba, día y noche, sin quitarle ojo!
*Trini:* Antes de que se lo coma cualquiera, mejor que aproveche a alguien de la familia, digo yo. *(Dándole el chusco de pan.)* Tome. Intercambio.
*Petra:* *(Quitándoselo.)* De ninguna manera.
*Padre:* *(A PETRA.)* ¿Vas a quitarle a tu propio padre el pan de la boca?
*Petra:* *(A TRINI.)* ¿Quién te lo ha dado?
*Trini:* ¡A ti qué te importa!
*Petra:* ¿Y qué le has dado tú a cambio? Porque ésos no regalan las cosas porque sí...
*Padre:* ¿Qué va a dar la pobrecilla? Si no tiene nada.
*Petra:* Sé muy bien lo que digo, padre. Que los hombres, con la guerra, están como «escaldaos»... y piensan siempre en lo mismo, ¡a todas horas!
*Padre:* Te prohíbo que le hables así a la criatura.
*Petra:* Una criatura que se deja achuchar por los rincones.
*Trini:* ¡Mentirosa! ¡Mentirosa!
*Petra:* Con las nalgas negras de cardenales, de los manotazos de todos...
*Trini:* ¡No es verdad! ¡No lo crea, padre! *(Va a levantarse las faldas por detrás.)* ¡Se lo enseño ahora mismo para que lo compruebe!
*Petra:* ¡Tápate el culo, puerca!
*Padre:* *(A PETRA.)* ¡Hija de tu madre tenías que ser, lengua de víbora! Eres como «la Chiva»... Ves el mal en todas partes... Pero mi Trini es muy distinta.
*Petra:* Claro que es distinta, padre... ¡Bastante me he cuidado yo de que lo fuera! Pero que tenga mucho ojo... Al más pequeño desliz, como que me llamo Petra, cojo un machete y la abro en canal, igual que a una res... ¡A ella y al que tenga la culpa! Conque ándate con tiento, no vaya alguno a echarte al camastro... porque no te daré tiempo a que se te hinche la barriga. ¡Y ahora a dormir!
*Trini:* No tengo sueño.
*Padre:* ¡Ni yo, porras ...! Nunca me ha gustado meterme en la cama con sol.

Petra: ¡Los dos al desván! Yo subiré luego... Pronto van a llegar los hombres y no les gusta encontrarnos aquí.
Padre: ¡Esconderme en mi propia casa!
Trini: ¡No se me van a comer!
Petra: Pues mira, todo pudiera ser... Que a más de uno se le hace la boca agua.
Trini: ¡Ahí le duele! No le gusta la competencia. Se cree reina del gallinero.
Padre: ¡Niña! ¿Qué modales son ésos? Es tu hermana mayor y le debes respeto.
Trini: Pues en esta casa voy a ser la única que la respeta...
Padre: Cállate, mocosa.
Trini: Aquí hay baile todas las noches... Oigo la gramola desde arriba.
Petra: ¿Y qué? Han bregado todo el día. Les gusta divertirse un rato antes de acostarse.
Trini: Pues esta noche, en cuanto suene la música, me pongo el vestido nuevo y bajo a la fiesta.
Petra: ¡Te librarás mucho!
Trini: ¿No tengo edad para bailar?
Petra: Con ésos, no. Y como aparezcas, te salto las muelas a bofetadas. Ya lo sabes.
Trini: ¿Por qué yo no y tú sí?
Petra: Alguien tiene que ponerles la cena.
Trini: A mí también me gustaría... y oír lo que cuentan y sus canciones... ¡Hasta el desván llegan las risotadas ... ! ¡Y ese olor a tierra y sudor que sólo echan los hombres cansados!
Petra: ¡No sabes lo que dices!

## Blas de Otero (1916-1979)

### A la inmensa mayoría
(*Pido la paz y la palabra*, 1955)

Aquí tenéis, en canto y alma, al hombre
aquel que amó, vivió, murió por dentro
y un buen día bajó a la calle: entonces
comprendió: y rompió todos sus versos.

Así es, así fue. Salió una noche
echando espuma por los ojos, ebrio
de amor, huyendo sin saber adónde:
adonde el aire no apestase a muerto.

Tiendas de paz, brizados pabellones,
eran sus brazos, como llama al viento;
olas de sangre contra el pecho, enormes
olas de odio, ved, por todo el cuerpo.

¡Aquí! ¡Llegad! ¡Ay! Ángeles atroces
en vuelo horizontal cruzan el cielo;
horribles peces de metal recorren
las espaldas del mar, de puerto a puerto.

Yo doy todos mis versos por un hombre
en paz. Aquí tenéis, en carne y hueso,
mi última voluntad. Bilbao, a once
de abril, cincuenta y tantos.

## Dámaso Alonso (1898-1990)

### Insomnio (*Hijos de la ira*, 1944)

Madrid es una ciudad de más de un millón de cadáveres (según las últimas estadísticas).

A veces en la noche yo me revuelvo y me incorporo en este nicho en el que hace 45 años que me pudro.

Y paso largas horas oyendo gemir al huracán, o ladrar los perros, o fluir blandamente la luz de la luna.

Y paso largas horas gimiendo como el huracán, ladrando como un perro enfurecido, fluyendo como la leche de la ubre caliente de una gran vaca amarilla.

Y paso largas horas preguntándole a Dios, preguntándole por qué se pudre lentamente mi alma, por qué se pudren más de un millón de cadáveres en esta ciudad de Madrid, por qué mil millones de cadáveres se pudren lentamente en el mundo.

Dime, ¿qué huerto quieres abonar con nuestra podredumbre? ¿Temes que se te sequen los grandes rosales del día, las tristes azucenas letales de tus noches?

## 1. Realice las tareas siguientes.

1. El protagonista de *A Traque Barraque* cuenta la historia de su vida. Describa los momentos por los que esta transcurre.
2. Caracterice el lenguaje y la forma del relato de Alonso Zamora Vicente, utilizados en su obra. Busque información sobre su creación artística en general.
3. Analice los elementos que determinan la ideología, la concepción del mundo, el comportamiento y las ilusiones de Fernando y Urbano basándose en el fragmento leído de *Historia de una escalera*. ¿En qué consiste la diferencia entre los dos personajes?
4. *Historia de una escalera* marca un cambio fundamental en el desarrollo del teatro español de posguerra. Intente conocer más sobre el texto dramático, los personajes y la tendencia artística que su obra inaugura en la escena española.
5. *La casa de las chivas*, otra obra teatral de enorme éxito, batió todos los récords de permanencia en cartel en su tiempo. El núcleo central del drama es la descripción de la miseria y la pobreza, la virtud, la moral y los valores espirituales. Justifique dicha conclusión con ejemplos del texto.
6. ¿Por qué "se pudre lentamente" el alma del protagonista de Dámaso Alonso? *Hijos de la ira* es una protesta contra "la podredumbre". ¿Cómo se imagina que sea el mundo que rodea al poeta y crítico de la generación del 27?

## 2. Lea las definiciones siguientes y diga las locuciones verbales a las que se refiere su significado tomando en consideración los fragmentos de las obras literarias de la Lección 4. Luego, componga una frase con cada una de ellas.

1. Ser algo la causa principal, la razón real de un hecho o de un suceso.
2. Estremecerse alguien de miedo o emoción; experimentar alguien mucho frío.
3. Estar alguien distraído, no atender a lo que él mismo u otro hace o dice.
4. Sobrellevar alguien las adversidades o trabajos.
5. Echar alguien agua al vino para obtener mayores ganancias.
6. Pensar alguien con deleite en el buen sabor de un alimento.
7. Tener alguien aptitud, disposición para algo.
8. Estar alguien en el extremo decaimiento físico, estar agotado, vencido.
9. No tener alguien ningún dinero.
10. Tener alguien mal humor, mal genio; ser de carácter irritable.

## 3. Los sufijos diminutivos. Las palabras formadas con sufijos diminutivos indican disminución del tamaño del objeto designado o introducen un valor afectivo determinado o es un indicador de cortesía. Fíjese en los ejemplos a base del sufijo diminutivo *-ito,a* (*cito,a; -ecito,a; -ececito,a*). Luego, forme los diminutivos de las palabras del recuadro y complete las oraciones con la forma más conveniente.

*pequeño*
*corazón*
*pronto*
*sol*
*flor*
*ahora*
*café*
*callado*
*cerca*
*coche*

Ej.: *hermanito* *derechita* *piececito* *tacita*

1. Por entre los nubarrones, de vez en cuando, se asomaba ___________.
2. Ayer por la tarde quedamos con mi prima a salir a tomar ___________ y a charlar, puesto que llevábamos mucho sin vernos.
3. Espérame, ___________ voy.
4. El niño lloraba desconsolado porque se le había roto ___________ que le regalaron por Reyes.
5. No os preocupéis, la casa de mis tíos queda ___________, llegaremos a tiempo.

6. La alumna permaneció ___________ y confusa al escuchar las observaciones de la maestra.
7. A su hermana le encantaba tener al gatito en sus manos y, escuchando el latido de su ___________, se llenaba de ternura y le daba mil caricias.
8. Te llamo ___________.
9. Le complace ver ___________ de varios colores que crecen en su patio y lo llenan en primavera.
10. Es el perro que me regalaron mis padres hacía dos años, era entonces tan ___________.

## 4. Relea el texto "Siempre en la calle" y escriba todos los diminutivos que aparecen, determinando a qué clase de palabras pertenecen.

## 5. Relacione las locuciones de la columna A con sus definiciones en la B. A continuación, forme frases con las expresiones de la A.

| A | B |
|---|---|
| 1 a golpes | a con la mayor prontitud |
| 2 a un/dos/tres paso/s | b de un extremo a otro |
| 3 la mar de | c mucho, con abundancia |
| 4 de lado a lado | d a porrazos |
| 5 por partes | e a corta distancia |
| 6 en limpio | f siempre, continuamente |
| 7 a toda prisa | g en claro, sin enmienda |
| 8 a todas horas | h gradual y separadamente |

## 6. Oraciones subordinadas temporales. Lea los ejemplos citados y luego complete las oraciones, poniendo el verbo en su forma adecuada. Fíjese en el uso de los modos verbales.

Ej.: *Y cuando llevases un montón de años haciendo eso, y ensayando negocios y buscando caminos, acabarías por verte solicitando cualquier miserable empleo para no morirte de hambre.* (Buero Vallejo)

*Pues esta noche, en cuanto suene la música, me pongo el vestido nuevo y bajo a la fiesta.* (Jaime Salom)

1. Me dijo que (ponerse, él) ___________ a estudiar, en cuanto (sentirse) ___________ mejor.
2. No estés preocupada, cuando (llegar, yo) ___________ a Londres, (enviarte) ___________ un correo.
3. En aquel entonces, todas las tardes, cuando (venir, vosotros) ___________ de la oficina, (salir, nosotros) ___________ a dar un paseo.
4. Le prometisteis que, en cuanto (traeros, ellos) ___________ los libros, (dárselos) ___________ y no lo cumplisteis.
5. Nos prometieron que, en cuanto (tener, ellas) ___________ tiempo libre, (venir) ___________ de visita.
6. Mañana por la tarde, cuando (terminar, tú) ___________ de corregir los trabajos, (poder, nosotros) ___________ ir al cine.
7. En cuanto (tener, nosotros) ___________ noticias, (comunicártelo) ___________.
8. Me comentó que cuando (volver, ella) ___________ a casa, siempre (encontrarle) ___________ de mal humor.
9. Así lo hizo, cuando (terminar, él) ___________ las obras en su casa, (devolverme) ___________ la escalera.
10. Cuando (verla, yo) ___________ , (decírselo) ___________.

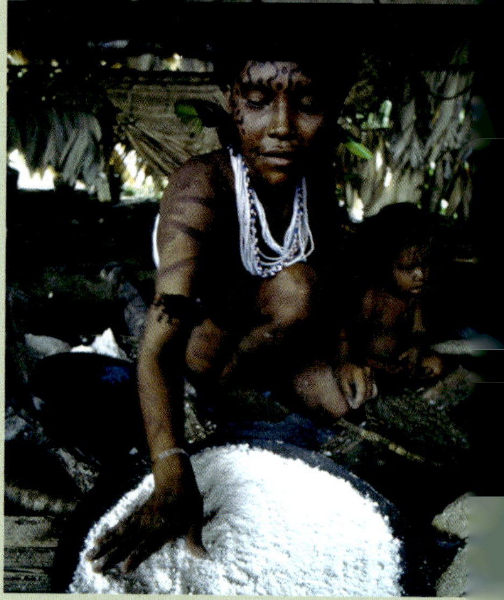

# Diversas **formas de vida**

## ESQUEMA GRAMATICAL 1

### Símbolos monetarios

| | |
|---|---|
| COL | peso colombiano. |
| CU | peso cubano. |
| DIK | dinar iraquí. |
| DIR | dirham (Marruecos). |
| EURO | euro (Unión Europea). |
| FS | franco suizo. |
| KIS | corona islandesa. |
| KRD | corona danesa. |
| KRN | corona noruega. |
| KRS | corona sueca. |
| £ | libra esterlina (Reino Unido). |
| LA | libra australiana. |
| MF | marco finlandés. |
| PEG | piastra egipcia. |
| RA | real (Brasil). |
| RBL | rublo. |
| RUPI | rupia india. |
| $ | dólar (EE UU). |
| SCAN | dólar canadiense. |
| SCH | peso chileno. |
| $ MEX | peso mexicano. |
| SOL | sol (Perú). |
| SUC | sucre (Ecuador). |
| SUR | peso uruguayo. |
| YEN | yen japonés. |
| ZL | zloty (Polonia). |

## ESQUEMA GRAMATICAL 2

### Sufijos cultos

| | |
|---|---|
| -ALGIA | «dolor»: cefalalgia. |
| -ARQUÍA | «mando»: monarquía. |
| -CÉFALO | «cabeza»: bicéfalo. |
| -CRACIA | «poder»: democracia. |
| -DROMO | «carrera»: hipódromo. |
| -FILIA | «afición»: germanofilia. |
| -FOBIA | «odio»: fotofobia. |
| -FONÍA | «transmisión de sonido»: megafonía. |
| -GAMIA | «matrimonio»: monógamo. |
| -GENO | «que engendra»: genealogía. |
| -TOMÍA | «corte»: dicotomía. |
| -LITO | «piedra»: monolito. |
| -MANCIA | «adivinación»: nigromancia. |
| -OIDE | «parecido a»: asteroide. |
| -PATÍA | «padecimiento»: homeopatía. |
| -PTERO | «ala»: díptero. |
| -SCOPIO | «que sirve para ver»: telescopio. |
| -TECNIA | «ciencia, arte»: electrotecnia. |
| -TECA | «armario»: biblioteca. |
| -TERAPIA | «tratamiento»: fisioterapia. |
| -TIPIA | «impresión»: linotipia. |

**1. Diga el significado y forme frases con los términos siguientes.**

hipódromo ____________________
canódromo ____________________
velódromo ____________________
acracia ____________________
aristocracia ____________________
mesocracia ____________________
braquicéfalo ____________________
acéfalo ____________________
autarquía ____________________
cefalalgia ____________________
gastralgia ____________________

linotipista ____________________
microcéfalo ____________________
neuralgia ____________________
anarquía ____________________
psiquiatra ____________________
bicéfalo ____________________
tecnocracia ____________________
políglota ____________________
hidrógeno ____________________
monolito ____________________
poligamia ____________________

nigromancia ____________________
quiromancia ____________________
cartomancia ____________________
endogamia ____________________
patógeno ____________________
metaloide ____________________
aerolito ____________________
cardiopatía ____________________
hidrofobia ____________________
periscopio ____________________

## 2. Diga el significado y forme frases con los términos siguientes.

hemeroteca ______________________
metrópoli ______________________
xenofobia ______________________
electrotecnia ______________________
traqueotomía ______________________
fototipia ______________________
hidroterapia ______________________
helicóptero ______________________
microscopio ______________________
pirotecnia ______________________
discoteca ______________________
pinacoteca ______________________
linotipia ______________________
anglofobia ______________________
psicoterapia ______________________
anatomía ______________________
fonoteca ______________________
díptero ______________________
asteroide ______________________
agorafobia ______________________
macrocéfalo ______________________

## 3. Ponga el derivado que convenga (profesión o situación) en lugar de la palabra que está entre paréntesis.

1. Tengo que llamar al *(electricidad)* ______________ para que nos arregle la instalación de luz.
2. El *(conducir)* ______________ no pudo frenar a tiempo y chocó contra un turismo.
3. Aunque le duele mucho la muela, tiene miedo de ir al *(diente)* ______________.
4. Hay muchos *(colección)* ______________ de sellos que no quieren desprenderse de sus piezas más valiosas.
5. Muchos *(pensión)* ______________ no saben qué hacer cuando dejan de trabajar.
6. Narciso Yepes fue un *(concierto)* ______________ de guitarra, mundialmente reconocido.
7. El *(trapecio)* ______________ perdió el equilibrio y cayó al vacío.
8. Hay muchas *(arte)* ______________ del género ligero que se mueren de hambre en su vejez.
9. Rafael estudia mucho porque quiere ser *(arquitectura)* ______________.
10. Él quedó *(final)* ______________ en el último Premio Nacional de Literatura.

## 4. Sustituya los verbos en cursiva por expresiones más precisas.

*Ej.:* Me han *mandado* una medicina. Me han *recetado* una medicina.

1. Este pintor tarda mucho en *hacer* un paisaje. ______________________
2. Hemos *hecho* muchos kilómetros. ______________________
3. El niño *puso* árboles en su dibujo. ______________________
4. Era un artículo tan interesante, que lo *pusieron* en inglés. ______________________
5. El defensa *ha hecho* varias faltas durante el partido. ______________________
6. Creo que *harás* una magnífica escultura. ______________________
7. Este hombre *hizo* varios delitos. ______________________
8. Jesús *tuvo* el premio a la mejor redacción. ______________________
9. El cazador *dijo* su historia con todo detalle. ______________________
10. Los ladrones *han puesto* lo robado bajo llave. ______________________

## 5. Sustituya los verbos en cursiva por expresiones más precisas.

1. Han *puesto* un circo a la entrada del pueblo. ____________
2. La policía *pone* a los ladrones en manos de la justicia. ____________
3. El mejor ciclista suele *tener* el primer puesto. ____________
4. En esta clase se *hacen* muchas faltas de ortografía. ____________
5. Los niños deben *tener* respeto a los mayores. ____________
6. El general *dijo* una arenga a la tropa. ____________
7. ¡Quién no *tiene* esperanza en una quiniela de catorce! ____________
8. Marisa *se hizo* ilusiones con el poeta. ____________
9. No me *han dicho* que hoy cerraban antes. ____________
10. ¿Vas a *poner* ahí todos tus libros? ____________

## ESQUEMA GRAMATICAL 3

### Locuciones latinas

| | |
|---|---|
| GROSSO MODO: | Aproximadamente. |
| HIC ET NUNC: | Aquí y ahora. |
| IN ALBIS: | En blanco. |
| IN FRAGANTI: | En el momento de cometerse una acción. |
| INTER NOS: | Entre nosotros. |
| IPSO FACTO: | Inmediatamente. |
| LATO SENSU: | En sentido amplio. |
| MANU MILITARI: | Por imposición de la fuerza. |
| MODUS VIVENDI: | Forma de vida. |
| MOTU PROPRIO: | Voluntariamente, por propia iniciativa. |
| MUTATIS MUTANDIS: | Cambiando lo que hay que cambiar. |
| PLUS ULTRA: | Más allá. |
| POST SCRIPTUM: | Después de lo escrito, posdata. |
| QUID PRO QUO: | Una cosa por otra. |
| SINE DIE: | Sin fecha fija. |
| SINE QUA NON: | Sin lo cual, no. |
| STRICTO SENSU: | En sentido estricto. |
| SUB JUDICE: | Bajo resolución judicial. |
| SUI GENERIS: | Muy especial. |
| UT INFRA: | Como abajo. |
| UT SUPRA: | Como arriba. |
| VERBI GRATIA: | Por ejemplo. |

## 6. Utilice la locución más conveniente.

*inter nos*
*lato sensu*
*modus vivendi*
*plus ultra*
*grosso modo*
*in fraganti*
*ipso facto*
*in albis*
*motu proprio*
*hic et nunc*
*sui generis*
*sine qua non*
*mutatis mutandis*
*verbi gratia*
*manu militari*
*sub judice*

1. El ladrón fue detenido ____________ por la policía.
2. ____________, la opinión del presidente no es éticamente válida.
3. El ____________ de los españoles no se corresponde con su renta per cápita.
4. La aceptación de las bases es condición ____________ para participar en el concurso.
5. Blanca tiene una personalidad muy acusada; es ____________.
6. Haz siempre lo que te dicen ____________.
7. A veces, es necesario imponer las normas ____________.
8. ____________ no son aplicables aquellos criterios.
9. Debo decirte que, ____________, no estoy de acuerdo con lo que has dicho.
10. Ha tomado esa decisión ____________ sin que nadie se lo dijera.
11. ____________ el proyecto es válido.
12. Las condiciones son inaceptables ____________.
13. No se había estudiado la lección: el profesor le ha pillado ____________.
14. Tiene muchas cualidades; ____________ es sincero, inteligente...
15. No podemos decir nada; el asunto está ____________.

## 7. Utilice la palabra más indicada.

1. El buque naufragó y perdió todo su ______________.
2. Despilfarrar así el dinero es un ______________ de conciencia.
3. No quiero ser una ______________ para mi familia.
4. El ______________ de armas no ha llegado a su destino.
5. Avisaron por fax de la llegada del ______________ de petróleo.
6. La excesiva ______________ ha averiado el ascensor.
7. He conseguido hablar con un alto ______________ del ministerio.
8. La policía, con su ______________, consiguió reducir a los manifestantes.

*carga*
*cargo*
*cargamento*

## 8. Utilice la expresión más indicada.

1. ______________ la brillante fachada, se encuentra un interior en ruinas.
2. ¿Qué habrá ______________ esa puerta verde?
3. Hay gente muy importante ______________ ese asunto.
4. Tu padre está ______________ esa pared.
5. ______________ interrumpirme, me dejó plantada.
6. Tus amigos vienen ______________.
7. No te quedes ______________; ven con nosotros.
8. Estos problemas ya vienen de muy ______________.
9. Un buen día dio un paso ______________ y se desplomó.
10. Jorge está sentado ______________ de ti.

*tras*
*tras de*
*detrás de*
*detrás*
*atrás*

## 9. Utilice la expresión más adecuada.

1. Vivían ______________ el terror de la dictadura.
2. Prometió hacerlo ______________ palabra de honor.
3. ______________ nosotros vive la familia García.
4. Se vino ______________ tras el anuncio del suspenso.
5. Te espero ______________ en el portal.
6. ¡______________ la dictadura!
7. Nos miró de arriba ______________.
8. El pobre burro va cuesta ______________.
9. Con los años pierde habilidad, su salud va cuesta ______________.
10. Tenemos que pasar por ______________ del puente.

*bajo*
*debajo de*
*abajo*
*debajo*

## ESQUEMA GRAMATICAL 4

### Uso de las letras mayúsculas

**Se escribe con mayúscula:**

1. Cualquier palabra que comience un escrito y las que van después de punto.

2. Todo nombre propio, o los comunes que funcionen como propios:

   *José, Gómez, Azorín, el Redentor, Bosnia, Virgen María.*

3. Los nombres y adjetivos que formen parte del nombre de una institución, cuerpo o establecimiento:

   *Ayuntamiento de Barcelona, Real Academia Española, Museo del Prado, Teatro Real, Hotel Excelsior.*

4. Los que forman parte de la denominación de un periódico o revista:

   *El PAÍS, La Vanguardia, Tribuna, Panorama, El Mundo, El ABC.*

5. Las palabras que, en documentos oficiales, leyes, etc., expresan autoridad, cargo o dignidad:

   *La Monarquía, el Gobernador Civil, el Alcalde, el Presidente.*

6. Las denominaciones de exposiciones o congresos:

   *Semana Nacional Gastronómica, Simposio de Ginecología.*

7. Los nombres de asignaturas o disciplinas académicas que formen parte de la denominación de una cátedra, Facultad o Instituto:

   *Facultad de Medicina, profesor de Historia, Instituto de Informática.*

8. Las denominaciones de asociaciones, partidos políticos, etc.:

   *Partido Nacionalista Vasco, Unión General de Trabajadores.*

9. Los nombres de organismos oficiales o entidades:

   *Cámara de Industria, Archivo de Indias, Sindicato del Corcho.*

10. No es correcto el uso de mayúsculas en los nombres de los días o meses.

    *Hoy es martes, 23 de noviembre de 2006.*

    Tampoco en los nombres gentilicios:

    *Pedro es gallego, el presidente francés Mitterrand.*

### *10.* Señale las incorrecciones ortográficas, si las hay.

1. Todos los días escucho que una nueva cordada ha coronado con éxito los alpes.
2. El Gobernador civil de Madrid ha inaugurado la escuela de formación «Virgen de la Paloma».
3. En el día de la fecha, 6 de Enero, los reyes salieron para Bogotá.
4. Mañana salimos para parís.
5. El partido comunista ha anunciado que hará campaña a favor de la salida de la otán.
6. El río ebro, a su paso por Zaragoza, está canalizado.
7. La historia de la institución del senado español es muy corta.
8. La ciudad del turia ha tenido suerte con la lotería de Navidad.
9. El acto académico tendrá lugar en la facultad de letras de la Universidad de Madrid.
10. Según he leído en la revista época, los Portugueses han ingresado en la UE.

# ESQUEMA GRAMATICAL 5

## Pronombres personales: formas flexivas

**Pronombre de 1.ª persona** *«yo»*

| | | |
|---|---|---|
| | Nominativo . . | *yo* |
| | Acusativo . . . . / Dativo . . . . . . . | *me* |
| Con preposición | Genitivo . . . . . / Acusativo . . . . / Dativo . . . . . . / Ablativo. . . . . . | *mi* |
| | Ablativo de compañía . . . . | *conmigo* |

**Plural del pronombre de 1.ª persona** *«nosotros, nosotras»*

| | | |
|---|---|---|
| | Nominativo... | *nosotros* / *nosotras* |
| | Acusativo . . . . / Dativo . . . . . . | *nos* |
| Con preposición | Genitivo. . . . . / Acusativo. . . . / Dativo . . . . . . / Ablativo. . . . . . | *nosotros* / *nosotras* |

**Pronombre de 2.ª persona** *«tú»*

| | | |
|---|---|---|
| | Nominativo . . / Vocativo . . . . . | *tú* |
| | Acusativo . . . . / Dativo . . . . . . | *te* |
| Con preposición | Genitivo . . . . . / Dativo . . . . . . / Acusativo . . . . / Ablativo . . . . . | *ti* |
| | Ablativo de compañía . . . . | *contigo* |

**Plural del pronombre de 2.ª persona** *«vosotros, vosotras»*

| | | |
|---|---|---|
| | Nominativo . . / Vocativo. . . . . | *vosotros* / *vosotras* |
| | Acusativo. . . . / Dativo . . . . . . | *os* |
| Con preposición | Genitivo. . . . . / Dativo . . . . . . / Acusativo. . . . / Ablativo . . . . . | *vosotros* / *vosotras* |

**Pronombre de 3.ª persona** *«él»*

| | | SINGULAR | | | PLURAL | |
|---|---|---|---|---|---|---|
| | | Masculino | Femenino | Neutro | Masculino | Femenino |
| | Nominativo | *él* | *ella* | *ello* | *ellos* | *ellas* |
| | Acusativo | *lo, le* | *la* | *lo* | *los, les* | *las* |
| | Dativo | *le, se* | *le, se* | | *les, se* | *les, se* |
| Con preposición | Genitivo / Acusativo / Dativo / Ablativo | *él* | *ella* | *ello* | *ellos* | *ellas* |

**Pronombre de 3.ª persona** (reflexivo)

Carece de nominativo

| | | |
|---|---|---|
| | Acusativo . . . . / Dativo . . . . . . | *se* |
| Con preposición | Genitivo. . . . . / Acusativo. . . . / Dativo . . . . . . / Ablativo. . . . . | *sí* |
| | Ablativo de compañía . . . . | *consigo* |

## 11. Ponga en gerundio los verbos que están entre paréntesis, y diga su significado.

1. Las sombras van *(espesarse)* _____________.
2. El niño, *(engolar)* _____________ la voz, prometió: «Seré arquitecto».
3. A mí también se me saltan las lágrimas algunas veces; pero de eso a estar toda la noche *(gimotear)* _____________...
4. *(Disparar)* _____________ los dardos por encima de los blancos, acertaba con frecuencia.
5. Y una noche pillólo la ronda *(hablar)* _____________ de amor al pie de una reja.
6. Sabía tocar la guitarra *(rasguear)* _____________ y de punteo.
7. Así *(discurrir)* _____________, pasó don Paco revista a su vida pasada.
8. Porque ellos triunfaron *(oponer)* _____________ el encanto de su juventud interior.
9. Y las bromas se daban en voz alta y las muchachas reían *(olvidar)* _________ su exagerada tiesura.
10. El aparejador estaba *(dar)* _____________ los últimos toques a su obra.

## 12. Forme frases reflexivas y pronominales.

1. Los cipreses enormes *(perfilar)* _____________ sobre el cielo pálido, radiante.
2. Los pueblos de Occidente *(entregar)* _____________ al misticismo o al racionalismo.
3. A la muerte del dictador *(desatar)* _____________ las ambiciones más turbias.
4. Tus hermanos *(poner)* _____________ a jugar a las cartas al pie del árbol.
5. No obstante, *(desatender)* _____________ las obligaciones más perentorias.
6. La noticia *(difundir)* _____________ por todas partes.
7. Los asaltantes del banco *(mostrar)* _____________ tranquilos en todo tiempo.
8. La noticia de la muerte del dictador *(extender)* _____________ con notable celeridad.
9. *(Recibir)* _____________ al embajador en el Palacio de Cristal.
10. Conviene que *(decir)* _____________ la verdad en todo caso.

## 13. Utilice el pronombre relativo adecuado.

1. La chica, _____________ conociste ayer, estudia la carrera de Letras.
2. Alberto es el _____________ viaja mucho; ha viajado y viajará.
3. Julio, para _____________ te pedí la recomendación, te envía saludos.
4. La discoteca _____________ tejado es alto, está en primera línea de playa.
5. El alumno por _____________ te interesas, acaba de aprobar el trimestre.
6. Consulto mucho el diccionario, sin el _____________ no sabría hacer esta traducción.
7. Llegará un momento en _____________ reconozcas mis interpretaciones.
8. Estuve en un tris de llamar a alguien a _____________ tú conoces muy bien.
9. Aquí está el coche al _____________ me refería.
10. El torero, de _____________ valentía me hablaste, estuvo fenomenal.

# 5 El pensamiento hispánico

## César Vallejo (1892-1938)

### *Poemas humanos*

Me viene, hay días, una gana ubérrima, política,
de querer, de besar al cariño en sus dos rostros,
y me viene de lejos un querer,
demostrativo, otro querer amar, de grado o fuerza,
al que me odia, al que rasga su papel, al muchachito,
a la que llora por el que lloraba,
al rey del vino, al esclavo del agua,
al que ocultóse en su ira,
al que suda, al que pasa, al que sacude su persona
en mi alma.

Y quiero, por lo tanto, acomodarle
al que me habla, su trenza; sus cabellos, al soldado;
su luz, al grande; su grandeza, al chico.
Quiero planchar directamente
un pañuelo al que no puede llorar
y, cuando estoy triste o me duele la dicha,
remendar a los niños y a los genios.

Quiero ayudar al bueno a ser un poquillo de malo
y me urge estar sentado
a la diestra del zurdo, y responder al mudo,
tratando de serle útil en
lo que puedo y también quiero muchísimo
lavarle al cojo el pie,
y ayudarle a dormir al tuerto próximo.

¡Ah querer, éste, el mío, éste, el mundial,
interhumano y parroquial, provecto!
Me viene a pelo,
desde el cimiento, desde la ingle pública,
y, viniendo de lejos, da ganas de besarle
la bufanda al cantor,
y al que sufre, besarle en su sartén,
al sordo, en su rumor craneano, impávido;
al que me da lo que olvidé en mi seno,
en su Dante, en su Chaplin, en sus hombros.

Quiero, para terminar,
cuando estoy al borde célebre de la violencia
o lleno de pecho el corazón, querría
ayudar a reír al que sonríe,
ponerle un pajarillo al malvado en plena nuca,
cuidar a los enfermos enfadándolos,
comprarle al vendedor,
ayudarle a matar al matador –cosa terrible–
y quisiera yo ser bueno conmigo en todo.

# Federico García Lorca (1898-1936)

## Romance Sonámbulo (*Romancero Gitano*)

Verde que te quiero verde.
Verde viento. Verdes ramas.
El barco sobre la mar
y el caballo en la montaña.
Con la sombra en la cintura
ella sueña en su baranda,
verde carne, pelo verde,
con ojos de fría plata.
Verde que te quiero verde.
Bajo la luna gitana,
las cosas la están mirando
y ella no puede mirarlas.

Verde que te quiero verde.
Grandes estrellas de escarcha
vienen con el pez de sombra
que abre el camino del alba.
La higuera frota su viento
con la lija de sus ramas,
y el monte, gato garduño,
eriza sus pitas agrias.
Pero ¿quién vendrá?
Y ¿por dónde...?
Ella sigue en su baranda,
verde carne, pelo verde,
soñando en la mar amarga.

–Compadre, quiero cambiar
mi caballo por su casa,
mi montura por su espejo,
mi cuchillo, por su manta.
Compadre, vengo sangrando,
desde los puertos de Cabra.
–Si yo pudiera, mocito,
ese trato se cerraba.
Pero yo ya no soy yo,
ni mi casa es ya mi casa.
–Compadre, quiero morir
decentemente en mi cama.
De acero, si puede ser,
con las sábanas de Holanda.
¿No ves la herida que tengo
desde el pecho a la garganta?
–Trescientas rosas morenas
lleva tu pechera blanca.
Tu sangre rezuma y huele
alrededor de tu faja.
Pero yo ya no soy yo,
ni mi casa es ya mi casa.
–Dejadme subir al menos
hasta las altas barandas;
¡dejadme subir!, dejadme,
hasta las verdes barandas.
Barandales de la luna
por donde retumba el agua.

Ya suben los dos compadres
hasta las altas barandas.
Dejando un rastro de sangre.
Dejando un rastro de lágrimas.
Temblaban en los tejados
farolillos de hojalata.
Mil panderos de cristal
herían la madrugada.

Verde que te quiero verde,
verde viento, verdes ramas.
Los dos compadres subieron.
El largo viento dejaba
en la boca un raro gusto
de hiel, de menta y de albahaca.
¡Compadre! ¿Dónde está, dime,
dónde está tu niña amarga?
¡Cuántas veces te esperó!
¡Cuántas veces te esperara
cara fresca, negro pelo,
en esta verde baranda!

Sobre el rostro del aljibe
se mecía la gitana.
Verde carne, pelo verde,
con ojos de fría plata.
Un carámbano de luna
la sostiene sobre el agua.
La noche se puso íntima
como una pequeña plaza.
Guardias civiles borrachos
en la puerta golpeaban.
Verde que te quiero verde.
Verde viento. Verdes ramas.
El barco sobre la mar.
Y el caballo en la montaña.

# MIGUEL HERNÁNDEZ (1910-1942)

## Un carnívoro cuchillo...

*(Poemas sociales, de guerra y de muerte)*

Un carnívoro cuchillo
de ala dulce y homicida
sostiene un vuelo y un brillo
alrededor de mi vida.

Rayo de metal crispado
fulgentemente caído,
picotea mi costado
y hace en él un triste nido.

Mi sien, florido balcón
de mis edades tempranas,
negra está, y mi corazón,
y mi corazón con canas.

Tal es la mala virtud
del rayo que me rodea,
que voy a mi juventud
como la luna a la aldea.

Recojo con las pestañas
sal del alma y sal del ojo
y flores de telarañas
de mis tristezas recojo.

¿Adónde iré que no vaya
mi perdición a buscar?
Tu destino es de la playa
y mi vocación del mar.

Descansar de esta labor
de huracán, amor o infierno
no es posible, y el dolor
me hará a mi pesar eterno.

Pero al fin podré vencerte,
ave y rayo secular,
corazón, que de la muerte
nadie ha de hacerme dudar.

Sigue, pues, sigue cuchillo,
volando, hiriendo. Algún día
se pondrá el tiempo amarillo
sobre mi fotografía.

## MARIO BENEDETTI (1920)

# El apagón de los iluminados...

Tanto entusiasmo ha provocado, no sólo en Argentina sino en todo el mundo civilizado, la capitulación de la dictadura, que aún no ha habido tiempo de evaluar objetivamente la nueva situación ni medir los verdaderos alcances de su rasgo más original, destinado quizás a tener impredecibles repercusiones en el espacio político de América Latina. Me refiero fundamentalmente a la equiparación de la tortura al asesinato cualificado y al anunciado castigo con prisión perpetua «cuando origine la muerte del atormentado o le suponga lesiones de carácter irreversible». No sé de otro país que haya diseñado una norma tan palmaria sobre el espinoso tema, y menos aún de un gobernante que haya instrumentado tan rápidamente su aplicación. Si Sartre calificaba la tortura como «una viruela que devasta toda nuestra época», las nuevas y legítimas autoridades argentinas parecen haber descubierto algo que parecía imposible: una vacuna contra esa viruela.

Tanta dificultad entrañaba el descubrimiento, que para hacerlo realidad se hizo necesaria la derogación de una infamante ley de *autoamnistía;* que 25 generales, entre los cuales ocho de división, pasaran de un solo envión a la reserva, y, por último, que fueran sometidos a juicio sumario nada menos que los integrantes de las tres primeras juntas militares que gobernaron el país desde el golpe perpetrado en marzo de 1976. En cuanto a la subversión, lo nuevo no está en su condena (también había sido perseguida por la dictadura, que como es habitual en este tipo de Gobiernos, incluía indiscriminadamente en tal calificativo a buena parte de los opositores); lo nuevo está en la seguridad de que cada detenido será juzgado con todas las garantías, tendrá derecho a su abogado defensor y no será víctima de torturas ni desapariciones. Hay que reconocer que la parte realmente original de las nuevas medidas es su severidad hacia los torturadores. A éstos, en los países latinoamericanos que soportan dictaduras militares, en algunas ocasiones se los reprueba, pero raras veces se los castiga. Los mismísimos Estados Unidos son condescendientes con ellos, quizá porque desde hace años los adiestran en la zona del canal. Con tan poderoso visto bueno, esos verdugos profesionales, entre tortura y tortura, llenan su tiempo jurándole al mundo que respetan los derechos humanos. De modo que este llamar a las cosas por su nombre, a cargo de Alfonsín, es un verdadero y estimulante escándalo.

Bien es cierto que en Argentina tuvo lugar la experiencia de dictadura castrense más vulnerable y autocorrosiva de todo el continente. No es común que un Gobierno, por despótico que sea, alcance simultáneamente tantos objetivos: una cifra de desaparecidos que llega a 30.000; unas cotas de tortura difícilmente superables; una inflación anual de un 600 %; el estruendoso colapso de la economía y la mayor deuda externa (la friolera de 40.000 millones de dólares) de toda su historia. Por si todo esto no bastara: una guerra perdida, no tanto por la capacidad de respuesta del enemigo como por la irresponsabilidad, la ineficacia, la frivolidad, la autosuficiencia, la actitud pusilánime y hasta la embriaguez (de triunfalismo y de *whisky*) de sus altos jefes. Hoy el pueblo argentino los aborrece y no pierde ocasión de transmitirles ese plausible sentimiento. El hecho de que el último *presidente,* el general Bignone (que por lo menos tiene el atenuante de haber servido de bisagra para la restauración democrática), haya tenido que abandonar la Casa Rosada por una puerta espuria, es todo un símbolo del descrédito de esas fuerzas armadas.

## UNA JOFAINA PARA MACBETH

No obstante, si bien Argentina fue en cierto modo una exageración y, en los últimos y penúltimos tiempos, casi una caricatura del despotismo, todos esos rasgos, con lógicos desniveles, variantes y matices (la única excepción es el problema de las Malvinas), pueden también ser detectados en Chile y Uruguay, donde el sonoro rechazo a las respectivas dictaduras es un ejercicio cotidiano. Chilenos y uruguayos han perdido el miedo y ganado orgullosamente la calle. En Montevideo, por ejemplo, tras el acto del 27 de noviembre, con 400.000 asistentes en una ciudad de poco más de un millón, el presidente, Gregorio Álvarez, pronunció un discurso ante las cámaras de televisión, apelando a un lenguaje brutal que excedió en mucho el hasta entonces usado por sus pares. En él habló de patricios laureles que, «con todas sus sacrosantas evocaciones, han sido revolcados en el más nauseabundo de los barros» *(sic)* y convocó al pueblo «a un estado de alerta cívico». La convocatoria tuvo inmediata respuesta, ya que fue casi imposible escuchar el final de la pieza oratoria en medio de las cacerolas antidictatoriales que atronaron el espacio ciudadano.

Es evidente que en la cúpula militar produjo indignación y desconcierto el hecho de que la muchedumbre del 27, congregada para escuchar la proclama de todos los partidos de oposición, leída por el actor Alberto Candeau, se pronunciara a voz en cuello contra los diez años de poder militar y anticonstitucional. La cólera fue enorme, de eso no cabe duda; no tanta, sin embargo, como para decidirles a convocar un acto igualmente público de apoyo a su gestión.

El cambio operado en Argentina ha exteriorizado por fin lo que en la última década ha sido un rumor constante, clandestino y unánime en el Cono Sur: los Gobiernos militares han sido sencillamente un desastre, no sólo para la oposición, sino para el país entero. Desde el punto de vista económico, estos profanos feligreses de la escuela de Chicago han llevado a sus respectivos países a la quiebra. Dos economistas británicos acaban de revelar que Milton Friedman, el célebre inspirador de aquella escuela monetaria, manipuló los datos del período 1925-1955 a fin de que la realidad *confirmara* sus teorías. Siguiendo ese edificante ejemplo, las dictaduras conosureñas, que le proporcionaron a Friedman su más barato laboratorio experimental, manipularon también las realidades políticas para justificar la represión feroz. En el plano social, destruyeron la convivencia, que era un bien costosamente adquirido; instauraron el terror, diezmaron el ámbito universitario, corrompieron la Administración. En el plano cultural, hicieron lo posible y lo imposible por *desalfabetizar* a la población, desgajándola de sus escritores, sus artistas y sus propios gustos. No lo lograron, pero sí consiguieron desestabilizar la vida cultural, mediante la ruptura que significó el alto número de exiliados en este campo específico y la censura férrea para los que lograron permanecer en el país.

Definitivamente, no sirven. Ni siquiera fueron útiles para ciertos sectores del latifundio, la burguesía industrial y la banca privada, que en un comienzo apoyaron esa mano dura que tanto habían reclamado. Les llevó años aprenderlo, pero al final cayeron en la cuenta de que un país empobrecido, transido de temor, impedido de crear y de expresarse, frenado en sus derechos y libertades, nunca será negocio para nadie. Es cierto que en algunos períodos la liberalidad en las importaciones llenó las tiendas, los almacenes y las *boutiques* de costosos artículos, de aparatos de múltiple origen, pero la incontrolable crisis borró prácticamente del mercado a los eventuales compradores.

> Les llevó años aprenderlo, pero al final cayeron en la cuenta de que un país empobrecido, transido de temor, impedido de crear y de expresarse, frenado en sus derechos y libertades, nunca será negocio para nadie.

Los militares argentinos se han visto conminados a entregar el poder, y sería bueno que, usando su experiencia en el ramo, prepararan un cementerio clandestino para enterrar el golpismo. No demorará mucho el desahucio para sus colegas chilenos y uruguayos, cada día más acorralados por la oposición civil. Lo lamentable no es por cierto que hoy o mañana cejen en su vano empeño autoritario, sino que hayan sido necesarios tan largos y trágicos años para que se convencieran de su ineptitud. Lo lamentable es que cuando por fin se retiran, lo que dejan tras de sí son las ruinas completas. Este repentino apagón de los generales iluminados, decretado por Raúl Alfonsín, por utópico que parezca, es, después de todo, un regreso al realismo. Y es importante que los pueblos latinoamericanos comprueben atónitos que aquellos entorchados aparentemente invencibles pueden convertirse en vulnerables cuando ▶

no saben resistir las tentaciones de la avaricia, el poder arbitrario, la corrupción y otros estragos.

Como bien señalara hace algunos días Maruja Torres en *EL PAÍS*, ahora empezará una nueva corriente de exiliados, éstos sí merecedores, según ella, del despectivo mote de *sudacas*. No es improbable que alguna vez se crucen con los exiliados de izquierda, que en número apreciable irán regresando a sus patrias. Es obvio que los nuevos se diferenciarán de los antiguos en que vendrán con sus documentos en orden, no tendrán que mendigar contratos de trabajo ni enfrentarán problemas de vivienda. Francamente, no los imagino vendiendo baratijas en el Rastro o en el Ponte Vecchio. Y como por lo general (y por lo coronel) suelen ser previsores y habrán puesto con tiempo sus dólares a buen recaudo, su presencia significará una provechosa entrada de divisas, y hasta es posible que algunos medios de comunicación de muy fino oído dejen de reconocer el «evidente acento suramericano» en casi todos los asaltantes y atracadores.

Parece que el general Videla, a pesar de los buenos consejos de sus amigos, se ha negado a emprender el vuelo «refugiándose en su acendrada catolicidad» (lejana influencia de la Inquisición, tal vez), pero algún otro, como el general Camps, convicto y confeso de haber eliminado a 5.000 personas, debe haber estimado que, con semejante hoja de servicios, el refugio divino podía serle esquivo, y en consecuencia se resignó a abandonar el suelo patrio.

Realmente, cuando este nuevo exilio empiece a llegar a las costas europeas, los hoteles de cinco estrellas no darán abasto. Y es lógico que estos neodesplazados precisen adecuado alojamiento, ya que no vendrán sólo con sus familias y guardaespaldas, sino también con sus fantasmas. Y necesitarán como mínimo una hermosa jofaina para lavarse infructuosamente las manos, como Macbeth.

Ésa es otra diferencia con los antiguos exiliados: mientras que los de antes soñaban sus nostalgias, esta nueva migración deberá acostumbrarse a las pesadillas.

*El País*

# MANUEL VICENT (1936)

## La sopa de Ulises

A las once de la mañana, el profesor se encontraba solo en casa, buscaba febrilmente cualquier libro heroico en los anaqueles de la biblioteca y en el tocadiscos sonaba música de Beethoven. Se había puesto a palpar cada lomo de estantería hasta que, por fin, las letras nacaradas de la *Odisea*, de Homero, le brillaron en el fondo de la mano. Atrapó el volumen, sopló el polvo del canto superior y esta vez ni siquiera lo abrió. Sabía que estaba rebosante de dioses, mitos, pasiones, aspiraciones de belleza, hazañas y sueños inasequibles. El profesor se fue a la cocina con él y allí se dispuso a preparar todo lo necesario para hacer un buen sofrito en la olla exprés. Tarareando el tercer movimiento de la *Pastoral*, peló una cebolla y dos dientes de ajo, cubrió el fondo del cacharro con una capa de aceite y encendió el gas. Cuando aquello estuvo bien dorado, añadió agua suficiente con algunas pizcas de sal y una rama de perejil. Metió el libro en la olla, la tapó herméticamente con la palanca de acero, y la *Odisea*, de Homero, en una edición de lujo, comenzó a cocerse a fuego lento como un repollo. Era exactamente lo que quería comer ese día.

Mientras la sopa hervía, el profesor se asomó a la ventana de aquel quinto piso y en la calle vio la mediocridad que había contemplado durante tantos años de soledad: la pollería de azulejos blancos, las furgonetas de reparto aparcadas en segunda fila, la frutería con las piñas suspendidas de un hilo en el dintel, las siluetas de oficinistas en el cristal de aquel departamento de contabilidad, la pequeña gente que se arrastraba en la acera, reclamada por los gritos eufóricos de ese tipo de pescadería. Aquella mañana el profesor estaba más aburrido que de costumbre, y para entretenerse un rato quiso jugar otra vez con el rifle de aire comprimido. Lo sacó del armario, y por el pasillo, al compás de los violines de Beethoven, fue cargando el instrumento de alta precisión con diez balines de plomo. Desde la misma ventana se divisaban algunos objetivos de interés, pero el hombre decidió gastarle otra broma al frutero de la esquina. Aquellas piñas tropicales colgaban en el vano de la tienda igual que un bodegón de Sánchez Cotán. Se acodó bien en el alféizar, enfocó el lente telescópico con el punto de mira, contuvo la respiración y apretó el gatillo. Una piña basculó con furia en el hilo del dintel y cayó abatida dentro de una canasta de tomates. En seguida se oyeron blasfemias de menestral allá abajo.

–Ya está aquí ese hijo de perra.
–¿Qué ha sido eso?
–Un asesino que dispara contra mi mercancía.
–Qué bestia,
–Es la cuarta vez. Que asome la cara ese criminal, si es hombre.

Rodeado de su clientela, el frutero gritaba hacia lo alto de la fachada y otros peatones miraban las ventanas de enfrente tratando de sorprender al cazador furtivo. A través del visillo entreabierto, el insigne profesor de lenguas muertas asistía al barullo que se había formado en la calle y analizaba fríamente el comportamiento de aquel grupo social. Eran unas miserables hormigas. Bastaba con un disparo anónimo sobre una fruta para que esa pequeña gente se sintiera sobrecogida por un temor irracional. ¿Qué pasaría si un día optaba por apretar el gatillo de verdad? Entonces él tuvo de nuevo la sensación de que podía llegar a ser Dios y gobernar desde un quinto piso. Por el momento, la función había terminado.

El héroe se dirigió al cuarto de baño, alivió la vejiga y se miró al espejo. Frente a su imagen, que no había cambiado nada, recordó las palabras del psicoanalista: «Tienes derecho a creer que todo irá bien durante algún tiempo; tu cerebro no presenta nada irreparable, pero Grecia no existe.» La perfección racional y los deseos abstractos de belleza son ratas podridas. La felicidad consiste sólo en una tregua de pequeños placeres, el aromado sorbo de café con un cigarrillo leyendo el periódico, una agradable conversación en el restaurante, las duras nalgas de Emma, el lejano olor a brea de aquel puerto de mar en la adolescencia. El profesor tenía cincuenta y tres años, y en la repisa del lavabo guardaba el frasco de tinte para las sienes, las píldoras laxantes, las pastillas contra la depresión y la pomada hemorroidal. En ese momento sintió un leve mareo acompañado de aquel sonido característico de trompetas dentro de la nuca. Otras veces también le había pasado. Desde que tomó la costumbre de comerse los libros de la biblioteca en forma de sopa, notaba que se le nublaban los ojos y veía partículas radiactivas figurando dioses antiguos, en una oscuridad de algunos segundos de duración. Pero ahora comprendió que el ataque iba en serio.

*El País*

...y en la calle vio la mediocridad que había contemplado durante tantos años de soledad...

## 1. Realice las tareas siguientes.

1. *Poemas humanos* de César Vallejo se edita, de manera póstuma, un año después de su muerte. La obra revela un dolor profundo, los versos expresan solidaridad con los pobres y desamparados. Justifique esta idea apoyándose en las palabras y expresiones usadas en los versos del poema y en el lenguaje poético de su autor.
2. Entregado al mundo gitano, sumergido en la tradición andaluza, García Lorca crea su *Romancero gitano*, en el que sobresale la fina sensibilidad poética y la presencia de matices, colores, ritmos y metáforas. Busque en el romance leído los elementos artísticos que reflejan la mezcla de lo lírico y lo dramático. ¿Qué impresión le provocan los versos de Lorca? ¿Qué connotación aporta la presencia del color verde en "Romance sonámbulo"?
3. "Un carnívoro cuchillo" destaca por sus versos sangrantes, muy conmovedores, y revela las hondas preocupaciones humanas, características de toda la obra del "poeta pastor": la vida y la muerte, la guerra y sus víctimas, la soledad y el sufrimiento. Analice la fuerza expresiva y el estilo metafórico de Miguel Hernández.
4. El artículo de Mario Benedetti analiza los problemas sociales y políticos de América del Sur. Argumente su punto de vista crítico respecto a los regímenes dictatoriales que gobiernan en dicho espacio geográfico. ¿Cuál es la base de la crisis? ¿Cuál es la diferencia entre el exilio anterior y el actual al que se refiere el autor?
5. En el artículo de Vicent, ¿cómo se interpreta la imagen de la comida preparada en los libros de la biblioteca del protagonista y su comportamiento respecto al mundo?

## 2. Los arabismos. Hay voces de origen árabe que el español utiliza plenamente adaptadas a su fonética y grafía. Fíjese en los ejemplos citados, extraídos de los textos de la Lección 5, y a continuación complete las oraciones con la palabra más conveniente del recuadro.

| | |
|---|---|
| *almacén* | *jarra* |
| *jarabe* | *alcalde* |
| *almohada* | *laúd* |
| *azafrán* | *alhelí* |
| *almíbar* | *ajedrez* |

1. La fiebre no se te quita, la garganta la tienes inflamada, toses mucho, es un gripazo, ¿por qué el médico no te ha recetado un antibiótico, ____________ y vitaminas?
2. El discurso, que pronunció el ____________ por la TV en vísperas de las elecciones, no nos convenció nada.
3. Anoche se produjo un incendio en el ________ de zapatos al lado de casa; de inmediato llegaron los bomberos.
4. Las flores de ____________ son de distintos colores y de un aroma muy agradable.
5. La semana pasada, al hacer la limpieza general de mi casa, se me cayó y se rompió la ____________ de barro que era un recuerdo muy especial de mis bisabuelos.
6. Es una orquesta de instrumentos musicales de cuerda: guitarras, ____________ y bandurrias.
7. Se considera que la aparición del ____________ se remonta a los siglos IV o V a.C., y que sus orígenes, aunque inciertos, se relacionan con la India.
8. A mis abuelos les gustan mucho las frutas en ____________.
9. Entre los ingredientes de la paella valenciana destaca la presencia obligatoria del ____________.
10. Su tía le pidió que le acompañara a ir a la tienda de enfrente porque tenía las fundas de las ____________ gastadas y quería comprarse otras.

## 3. Grado superlativo absoluto. Lea los ejemplos dados a continuación y diga la forma superlativa absoluta culta de los adjetivos del recuadro.

Ejemplo: *bueno – óptimo (bonísimo, buenísimo)* | *fértil – ubérrimo* | *bajo - ínfimo (bajísimo)*

1. célebre ____________
2. mísero ____________
3. negro ____________
4. pulcro ____________
5. acre ____________
6. salubre ____________
7. áspero ____________
8. libre ____________
9. íntegro ____________
10. pobre ____________

## 4. Derivación gramatical. Siguiendo el modelo citado, forme palabras de la misma familia a partir de los verbos siguientes, marcando la clase de palabras a la que pertenecen. Luego, componga una frase con uno de los vocablos derivados.

Modelo: *atronar (v.), - atronamiento (s. m.); atronador,a (adj.); atronado,a ( adj.)*
El tráfico por la calle de al lado es muy intenso y produce un ruido atronador que me causa dolor de cabeza.

1. temblar ____________
2. frotar ____________
3. erizar ____________
4. aborrecer ____________
5. corromper ____________
6. desgajar ____________
7. tapar ____________
8. eliminar ____________
9. extrañar ____________
10. apelar ____________

## 5. Léxico relacionado con la discapacidad y con los defectos físicos. Lea las palabras de la columna A y relaciónelas con su respectivo significado de la columna B.

ZURDO - *persona que se sirve perfectamente de la mano o de la pierna izquierdas.*

| A | B |
|---|---|
| 1 mudo | a que anda defectuosamente por falta de una pierna o de un pie. |
| 2 sordo | b que tiene las piernas torcidas hacia fuera y junta mucho las rodillas. |
| 3 sordomudo | c de ojos o mirada derivados de su posición normal. |
| 4 cojo | d que no oye o que no oye bien. |
| 5 tuerto | e privado de la vista. |
| 6 patituerto | f que está privado de la facultad de hablar. |
| 7 patizambo | g que ha perdido un brazo o una mano o el uso de cualquiera de estos miembros. |
| 8 ciego | h que tiene torcidas las piernas o las patas hacia adentro. |
| 9 bizco | i falto de la vista de un ojo. |
| 10 manco | j privado por sordera nativa de la facultad de hablar. |

# Paisajes **y figuras**

## ESQUEMA GRAMATICAL 1

### Sufijos españoles

**«Relativo a»**
-AL, -AR: fundamental, familiar.
-AN, -ANO, -IANO: boliviano.
-ATORIO, -ETORIO, -ITORIO: supletorio, inhibitorio.
-ENSE: conquense.
-EÑO: malagueño.
-ES: mirandés.
-I: marroquí.
-IL: conejil.
-INO: parisino.

**«Que puede sufrir la acción»**
-ABLE, -IBLE: amable, creíble.

**«Que posee una cosa o tiene semejanza con ella»**
-ADO: aterciopelado.
-ENTO: amarillento.
-IZO: enfermizo.
-UDO: narigudo.
-OIDE: humanoide, ovoide.
-FORME: fusiforme

**«Que realiza la acción»**
-ADIZO, -EDIZO: resbaladizo.
-ADOR, -EDOR, -IDOR: madrugador, depredador.
-ANTE, -ENTE: estudiante, sorprendente.
-OSO: lluvioso.

## ESQUEMA GRAMATICAL 2

### Derivación

**Derivados terminados en *-acho, -ucho, -aco, -aina, -ajo:***

| | | | |
|---|---|---|---|
| rico | *ricacho* | pico | *picacho* |
| feo | *feucho* | pueblo | *pueblucho* |
| libro | *libraco* | pájaro | *pajarraco* |
| tonto | *tontaina* | soso | *sosaina* |
| cinta | *cintajo* | pingo | *pingajo* |

### 1. Forme derivados de las palabras que van entre paréntesis.

1. ¡He vuelto a perder peso, estoy muy *(flaco)* __________!
2. ¡Tú no vives en un pueblo, vives en un *(pueblo)* __________!
3. El niño recibió un *(azote)* __________ por negarse a obedecer.
4. ¡Qué película más *(aburrir)* __________!
5. ¡Menudo *(pájaro)* __________ estás tú hecho! Mira que dejar sin vino al abuelo...
6. Carmen se levantó mareada, tenía la cara *(pálida)* __________.
7. El torero no supo estar en la plaza; el *(toro)* __________ le puso en dificultades.
8. Las *(migas)* __________ no son de recibo por ninguna persona.
9. Javier es un *(tonto)* __________, no quiere ir de excursión.
10. El niño ha salido a su padre: es más bien *(feo)* __________.

## ESQUEMA GRAMATICAL 3
### Derivación

**Derivados terminados en *-ador, -edor, -idor, -ación, -ición:***

| | |
|---|---|
| calentar | *calentador* |
| encender | *encendedor* |
| inquirir | *inquisidor* |
| comunicar | *comunicación* |
| ensueño | *ensoñación* |
| pedir | *petición* |

### Refranes españoles

- *Dios aprieta, pero no ahoga.*
- *El muerto, al hoyo; y el vivo, al bollo.*
- *Divide y vencerás.*
- *El que no llora, no mama.*
- *Dios los cría y ellos se juntan.*
- *El que parte, toma la mejor parte.*
- *Donde entra el aire y el sol, no entra el doctor.*
- *El que se pica, ajos come.*
- *Donde hay patrón, no manda marinero.*
- *El tonto nace y el sabio se hace.*
- *Donde las dan, las toman.*
- *En boca cerrada no entran moscas.*
- *El hombre y el oso, cuanto más feo, más hermoso.*
- *Fíate de la Virgen y no corras.*
- *El mejor escribano echa un borrón.*

## 2. Utilice derivados de las palabras entre paréntesis, para completar las frases.

1. La salida de la OTAN fue la *(perder)* __________ del partido del Gobierno.
2. Abel es un *(luchar)* __________ nato.
3. Aquí hace mucho frío; necesitaríais un *(calentar)* __________.
4. Necesitaba, después del baño, un buen *(secar)* __________ para el cabello.
5. La televisión no se ve en la zona de montaña por falta de un *(repetir)* __________ eficaz.
6. El proyecto de *(sublevar)* __________ de los militares tuvo lugar en una charla de café.
7. La *(actuar)* __________ de los hombres durante el naufragio fue correcta.
8. La *(expedir)* __________ al Himalaya fue un triunfo deportivo de gran alcance.
9. Las grandes *(fundir)* __________ han desempeñado un papel decisivo en las contiendas de este siglo.
10. Pon el *(despertar)* __________ a las siete de la mañana, necesito estar fresco.

## 3. Sustituya el verbo en cursiva por un adjetivo de significado similar.

Esto *no se puede creer.* — *Esto es increíble.*

1. El tiempo en esta región *varía* mucho. __________
2. Nadie le puede *vencer.* __________
3. No *comprendo* tu comportamiento en esta cuestión. __________
4. No podemos *aceptar* las condiciones que nos fija para la compra. __________
5. No se pueden *calcular* los daños producidos por el huracán. __________
6. Su carácter *agrada* a todo el mundo. __________
7. Él no se *cansa* nunca. __________
8. ¿*Se* puede *navegar* por este río? __________
9. Este tema no *se agota* nunca por mucho que se discuta. __________
10. No se pudo *evitar* el accidente. __________

### 4. Sustituya la palabra en cursiva por un sustantivo.

*Solucionar* este problema es difícil. *La solución* de este problema es difícil.

1. El congreso *se celebra* esta semana. ______
2. Es necesario *organizar* unos grupos de rescate. ______
3. El país *produce* suficiente carbón. ______
4. Varias sociedades anónimas *financian* el proyecto. ______
5. La orquesta *interpretó* maravillosamente el programa. ______
6. Tenemos que *actualizar* nuestros conocimientos cada tres años. ______
7. Hay que *potenciar* los estudios de Humanidades. ______
8. Es imposible *comunicar* telefónicamente con la zona siniestrada. ______
9. ¿Cuándo *se inaugurará* la exposición? ______
10. Mañana *conmemoramos* la puesta en marcha del ferrocarril en España. ______

### 5. Sustituya el verbo en cursiva por un derivado verbal.

*Admiro* ardientemente a Bach. Soy un ardiente *admirador* de Bach.

1. *Trabajas* incansablemente. ______
2. Falla *componía* admirablemente. ______
3. López Cobos *dirige* la orquesta magistralmente. ______
4. Victoria *administra* la casa estupendamente. ______
5. Isaac *narra* sensacionalmente todo lo que ve. ______
6. Victoria Abril *actúa* maravillosamente en el cine. ______
7. Rabal *fumaba* empedernidamente. ______
8. *Conduces* excelentemente. ______
9. Ella *pinta* fabulosamente. ______
10. Ronaldo *regatea* espectacularmente. ______

## ESQUEMA GRAMATICAL 4

### Locuciones latinas

- *A posteriori* Después, tras el examen de los datos.
- *A priori* Antes de todo examen.
- *Ab absurdo* Por lo absurdo.
- *Ab aeterno* Desde la eternidad.
- *Ab initio* Desde el principio.
- *Ab origine* Desde los orígenes.
- *Ad absurdum* Por reducción al absurdo.
- *Ad hoc* Para esto.
- *Ad hominen* Al hombre, contra el hombre.
- *Ad litteram* A la letra.
- *Alter ego* Otro yo.
- *Carpe diem* Aprovecha el día presente.
- *De facto* De hecho.
- *De jure* De derecho, por ley.
- *Dei gratia* Por la gracia de Dios.
- *Deo volente* Si Dios quiere.
- *Ex aequo* Con igualdad.
- *Ex profeso* De propósito.

## 6. Utilice la locución más adecuada.

| | | | | | |
|---|---|---|---|---|---|
| *a posteriori* | *ex profeso* | *de jure* | *Deo volente* | *ab origine* | *ad absurdum* |
| *de facto* | *a priori* | *ex aequo* | *ab initio* | *motu proprio* | *carpe diem* |
| *Dei gratia* | *ad hoc* | *ab aeterno* | *alter ego* | *ad hominem* | |

1. El juzgar los acontecimientos __________ no comporta ningún riesgo; el riesgo está en juzgarlos __________.
2. __________ llevaron al niño a casa de los abuelos.
3. La discusión se convirtió en un diálogo __________.
4. Juan es mi __________; puedes confiar en él.
5. La llegada de los atletas a la meta estuvo en un pañuelo; dieron el primer puesto __________ a Juan y Pedro.
6. Ante un asunto de tal naturaleza, fue a declarar __________.
7. __________ llegaremos a la cima del Aconcagua mañana de madrugada.
8. La filosofía del __________ es una teoría antigua, pero siempre de plena actualidad.
9. El primer ministro ha declarado que la situación __________ no tiene vuelta atrás.
10. __________ se vio que la situación de los crudos no tenía solución.

## ESQUEMA GRAMATICAL 5

### Uso de las letras minúsculas

1. **Se escriben con minúscula los nombres de los días de la semana, meses y estaciones del año:**
   *Este año, la primavera empieza el jueves 21 de marzo.*

2. **Los nombres de las monedas:**
   *El dólar es la moneda de EE UU y del comercio internacional.*

3. **Los tratamientos, cuando se escriben con todas sus letras:**
   *Su majestad, su excelencia, su santidad.*

4. **Los nombres de ciencias, técnicas o disciplinas, cuando la denominación de que forman parte no exija mayúscula:**
   *Es un apasiondo de la astronomía y de la informática.*
   *Me han suspendido en física y química.*

5. **Los gentilicios, nombres de miembros de religiones y los nombres de oraciones:**
   *Muchos españoles que son católicos, rezan con frecuencia el padrenuestro.*

6. **Los nombres de oficios y profesiones y los de movimientos o tendencias artísticas:**
   *En la consulta del dentista había dos abogados y un arquitecto.*
   *Bécquer es uno de los máximos exponentes del romanticismo.*

7. **Los nombres comunes geográficos:**
   *El golfo de Vizcaya, el estrecho de Gibraltar.*

8. **Los adjetivos que forman parte de los nombres geográficos:**
   *El lejano Oriente, Andalucía occidental, América central.*

9. **Los nombres de los puntos cardinales:**
   *El Moncayo se encuentra al norte de Soria y al oeste de Zaragoza.*

## 7. Señale las incorreciones.

1. Este año, en Enero, nos iremos a esquiar.
2. El Lunes próximo lo dedicaré a la familia.
3. En Primavera suelo ir al Sur de España porque es muy agradable.
4. Estuve en Bélgica y encontré la vida cara: todo vale muchos Euros.
5. Su Excelencia el Emperador ha ordenado que todos permanezcan en sus puestos.
6. El ministro del interior ha prohibido los espectáculos deshonestos.
7. Todos los días los Ateos, Protestantes y demás discuten los principios del Antiguo testamento.
8. En la península Ibérica conviven dos naciones: España y portugal.
9. En el Lejano Oriente los precios son mucho más altos que en Oriente Próximo.
10. Los avances de la Cibernética se manifiestan principalmente en la Robótica.

## 8. Utilice la forma más conveniente.

1. ____________ hacía mucho frío.
2. Más ____________ se veían unos negros nubarrones.
3. ¡Salga usted ____________!
4. Hoy cenamos ____________ de casa.
5. Examinó el libro sólo ____________.
6. No son conocidos, es gente de ____________.
7. ____________ se ve la situación de otro modo.
8. Su honradez está ____________ de toda duda.
9. Tu padre se puso ____________ de sí.
10. Lo encontré paseando por las ____________s de la ciudad.

*fuera*
*afuera*
*por fuera*

## ESQUEMA GRAMATICAL 6
## Modalidades sintácticas en la frase de relativo

| OFICIO QUE DESEMPEÑA EL RELATIVO | SUBORDINADA RELATIVA |
|---|---|
| Sujeto | *Éstos son los medicamentos* que pueden curar el sida. |
| Complemento directo | *Compré los libros* que me habías regalado. |
| Complemento indirecto *(a)* | *Aquí está el cheque* al que me refería. |
| Complemento indirecto *(para)* | *El avión* para el que sacamos los billetes *tiene retraso.* |
| Complemento circunstancial *(de)* | *No conozco a ese profesor* del que tanto hablas. |
| Complemento circunstancial *(en)* | *He visto el coche* en que viajaremos a Lugo. |
| Complemento circunstancial *(por)* | *El chico,* por quien te interesaste, *ha aprobado.* |
| Complemento circunstancial *(sin)* | *Consulto mucho tu libro,* sin el cual no doy un paso. |
| Adjetivo del sujeto | *Mira la joyería* cuyo dueño es alemán. |
| Adjetivo del complemento directo | *Tú conoces la catedral* cuya fachada es barroca. |
| Adjetivo del suplemento (con *de*) | *Plácido Domingo,* de cuyo talento nadie duda, *cantará hoy.* |

## 9. Distinga entre *que* relativo y *que* conjunción.

1. La noticia *que* circula es *que* está enfermo.
2. Dijo *que* estaría en casa y *que* podíamos acercarnos.
3. ¡Estaría bueno *que* no supiéramos contestar lo *que* quisiéramos!
4. El *que* lo sepa, *que* lo diga.
5. Nos anunció *que* la situación estaba muy delicada.
6. ¡Aquellos *que* molestan, *que* se callen!
7. Los *que* vienen fumando, *que* apaguen el cigarrillo.
8. El hombre, *que* vino el domingo pasado, ha estado enfermo.
9. La situación *que* se ha creado es muy desagradable para todos.
10. Los ejercicios, *que* dicen *que* han estado flojos, son los del aula 16.

## 10. Ponga el verbo que convenga en la forma más adecuada.

1. No es probable que María ____________ la solución.
2. Yo me ____________ quién era ese hombre.
3. Ayer José ____________ sin ser notado.
4. Vengo a que me ____________ lo que me debes.
5. Me quejo de que ella no me ____________ una carta.
6. Enrique ____________ con Marta desde hace mucho tiempo.
7. Le darán permiso para que ____________ esta tarde al cine.
8. Todos le ____________ para que participase.
9. Antonio ____________ hoy de París, a pasar una semana aquí.
10. Yo no puedo ____________ como Julio Iglesias.

*acertar*
*preguntar*
*entrar*
*ir*
*animar*
*cantar*
*pagar*
*escribir*
*salir*
*venir*

## 11. Ponga el verbo que convenga en la forma más adecuada.

1. Espera, espera, que ahora *(ir/venir)* ____________ lo bueno.
2. Llévalo al despacho ahora mismo, porque me *(urgir/interesar)* ____________ verlo.
3. Se ponía un pañuelo en la cabeza para que no se le *(arreglar/descomponer)* _________ el peinado.
4. Aunque pasé la noche viajando, no *(sentir/sentar)* ____________ sueño.
5. Andaba sin parar, a pesar de que el viento *(borrar/reponer)* ____________ sus huellas.
6. Aunque este clima *(ser/estar)* ____________ saludable, no es muy agradable.
7. Si encuentra al niño, *(tratar/estudiar)* ____________ lo con delicadeza.
8. Me subirán el sueldo, a condición de que *(olvidar/recordar)* ____________ ese asunto.
9. Era un hombre tan flaco, que *(parecer/aparecer)* ____________ estar de perfil.
10. La habitación estaba tan oscura, que *(andar/caminar)* ____________ muy cauteloso.

## Locuciones verbales

- *Agachar las orejas.*
- *Andar templando gaitas.*
- *Andar a la que salta.*
- *Andar(se) por las ramas.*
- *Andar a ciegas.*
- *Arrimar el hombro.*
- *Andar de la Ceca a la Meca.*
- *Arrojar la toalla.*
- *Andar en paños menores.*
- *Buscar(le) tres pies al gato.*
- *Andar manga por hombro.*
- *Buscar una aguja en un pajar.*

## 12. Ponga el verbo que convenga en la forma más adecuada.

1. El salón donde nos veíamos ya no ____________.
2. Cuando salía de casa, ____________ la puerta con llave.
3. Así me lo juren, no lo ____________.
4. No salgo al campo porque ____________.
5. Éramos tantos que no ____________ en la sala.
6. Antes de que te cases, mira lo que ____________.
7. Mientras Juan estuvo en el internado, ____________ bien.
8. Fue tan extraordinaria su compañía, que a todos nos ____________ mucho.
9. Iba aquella mañana a donde tú bien ____________.
10. Estuve aquella tarde viendo la casa que tú me ____________ por la mañana.

*existir*
*cerrar*
*portarse*
*gustar*
*creer*
*llover*
*caber*
*hacer*
*enseñar*
*saber*

## 13. Ponga en la forma adecuada los verbos que están entre paréntesis.

1. Si está aún en la calle, no *(asistir)* __________ a clase.
2. Si el padre se enfada, los niños *(esconderse)* __________.
3. Si está ahí, *(rogar)* __________ que *(pasar)* __________.
4. Si empiezas a cantar, *(seguir)* __________ yo.
5. Si yo lo supiera, *(decírselo)* __________ a usted.
6. Si te encuentras en un apuro, *(llamar)* __________ a la policía.
7. Si lo sé, no *(hacerte)* __________ caso.
8. Si lo hubiese oído, *(recordarlo)* __________.
9. Si hubiera habido más gente, el peligro *(ser)* __________ mayor.
10. Si te vas a poner así, yo no *(discutir)* __________ contigo.

## ¿SEGURO QUE SABES LO QUE DICES?

TENER BUENA (O MALA) PINTA. La pinta de esta frase proviene de la **pinta de identificación que los naipes tienen en los extremos**, ésa que permite saber el palo de la carta con sólo mirar la esquina. En la práctica coloquial, por pinta entendemos el aspecto exterior que ofrece una persona.

ESTAR EN BABIA. Babia es una abrupta comarca abierta al suroeste leonés, ayer abundante en caza. Durante la Edad Media, al parecer, atraídos por la soledad del territorio, **los reyes de León hicieron instalar allí su lugar de reposo, para sustraerse a las responsabilidades de gobierno**. Cuando alguien preguntaba por el rey se le decía que "estaba en Babia". Nosotros lo estamos cuando nos desentendemos de obligaciones o nos despistamos.

CLAVAR A UNO. Es, como indica el diccionario, en su novena acepción, "engañar a uno perjudicándole". La expresión –que utilizamos especialmente cuando nos cobran de más por algún producto o servicio– provendría de una antigua picardía usual entre los herradores, los cuales, conchabados con los mesoneros desaprensivos, **hacían penetrar el clavo de la herradura más allá del callo de las bestias**, con lo que, heridas éstas, los transeúntes se verían obligados a dilatar su estancia en la posada.

QUE TE DEN MORCILLA. Se dice despectivamente, a modo de denostación airada, en alusión al antiguo método de **eliminar, por miedo a la rabia, a los perros vagabundos**, a los cuales se les echaba de comer precisamente morcillas envenenadas con estricnina o cualquier otro tósigo violento.

# 6 Las Artes

## JOAN MIRÓ (1893-1983)

## El más surrealista de todos nosotros

F. Calvo Serraller

Se ha extinguido con un rumor silencioso, como una estrella caída, un pájaro, una araña, una mujer, criaturas todas del santoral pictórico mironiano. Últimamente parecía sentirse incómodo en su taller corporal, allí mismo donde durante noventa años había logrado transformar cada limitación en una victoria. Estaba tan ávido de sentir las cosas, que le venía estrecho lo que sólo podía abarcar con una mirada. Le admiraban los ángeles pintados en los frescos románticos de Montjuich, porque, según le contó a Raillard, «tenía ojos por todas partes», y cuando el crítico francés le recordó a este respecto que Tzara ya había dicho que «todo el cuerpo mira», Miró dejó caer una sola apostilla: «Aun sin ojos ... » Un exceso.

En realidad, Joan Miró se pasó la vida excediéndose. Tocado por la gracia de lo imaginario, cualquier objeto pesante, dejando sentir su volumen en el espacio, le parecía un obstáculo. El sueño y la fantasía eran los únicos escapes posibles para calmar la angustiosa claustrofobia de un mundo impertinentemente cerrado. Uno de sus primeros maestros en Cataluña, Francesc Galí, percatándose de la dificultad del joven aprendiz para captar visualmente el volumen, le vendaba los ojos y le hacía dibujar con el solo recuerdo de una impresión táctil del objeto.

Cerrar los ojos ante la realidad, dejar libre la imaginación, pensar con las manos, soñar, alucinarse... ¿Acaso Miró era un conformista iluso que quería evadirse simplemente de unas circunstancias incómodas? André Breton, fundador del superrealismo, movimiento en el que se integró Miró inmediatamente, dejó las cosas en claro. La evasión, en términos de creación artística, es sinónimo de invención, la palanca explosiva que hace estallar el conformismo humillante de un pintor tradicionalmente destinado a copiar la realidad.

> ...Miró les envía entonces el fabuloso regalo de una libertad hecha con nada: mirando al cielo, les envía la serie de Constelaciones...

(...) Qué razón tuvo el propio Breton al afirmar que Miró «quizá fuese el más surrealista de todos nosotros». Un superrealista sin esfuerzos ideológicos, sin conversiones, en estado puro. Pero ¿adónde quería ir a parar Miró tapándose los ojos? ¿Cuál era su reino encantado en donde se siente la realidad, «aun sin ojos», como experiencia palpitante? Considera al Santo Tomás que mete el dedo en la llaga como un apocado, lo mismo que el Tzara que se daba por satisfecho con el descubrimiento de que «el ombligo también mira». ▶

"Para mí, una brizna de hierba tiene más importancia que un gran árbol, una piedrecilla más que una montaña, una libélula más que un águila."

Frente a estos escépticos dispuestos a creerse una media verdad, Miró replica lo siguiente: «Para mí, una brizna de hierba tiene más importancia que un gran árbol, una piedrecilla más que una montaña, una libélula más que un águila. En la civilización occidental es necesario el volumen. La enorme montaña es la que tiene todos los privilegios... El ombligo que mira es una banalidad. Por el contrario, en los frescos románticos los ojos están por todas partes. El mundo entero te mira. Todo; en el cielo raso, en el árbol, por todas partes hay ojos. Para mí todo está vivo; ese árbol tiene tanta vida como esos animales, tiene un alma, un espíritu, no es sólo un tronco y hojas».

A este panteísta, que se siente árbol, pájaro, insecto, que ve las cosas desde las cosas y que reconoce los colores del sueño, era difícil estrecharlo en un solo lugar. Peregrino de las estrellas, Miró se pasó la vida burlando fronteras, abriéndose horizontes cada vez más amplios, evadiéndose. Cuando se marcha a París en 1919, un año después de haber celebrado su primera muestra individual en la galería Dalmau de la cosmopolita Barcelona, entonces en pleno apogeo vanguardista por haber acogido a los artistas refugiados de la Gran Guerra, le confesó a un pintor amigo: «Hay que irse. Si te quedas en Cataluña, te mueres. Hay que convertirse en un catalán internacional.»

(...) Sucesión de huidas hacia adelante; del destino familiar provinciano, de la ciudad autosatisfecha, de la vanguardia asentada, del movimiento triunfante... Miró parece no conformarse nunca, no quiere dejarse encerrar ni por su propio cuerpo. Está siempre buscando un taller más grande. En 1938, en plena guerra civil española y a punto de estallar la segunda guerra mundial, publicó un hermoso texto que se titulaba precisamente *Sueño con un gran taller.*

La fulgurante invasión nazi de Francia lo dejó momentáneamente sin ninguno, y Miró, asediado por todas partes, se esconde, literalmente, en España, donde por su colaboración con la República tampoco se podía dejar ver. No importa. En Mallorca, casi clandestino, hará el descubrimiento del taller más grande jamás soñado, el taller de la bóveda celeste estrellada, caminante poético por playas nocturnas. Lejos de sus amigos superrealistas, refugiados a la sazón en Nueva York, casi olvidado en su rincón, Miró les envía entonces el fabuloso regalo de una libertad hecha con nada: mirando al cielo, les envía la serie de *Constelaciones*, viaje por los espacios infinitos de un residente forzoso en la tierra. Tras este descubrimiento, ¿cómo lograr distraer a este vidente, que repite que «el comienzo es todo. Es lo único que me interesa. El comienzo es mi razón de vivir... Es la verdadera creación. Lo que me interesa es el nacimiento»?

Por ello hay poderosas razones para suponer que Miró no se ha muerto –«no me interesa el crecimiento, ni la muerte»–, sino que ha seguido buscando su taller allí donde ya no nos es dado verle. Instalado en el universo, desde la brizna de hierba hasta la estrella caída, seguro de que se siente satisfecho de las cosas que nos ha enseñado a ver, incluso sin ojos.

*El País*

# Luis Buñuel (1900-1983) En un país de rebaños y pastores

## Jesús Fernández Santos

Como Goya, perdido, aunque no olvidado en el exilio, «muerto antes que mudado», como diría el poeta inglés John Donne, las cenizas de Buñuel han quedado de momento en México, no en Calanda, bajo el sol de justicia aragonés. Singular tierra esta, que, como Castilla, su vecina, pone en pie hombres y nombres para empujarlos a otras latitudes ajenas.

Reconocido a medias, comprendido por unos pocos en un país de rebaños y pastores, desde un tiempo en que le fue negado todo, con sus obras borradas y su nombre prohibido, vino más tarde a presidir sus propios homenajes, que poco decían ya a este atleta frustrado, curtido tras de tanto envite con la vida. Él mismo reconocía sus señas de identidad: ante todo se sentía español y a España volvía en cuanto podía; en segundo lugar, francés en su cultura, que iba desde sus primeras lecturas hasta el superrealismo, y, finalmente, agradecía a México haberle dado asilo, como a tantos otros españoles a los que nuestra guerra civil obligó a poner mar por medio.

Allí su vida se cerraba, y no es mal símbolo el nombre de la calle donde estaba su casa, Cerrada Félix Cuevas, camino sin salida a ningún país más, a ninguna otra opción, en realidad, a ninguna otra parte, salvo a España, donde de buena gana hubiera vuelto, quién sabe si para vivir sin trabajar, tan sólo para estar en su sitio.

Rodeado, y a la vez defendido por una tapia enorme, de quién sabe qué amigos o enemigos, dejaba pasar sus horas llevando la cuenta de las que le quedaban antes de consumir el siguiente Martini. Hombre de horas contadas, riguroso en el sueño y la vigilia, las siete campanadas que anuncian en cualquier pueblo la mañana solían sorprenderle en pie, así como las de las ocho de la tarde cenando, para a poco marchar a la cama.

Tan sólo su sentido particular de la amistad o su afán de devolver favores ya pasados y cumplidos le hacía salvar sus altas torres, buscar salida a su muralla y comer fuera de hora, imaginando nuevas historias que nunca irían más allá de sus proyectos iniciales.

Así, un día llegó a sus manos *Extramuros*. Buenos amigos se lo llevaron y trajeron sus elogios, así como los de los productores cinematográficos, para que realizara una versión a su modo. Mas, a pesar de que sus rodajes ya por entonces solían simplificarse a costa de monitores y ayudantes, sus contratos habían comenzado a incluir una cláusula según la cual el director podía anularlos en cualquier momento si lo estimaba conveniente. Y es que, día tras día, aunque su lucidez se mantenía seguramente arropada por vivencias pasadas, recuerdos de España, Francia y México, trinidad singular sobre la cabecera de su cama, el cuerpo, poco a poco, se rendía. Nuevas historias se convertían en utopías, viajar era un esfuerzo demasiado grande, algo así como dar la vuelta al mundo con Elcano, emular a Hernán Cortés o colocar una famosa pica en Flandes. Todo le era difícil para el cuerpo, no para su imaginación, al otro lado de la tapia grande.

Curioso afán el de volver a la patria éste de los más famosos españoles. Cuando la mayoría, en otras latitudes, pugna por echar pie a tierra, crecer, fundar escuelas y familias, estos otros huidos, humillados, heridos, lanzados fuera a golpe de prohibiciones y amenazas, se esfuerzan por volver e incluso hasta a empezar si la edad y el mismo país lo consintieran. Debe de haber un barro especial que sirvió para hacer gentes como Machado, Buñuel o el niño que en Fuendetodos comenzó su carrera pintando sacristías. Los tres confiesan lo que la religión fue para ellos en sus primeros años y en sus primeros envites de amor ciego.

De uno u otro modo, la verdad es que, como en el caso de Goya o en el de Machado, ahora se empezarán a pedir sus cenizas, vendrán los ciclos que suelen ser las exequias oficiales.

Y sin embargo, Buñuel había muerto ya hace tiempo con el ciclo de su vida cumplido, en esa calle sin salida. Único muro capaz de detener su trayectoria de genio trashumante.

*El País*

# Umberto Eco (1932)

## Lo que cuesta escribir un «best-seller»

Las discusiones recientes sobre cómo crear un *best-seller* (ya sea en formato de bolsillo o en edición de lujo) descubren las limitaciones de la sociología de la literatura, dedicada a estudiar las relaciones entre el autor y el aparato editorial (antes de que esté terminado el libro) y entre la obra y el mercado (después de publicado aquél). Como es fácil de apreciar, al pensar así se descuida otro importante aspecto del problema: el que plantea la estructura interna de la obra. No me refiero a ella en el sentido tan superficial de su calidad literaria (problema que escapa a toda comprobación científica), sino en el de una endosocioeconomía del texto narrativo, mucho más exquisitamente materialista y dialéctico.

La idea no es nueva. Fue elaborada en 1963 por mí, junto a Roberto Leydi y Giuseppe Trevisani, en la librería Aldovrandi de Milán. Yo mismo lo comenté en *Il Verri* (en el número 9 de ese año, donde aparecía también un estudio fundamental de Andrea Mosetti sobre los gastos que tuvo que afrontar Leopold Bloom para sobrevivir durante la jornada del 16 de junio de 1904 en Dublín).

Hace, pues, ya veinte años que se piensa en el mejor modo de calcular, para cada novela, los gastos a los que tuvo que hacer frente el autor para elaborar la experiencia narrada. El cálculo es fácil para las novelas en primera persona (los gastos son los del narrador) y más difícil en las novelas de narrador omnisciente, que se reparte entre varios personajes.

Pongamos un ejemplo para aclarar ideas. *Por quién doblan las campanas,* de Hemingway, cuesta muy poco: un viaje clandestino a España en un vagón de mercancías, comida y alojamiento resueltos por los republicanos y la amiguita en un saco de dormir, ni siquiera los gastos de una habitación por horas. Se ve en seguida la diferencia con *Más allá del río y entre los árboles:* basta con pensar en cuánto cuesta un Martini en el Harris Bar.

### UNA ANCHOA Y MEDIO KILO DE HIERBAS COCIDAS

*Cristo se paró en Éboli* es un libro escrito enteramente a costa del Gobierno; *El simplón le guiña el ojo al Fréjus* le costó a Vittorini una anchoa y medio kilo de hierbas cocidas (más caro fue *Conversación en Sicilia* si tenemos en cuenta el precio del billete desde Milán, a pesar de que entonces todavía había tercera, y las naranjas compradas durante el trayecto). Las cuentas, en cambio, se complican con *La comedia humana,* porque no se sabe bien quién paga; pero, como gran conocedor del hombre, Balzac debió de organizar tal embrollo de balances falsificados, gastos de Rastignac escritos en la columna de Nucingen, deudas, letras de cambio, dineros perdidos, delitos de estafa y quiebra fraudulenta, que sería inútil pretender ver algo claro.

Más sencilla es la situación para Pavese: unas pocas liras para un chato de vino en una tasca y ya está, excepto en *Entre mujeres solas,* donde hay gastos adicionales de bar y restaurante. Nada costoso fue el *Robinson Crusoe,* de Defoe: sólo hay que calcular el billete de embarque; luego, en la isla, todo se arregla con material de desecho. Después están las novelas que parecen baratas, pero que, a la hora de hacer las cuentas, han costado mucho más de lo que parece: por ejemplo, en *Dedalus,* de Joyce, se deben calcular por lo menos once años de pensionado con los jesuitas, desde Conglowes Wood hasta Belvedere, pasando por el University College, más los libros. No hablemos ya de la dispendiosidad de *Hermanos de Italia,* de Arbesino (Capri, Spoleto, todo un viaje; téngase también en cuenta con qué perspicacia Sanguineti, que no era soltero, hizo su *Capricho italiano:* usó la familia y se acabó). También es bastante cara la obra proustiana: para frecuentar a los Guermantes no se podía ir, por supuesto, con un frac alquilado, y luego flores, regalitos, una mansión en Balbec con ascensor, el simón para la abuela y unas bicicletas para ir a buscar a Albertine y a Saint Loup; pensemos lo que costaba una bicicleta entonces. No sucede lo mismo con *El jardín de los Finzi Contini,* en una época en que las bicicletas eran ya cosa corriente; como mucho, una raqueta de tenis, un jersey nuevo y andando; los otros gastos los pagaba la familia homónima, gente ciertamente hospitalaria.

nuscrito anónimo, la única concesión que hace a la guardarropía; mas por entonces debía haber todavía en Milán algunas librerías de viejo medio clandestinas, como las que hay en el barrio Gótico de Barcelona, que por poco dinero te confeccionan un falso pergamino que es una maravilla.

Todo lo contrario sucede no ya con muchos otros relatos históricos falsos, como *El trovador,* sino con toda la obra de Sade y con la novela gótica, como se desprende de la reciente obra de Giovanna Franci *La messa in scena del terrore* (y como señaló, en otros términos, Mario Praz). Y no se hable ya de los cuantiosos gastos a los que tuvo que hacer frente Beckford para escribir *Vathek:* eso fue disipación simbólica, peor aún que lo de Vittoriale; y es que ni aun los castillos, las abadías, las criptas de Radcliffe, Lewis y Walpole se encuentran ya hechas en una esquina de la calle, créanme. Se trata de libros costosísimos que, aunque se hayan convertido en *best-sellers,* no han amortizado los gastos de todo lo que se necesitó para realizarlos.

Hace, pues, ya veinte años que se piensa en el mejor modo de calcular, para cada novela, los gastos a los que tuvo que hacer frente el autor para elaborar la experiencia narrada.

*La montaña mágica,* en cambio, no es una broma: con la estancia en el sanatorio, el abrigo de pieles, el *colbac* y el déficit de la administración de Hans Castorp. Y no hablemos de *Muerte en Venecia:* basta pensar en el precio de una habitación con baño en un hotel del Lido y en que en esos tiempos un caballero como Aschenbach se gastaba una fortuna sólo en propinas, góndolas y maletas Vuitton.

(...) Para terminar, una última comparación. Por un lado, tenemos esa operación tan rentable económicamente que fueron *Los novios,* un claro ejemplo de *best-seller* de calidad que se calculó al milímetro y en el que se estudiaron los comportamientos de los italianos de la época. Desde los castillos en las laderas de los montes y el lago de Como hasta la Porta Renza, Manzoni tuvo todo a su disposición; nótese con qué perspicacia, cuando no da con el valiente o con la insurrección correspondientes, los hace surgir de un edicto, enseña el documento y con honradez jansenística advierte que no lo está reconstruyendo todo por sí mismo, sino que utiliza lo que cualquiera podría encontrar en una biblioteca. La excepción es el ma-

Gracias a que sus autores eran aristócratas que ya poseían bienes propios, porque para recuperar sus dispendios no hubieran dado abasto ni sus herederos.

A esta famosa serie de novelas tan artificiosas pertenece, naturalmente, *Gargantúa y Pantagruel,* de Rabelais. Y para ser exactos, también la *Divina comedia.*

Hay, sin embargo, una obra que creo que se encuentra a medio camino: *Don Quijote.* El hidalgo de la Mancha va por un mundo que es tal cual aparece, en el que los molinos están ya en su sitio; pero la biblioteca debió de costar una fortuna, ya que todas esas novelas de caballería no son las originales, sino que fueron escritas de nuevo, cuando fue menester, por Pierre Menard.

### TRISTES O DESPREOCUPADOS

Todas estas consideraciones tienen su interés porque quizá nos ayudan a comprender la diferencia entre dos formas de narrativa para las que la lengua italiana no posee dos términos distintos, es decir, la *novel* y el ▶

*romance*. La *novel* es realista burguesa, moderna y cuesta poco porque el autor recurre a una experiencia adquirida gratis. El *romance* es fantástico, aristocrático, hiperrealista y costosísimo, ya que en él todo es puesta en escena y reconstrucción.

¿Y cómo se reconstruye sino usando piezas de guardarropía ya existentes? Sospecho que éste es el verdadero significado de términos abstrusos como *dialoguismo e intertextualidad*. Pero no basta con gastar mucho y reunir muchos elementos con los que crear el montaje para triunfar en el juego. Es preciso también conocer la cuestión y saber que el lector lo sabe, y, por tanto, ironizar a propósito de ello. Salgari no poseía la suficiente ironía para darse cuenta de lo costosamente fingido que era su mundo; ésta es precisamente su limitación, que sólo puede ser comprendida por un lector que lo lea varias veces como si él lo hubiera sabido.

¿Ven ustedes cuántas cosas se descubren si se aplica metódicamente una buena y desencantada lógica económica a las obras literarias?

*Ludwig*, de Visconti, y *Saló*, de Pasolini, son tristes porque sus autores se toman en serio su propio juego, quizá para resarcirse de los gastos. Sin embargo, el dinero vuelve a las arcas sólo cuando uno se porta con la *nonchalance* del gran señor, precisamente como hacían los grandes maestros de la novela gótica. Por eso ejercen sobre nosotros una gran fascinación y, como sugiere el crítico norteamericano Leslie Fiedler, constituyen el modelo de una literatura posmoderna capaz, incluso, de llegar a divertirnos.

¿Ven ustedes cuántas cosas se descubren si se aplica metódicamente una buena y desencantada lógica económica a las obras literarias? Podrían extraerse las razones por las que tal vez el lector, invitado a visitar castillos imaginarios de destinos entrelazados artificiosamente, reconoce el juego de la literatura y le toma el gusto. Por tanto, si se quiere quedar bien, hay que pasar por alto los gastos.

*El País*

PABLO SOROZÁBAL SERRANO (1934-2007)

# Wagner y el nacimiento de la vanguardia

Su idioma es demasiado breve para expresar grandes cosas; sería como si intentásemos levantar una ciudad con sólo «madreperlas y ópalos». Esto dice el musicólogo británico Ernest Newman (1868-1959) en su gran estudio crítico: *Wagner. El hombre y el artista*. No lo dice, empero, a propósito del idioma de Wagner, sino del de Debussy en su *Pelléas et Mélisande*, lo que nos permite llegar a la dialéctica contenido-forma, que el propio Newman intenta superar mediante un razonamiento que más o menos sería: a gran contenido («grandes cosas»), gran idioma (forma); a parvo contenido, breve idioma.

## LA PALABRA ORIGEN

Lo determinante y esencial sería lo *expresado*, y el valor último *la calidad* del resultado artístico dentro del vehículo de *expresión;* en este caso, la música. De ahí que, más allá de contenido y forma (idioma), lo único que ha de importarnos en Wagner es la excelencia de su música. Su música –la música en *sí*– sería lo valioso en Wagner, y no sus absurdas, tediosas, reaccionarias y muchas veces grotescas filosofías.

**Su música –la música en sí– sería lo valioso en Wagner, y no sus absurdas, tediosas, reaccionarias y muchas veces grotescas filosofías.**

Es ciertamente tentador escapar a la contradicción mediante el recurso de ignorar alguno de sus términos, pero es inútil. Se mire por donde se mire, la esencia misma del arte wagneriano presupone una negación precisamente de la música en *sí*, negación extensiva a las demás artes en *sí*, como muy bien pone de relieve Newman en su admirable y exhaustiva pesquisa.

Es más: tal negación, pese a constituir la base de sesudos y combativos escritos teóricos de Wagner, no se queda en mera especulación desmentida por la práctica, sino que encuentra una encarnadura absoluta en toda la obra del Wagner maduro, hasta el extremo de que su música literalmente nace y es engendrada por la palabra y la idea dramática.

Explicar la música de la palabra y la idea (ideología) en Wagner es un imposible que debemos, empero, tratar de alcanzar por la siempre dudosa y cruenta vía quirúrgica de la disección y –sobre todo, pienso– de la potenciación perceptiva de lo que podríamos llamar *metonimia* general de la obra wagneriana. Pobre vía, ciertamente, pero la única que parece ofrecer un atisbo de salida a quienes nos descubrimos atrapados en la contradicción de amar y detestar por igual a uno de los más grandes genios artísticos de todos los tiempos.

Justo es, por otra parte, que quien, como Wagner, es pura y viva contradicción, haya legado vivas y puras contradicciones a sus tan gozosos como atribulados admiradores/detractores. Y no me refiero a la divertida y ancha grey de prowagnerianos y antiwagnerianos, que éstos parecen haber resuelto el problema por el envidiable procedimiento de que para ellos no hay tal problema, sino a quienes no somos capaces de superar nuestro amor y nuestro odio satisfactoriamente.

La mitad del libro de Newman se consagra precisamente a un impecable análisis de la vida íntima de Wagner, en el que, aplicando el método comparativo con un rigor que abruma y a la vez estimula, señala (a través de numerosas citas sacadas de su autobiografía *–Mein Leben–*, sus escritos teóricos, sus cartas, los testimonios de sus coetáneos y las investigaciones posteriores acerca de su figura humana) las flagrantes contradicciones entre su egoísmo e hipocresía, muchas veces auténticamente viles y rastreros, y sus idealismos verbales, los cuales le llevan a autopresentarse como un dechado de virtudes difícilmente imaginable en nadie con capacidad para la autocrítica.

Newman traza el retrato de un hombre dotado de una desbordada sensualidad, lujuriosa sensualidad (de la que su música es fiel reflejo), que le lleva a girar siempre en torno a las mujeres (se acostó con cuantas pudo, incluida –¡Marx no es el único!– su criada); sensualidad y lujuria que le traicionaron y que él, en su ilimitada egolatría, traiciona a su vez en aras de la construcción de su yo.

Discute Newman en su profundidad el controvertido tema del origen judío de Wagner, y si bien se muestra inclinado a rechazar la hipótesis en razón de que no habría pruebas concluyentes, los datos que baraja dejan amplio lugar para admitirla. Sea como fuere, el vil y majadero antijudaísmo (todo racismo no es sino pura vileza y pura majadería) de Wagner fue más bien fruto de mezquinos rencores personales que de sinceras convicciones, pues, como señala Newman, en la práctica, Wagner no ejerció el antijudaísmo.

Wagner es –acaso con la excepción de Monteverdi– el primer *vanguardista* de la historia de la música. Se consideró y se quiso inventor del *arte del futuro*, y esta extraña (para mí ininteligible) idea domina su obra para bien o para mal. En cualquier caso, como dice Newman en su espléndido libro –cuya versión castellana hay que agradecer, pese a que la traducción está plagada de anglicismos sintácticos que pesan y molestan–, «la música seguirá siendo algo diferente, de lo que habría sido si (Wagner) nunca hubiese nacido».

*El País*

## 1. Realice las tareas siguientes.

1. "Para mí todo está vivo", "por todas partes hay ojos". Analice, a partir de estos enunciados, el mundo perceptivo de Joan Miró.
2. Busque información sobre la creación pictórica mironiana, sobre su tendencia estética y el movimiento artístico en el que se inscribe.
3. ¿Qué es lo más característico de la personalidad de Luis Buñuel según el texto de Jesús Fernández Santos?
4. Hable sobre la obra cinematográfica de Buñuel y recuerde algunas películas suyas.
5. ¿Qué reflexiones e ideas sobre el arte literario revela el artículo de Umberto Eco? ¿Qué puede contar sobre la obra del célebre escritor italiano?
6. En el texto sobre Wagner, hay una descripción de su creación musical y de su genio como compositor. ¿Qué influencia tiene su obra en la música posterior?

## 2. Lea las expresiones del recuadro y complete las frases dadas a continuación con la más adecuada.

| | |
|---|---|
| *a la sazón* | *a mi/tu/su modo* |
| *entre los dos* | *a costa de* |
| *de buena gana* | *en aras de* |
| *dentro de poco* | *en razón de* |
| *en serio* | *pese a* |

1. Procura tener siempre intenciones positivas y hacerlo todo ____________.
2. Aunque no me gustó la propuesta que me hizo mi jefa, ____________ nuestras buenas relaciones, decidí aceptarla.
3. Pudimos ganar este premio ____________ muchas noches de insomnio, entregados al duro trabajo.
4. Tenéis que seguir con la investigación ____________ las dificultades y los obstáculos que podáis encontrar por el camino.
5. Intervino también el director de la empresa, ____________, miembro del partido en el poder.
6. ____________ me tengo que ir para no perder el último autobús.
7. Leedlo ____________ para divertiros y relajaros en los descansos que hacéis durante los exámenes, es un libro muy interesante.
8. ____________ los resultados de la prueba, le digo que no se preocupe porque no hemos detectado ninguna alteración de las características normales.
9. Lo hiciste ____________ al interpretar el tema, creo que te lo deben respetar y admitir.
10. Nunca toman mis palabras ____________, su desconfianza me afecta.

## 3. La sufijación. A partir de las formas *-amiento, -imiento*, forme la palabra correspondiente a las definiciones que se ofrecen y componga una frase con ella.

**Ejemplo:** razonar > razon*amiento* — *Con su buen razonamiento conseguía persuadir a todos.*
nacer > nac*imiento* — *Su fecha de nacimiento es el 1 de agosto.*

1. acción y efecto de mover ____________
2. acción y efecto de descubrir ____________
3. acción y efecto de alejar(se) ____________
4. acción y efecto de debilitar ____________
5. acción y efecto de atreverse ____________
6. acción y efecto de florecer ____________
7. acción y efecto de levantar(se) ____________
8. acción y efecto de conocer ____________
9. acción y efecto de agradecer ____________
10. acción y efecto de apuntar(se) ____________

## 4. Sinonimia y antonimia. Relacione las palabras de la columna I con sus sinónimos y antónimos de las columnas II y III, respectivamente.

| I | II | III |
|---|---|---|
| 1 ávido | a aderezado, endurecido, acostumbrado. | A escaso, pequeño, pobre. |
| 2 iluso | b aburrido, fastidioso, pesado, molesto. | B loco, tonto, razonable. |
| 3 riguroso | c ardiente, actual, cierto, evidente. | C indiferente, flojo, inactivo, inerte. |
| 4 curtido | d soñador, idealista, engañado, seducido. | D frío, apagado, confuso, antiguo. |
| 5 fraudulento | e doloroso, mentiroso, falso, engañoso. | E ablandado, débil, delicado. |
| 6 tedioso | f sensato, prudente, inteligente. | F realista, desilusionado. |
| 7 sesudo | g copioso, abundante, numerable, grande. | G pacífico, tranquilo, inestable, resignado. |
| 8 flagrante | h anheloso, ambicioso, insaciable. | H entretenido, afanoso, agradable. |
| 9 combativo | i luchador, batallador, tenaz, persistente. | I moderado, razonable, afable, suave. |
| 10 cuantioso | j extremado, brusco, rígido, severo, duro. | J verdadero, abierto, franco, manifiesto. |

## 5. Complete las oraciones con los verbos y las expresiones verbales del recuadro.

*percatarse de*
*darse por*
*hacer frente a*
*evadir*
*obligar a*
*dejar a*
*consagrarse a*
*pugnar por*
*resarcirse de*
*esforzarse por*

1. Los dos rivales, en una lucha cruel, _________________ conseguir la victoria.
2. Teníamos que ________ las muchísimas dificultades que nos ocasionó aquel accidente.
3. Como era muy astuto, ________________ el pago de los impuestos a través de una artimaña contable.
4. ________________ la familia por completo y nadie te lo reconoció.
5. Tuvieron que pasar muchos años para tener una idea muy clara sobre la situación. Fue entonces cuando _______________ que no podía vivir más tiempo en dicha situación.
6. ¡_________________ terminar las tareas y preparaos muy bien para el examen!
7. El Ayuntamiento nos ________________ los daños que nos provocó la inundación.
8. Cuando salió al extranjero, a mi amigo le costó mucho ____________ sus familiares.
9. Una vez solucionado el problema, (ellos) _________________ por satisfechos.
10. Las circunstancias de aquel momento os ______________ volver a casa y tratar de apoyar a vuestros padres.

## 6. Oraciones subordinadas de modo con la conjunción *como si*. Siga el modelo y rellene los espacios en blanco con la forma del verbo indicado entre paréntesis.

Modelo*: .... sería como si intentásemos levantar una ciudad con sólo "madreperlas y ópalos".*

1. Este chico me habla como si (conocerme) ______________ desde hace mucho.
2. Os gastáis el dinero como si (tocaros) ______________ el gordo de la lotería.
3. Tú, exprésate como si (estar) ______________ en un examen o en un acto académico.
4. En aquella época nos queríamos mucho, como si (ser) ______________ hermanas.
5. Daos prisa, como si (presentaros) ______________ mañana al examen.
6. Tenía tanto miedo como si de su respuesta (estar) ______________ pendiente todo el mundo.
7. Te pusieron en una situación muy difícil como si (querer) ______________ hacerte daño.
8. Le miró tan asombrada como si no (entender) ______________ nada de lo que le decía.
9. ¡No me grites, por favor! Como si (ofenderte, yo) ______________.
10. Lo sé muy bien, como si (hablar, nosotros) ______________ muchas veces sobre eso.

# El mundo **del arte**

## ESQUEMA GRAMATICAL 1

### Sufijos

**CUALIDAD**

| | |
|---|---|
| -ANCIA, -ENCIA: | *arrogancia, elegancia, suplencia, docencia.* |
| -ANZA: | *bonanza, tardanza.* |
| -DAD, -EDAD, -IDAD: | *soledad, bondad, tranquilidad, hermandad.* |
| -ERÍA: | *tacañería, tontería.* |
| -ISMO: | *machismo, romanticismo.* |

**ACCIÓN**

| | |
|---|---|
| -ACIÓN, -ICIÓN: | *oración, inflación, maldición, disipación.* |
| -ADA: | *escapada, acampada.* |
| -ADURA, -EDURA: | *andadura, quemadura, mordedura, torcedura.* |
| -AJE: | *patinaje, aprendizaje.* |
| -AMIENTO, -IMIENTO: | *acercamiento, pensamiento, surgimiento.* |
| -ANCIA, -ENCIA: | *estancia, querencia, tolerancia.* |

**EL QUE EJECUTA LA ACCIÓN**

| | |
|---|---|
| -ADOR, -EDOR: | *comprador, vendedor, colaborador, perdedor.* |
| -IDOR: | *perseguidor, oidor.* |
| -ANTE, -IENTE: | *comediante, practicante, durmiente.* |
| -OR: | *cantor, espectador.* |

### 1. Elija entre *ser* y *estar* y póngalo en la forma correcta.

1. La situación internacional no __________ para alegrías.
2. No te preocupes, lo que tú pides __________ en un abrir y cerrar de ojos.
3. No he aprobado, __________ hundido.
4. Nuestro gobierno no __________ para muchos trotes.
5. Tomás __________ siempre pendiente del qué dirán.
6. Si piensas que vamos a obedecerte, __________ listo.
7. Las cosas no tienen un arreglo fácil, __________ necesario esperar.
8. A veces __________ mejor callarse, antes que discutir.
9. Yo __________ simpático y ella me contestó con sequedad.
10. Tus ideas __________ completamente desfasadas; no me discutas.

## 2. Elija entre *ser* y *estar* y póngalo en la forma correcta.

1. Se retiró de la competición porque no ___________ en plenitud de facultades.
2. ___________ claro que ese hombre ___________ loco, ___________ indudable.
3. Con esa salsa, el pescado ___________ repugnante; no hay quien se lo coma.
4. La situación ___________ cambiando, ___________ decididos a hacer lo necesario.
5. Tal como tú preparas ese plato, ___________ riquísimo.
6. Estas cartas ___________ llenas de faltas de ortografía.
7. ¡Por favor, ya ___________ bien de ruido!
8. ___________ necesario que todos ___________ de acuerdo.
9. En casa, intentó ___________ amable con sus padres.
10. Por ahí ___________ por donde habría que haber empezado.

## 3. Elija entre *ser* y *estar* y póngalo en la forma correcta.

1. Ese señor ___________ enfadado; le han robado el coche.
2. ¡Cuidado! El banco ___________ recién pintado.
3. Después de un mes de la operación aún ___________ débil.
4. La ventanilla ha ___________ cerrada definitivamente.
5. Este pastel ___________ demasiado dulce.
6. Aunque normalmente ___________ accesible, ayer ___________ de lo más intransigente conmigo.
7. La actriz ___________ bajo las órdenes del director.
8. Este tipo me ___________ completamente desconocido.
9. Este piso ___________ muy oscuro, tiene una sola ventana.
10. La educación de la niña ___________ en todo momento en manos de los padres.

## Refranes españoles

- *Hablando se entiende la gente.*
- *Hacer de tripas corazón.*
- *Arrieros somos y en el camino nos encontraremos.*
- *Ir por lana y volver trasquilado.*
- *La experiencia es la amiga de la ciencia.*
- *Las cosas de palacio van despacio.*
- *Las cosas, claras, y el chocolate, espeso.*
- *Lo que no mata, engorda.*
- *Mala hierba nunca muere.*
- *Mal de muchos, consuelo de tontos.*
- *Más tiran dos tetas que dos carretas.*
- *Más vale caer en gracia que ser gracioso.*
- *Más vale maña que fuerza.*
- *Más vale pájaro en mano que ciento volando.*
- *Más vale tarde que nunca.*
- *Muerto el perro, se acabó la rabia.*

## ESQUEMA GRAMATICAL 2
### Derivación

**Derivados en *-ero, -era, -ería, -erío*:**

| | |
|---|---|
| leche | *lechero, lechera, lechería.* |
| puerta | *portería, portera, portero.* |
| flor | *florero, florería.* |
| mujer | *mujerío.* |
| casa | *casero, casera, caserío.* |
| caja | *cajero, cajera.* |

## 4. Forme derivados de estas palabras y utilícelos en las siguientes frases.

1. El __________ centro ha jugado un partido memorable.
2. Puedes dejar la bolsa de la compra delante de la __________.
3. El __________ estuvo muy amable mientras nos despachaba.
4. Estuvimos en Vizcaya, alojados en el __________ de Iñaqui.
5. ¡Qué carácter! Te enfadas por cualquier __________.
6. He estado en la __________ y no me gusta cómo me han peinado.
7. Los ladrones se llevaron un buen botín de la __________.
8. Al ir a pagar, vio que el __________ estaba vacío.
9. El __________ nos ha recomendado las naranjas.
10. Podemos comprar los productos de limpieza en la __________.

*casa*
*joya*
*delante*
*tienda*
*droga*
*pelo*
*fruta*
*puerta*
*nada*
*moneda*

## ESQUEMA GRAMATICAL 3

### Derivación

**Derivados en -ismo, -ista:**

| | | | |
|---|---|---|---|
| conforme | *conformismo, conformista.* | trapecio | *trapecista.* |
| moda | *modista, modisto, modismo.* | inmóvil | *inmovilista, inmovilismo.* |
| piano | *pianista.* | espejo | *espejismo.* |

## 5. Forme derivados de estas palabras y utilícelos en las frases siguientes.

1. Al llegar al frente, Luis se hizo __________.
2. Antonio López es un __________ del paisaje urbano.
3. La música de Mozart es complicada para un __________ mediocre.
4. La excesiva resignación conduce al __________.
5. El __________ nos ha instalado tres enchufes.
6. Para la democracia es indispensable el __________ político.
7. Los __________ matan indiscriminadamente en sus atentados.
8. Para conducir el AVE es necesario ser un buen __________.
9. Es un hombre partidario del __________: no admite discusiones.
10. El __________ nos hizo unos muebles de diseño muy moderno.

*violín*
*plural*
*máquina*
*ébano*
*bélico*
*arte*
*conforme*
*electricidad*
*terror*
*autoridad*

## 6. Redacte de nuevo estas frases con el fin de evitar la anfibología.

Arturo y Fernando se citaron en su casa. — *Arturo citó en su casa a Fernando.*

1. Cuando Antonio se casó con Ana, sus padres se opusieron. ______________________
2. Vi a Pedro y a Juan con sus niñas.______________________
3. El empresario y el abogado llegaron a su despacho.______________________
4. El abogado le explicó su problema. ______________________
5. El profesor y el alumno se citaron en su casa. ______________________
6. Javier y Luis suelen viajar en su coche.______________________
7. Ramón regañó con Elena en su club.______________________
8. Me encontré en el cine con Pedro y Jorge y conocí a su novia.______________________
9. A Jesús le molesta que Luis hable con su hijo.______________________
10. Se presentaron en casa Carmen y Pedro, y también su tía.______________________

## 7. Redacte de nuevo estas frases con el fin de evitar la anfibología.

1. Cuando Álvaro se casó con Luisa, sus hijos se enfadaron. ______________
2. El Madrid ganó al Español en su campo. ______________
3. Jesús fue a casa de José en su moto. ______________
4. Pedro estuvo en casa de Juan, y allí encontró a su hermano. ______________
5. He estado con Pérez y su mujer, y ayer estuve con su madre. ______________
6. El asesino mató a su víctima en su casa. ______________
7. Isabel ayuda a Victoria a ponerse su abrigo. ______________
8. Le he dicho que lo discutiremos cuando llegue. ______________
9. Como poco, he tomado dos bocadillos. ______________
10. Estuvieron de viaje mi cuñado y su sobrina, y su madre se quedó conmigo. ______________

## 8. Incluya la partícula que juzgue necesaria.

*He estado en la puerta; no te he visto. He estado en la puerta, pero no te he visto.*

1. Estuvimos esperando a Lucas todo el día; al final no apareció. ______________
2. Era un sitio estupendo para descansar; había calefacción. ______________
3. La señora, al limpiar, me desordenó la mesa; no pude encontrar el artículo. ______________
4. Póngale un castigo; es usted su jefe. ______________
5. Estuvieron sin poder entrar en casa; Nieves pudo abrir la puerta. ______________
6. No me gustan los temas de misterio; hoy no veo la película de la televisión. ______________
7. Era un hombre irascible; no le importaba reconocerlo. ______________
8. El profesor explicaba la lección en voz baja; los alumnos no atendían. ______________
9. Hace falta poner un poco de orden; tienes que ordenar tu cuarto. ______________
10. Saluda; márchate. ______________

## ESQUEMA GRAMATICAL 4
### Galicismos enraizados en las estructuras del español

| | |
|---|---|
| *Aberrante:* | Anormal, anómalo. |
| *Aplique:* | Lámpara adosada a la pared. |
| *Afectado:* | Indignado, conmovido. |
| *Afectar:* | Alterar, modificar. |
| *Affiche:* | Cartel, aviso, anuncio. |
| *Alianza:* | Anillo de boda. |
| *Amasar:* | Amontonar, acumular. |
| *Amateur:* | Aficionado, no profesional. |
| *Apercibido:* | Advertido. |
| *Arribista:* | Advenedizo, persona sin escrúpulos. |
| *Avanzar:* | Adelantar, anticipar. |
| *Banalidad:* | Vulgaridad, trivialidad. |
| *Bidón:* | Lata, bote. |
| *Bisutería:* | Joyería, orfebrería. |
| *Ancestral:* | Atávico. |
| *Bohemio:* | De vida desordenada o irregular. |

## ESQUEMA GRAMATICAL 5

### Palabras de distinto significado según se escriban con *g* o con *j*

| | | | |
|---|---|---|---|
| *Agito* (v. agitar) | *Ajito* (dim. de *ajo*) | *Ingiero* (v. ingerir) | *Injiero* (v. injerir) |
| *Gira* (v. girar) | *Jira* (merienda campestre) | *Ligero* (rápido) | *Lijero* (deriv. de *lija*) |
| *Girón* (apellido) | *Jirón* (pedazo de tela) | *Elige* (v. elegir) | *Elije* (v. elijar) |
| *Gragea* (pastilla) | *Grajea* (v. grajear) | *Monge* (apellido) | *Monje* (religioso) |
| *Vegete* (v. vegetar) | *Vejete* (dim. de *viejo*) | | |

### Palabras de distinto significado según se escriban con *y* o con *ll*

| | | | |
|---|---|---|---|
| *Arrollo* (v. arrollar) | *Arroyo* (río pequeño) | *Rollo* (cilíndro) | *Royó* (v. roer) |
| *Halla* (v. hallar) | *Haya* (árbol; v. haber) | *Callado* (silencioso) | *Cayado* (bastón) |
| *Pollo* (ave) | *Poyo* (banco de piedra) | *Valla* (cerca, tapia) | *Vaya* (v. ir) |
| *Pulla* (expresión) | *Puya* (vara) | *Hulla* (carbón) | *Huya* (v. huir) |

### 9. Ponga la palabra correcta.

1. El carbón de *(huya/hulla)* ____________ ha subido de precio.
2. Su padre resultó ser un *(vegete/vejete)* ____________ muy simpático.
3. Rodrigo estuvo todo el día *(cayado/callado)* ____________ en el despacho del jefe.
4. No quisiera *(ingerirme/injerirme)* ____________ en tus asuntos.
5. A lo largo del camino había muchas *(vallas/vayas)* ____________ que entorpecían el paso.
6. Al cuarto toro de la tarde lo castigaron con cuatro *(pullas/puyas)* ____________.
7. Todos pusieron el pie en el *(pollo/poyo)* ____________.
8. En el *(arrollo/arroyo)* _______ de mi pueblo había siempre gente con un *(rollo/royo)* ______ de alambre.
9. *(¡Huya!/¡Hulla!)* ____________, me aconsejaron en el bar.
10. El año pasado hice una *(jira/gira)* ____________ por los países del Este.
11. Se ha dejado un *(girón/jirón)* ____________ de ropa en la alambrada.
12. El médico recetó a María unas *(grajeas/grageas)* ____________.
13. Debes tomar un desayuno *(ligero/lijero)* ____________.
14. Antonio es siempre el que *(elige/elije)* ____________ los colores.
15. Estos *(monges/monjes)* ____________ agustinos aman la pobreza.

### 10. Sustituya la expresión en cursiva por la más conveniente de las que se indican.

1. Nos quiso *engañar* en la venta de la casa.
2. No comulgo con tus *creencias* políticas.
3. *De acuerdo con* lo estipulado, hay que dar una entrada de medio millón de euros.
4. Actúa *a su antojo* en todo lo que le interesa.
5. Ella se comportaba libremente y, *por esta razón,* muchos pensaron que estaba loca.
6. *Alrededor* de las siete de la tarde estaremos en Madrid.
7. Él todavía vive *a expensas* de su padre.
8. *Al lado de* la carretera nacional hay un parador de turismo.
9. *A partir de* mañana puedes pasar a recoger el encargo.
10. Son analfabetos; *debido a ello* no se han enterado del aviso.

*según*
*de ahí que*
*junto a*
*convicciones*
*a eso de*
*dar gato por liebre*
*como le da la gana*
*a costa de*
*desde*
*por consiguiente*

## ESQUEMA GRAMATICAL 6

## División de palabras al final de línea

1. Como norma general, las palabras que no caben en una línea, deberán dividirse, para continuar en la siguiente, respetando la sílaba o su formación etimológica:

   *pa-dre; nos-otros; a-yun-ta-mien-to; his-pa-no-a-me-ri-ca-no.*

2. Cuando la primera o la última sílaba de una palabra sea una vocal, no podrá dejarse ésta, bien como último elemento de la línea, bien como primer elemento de la línea siguiente:

   *lí-ne/a; a/ma-da; a/é-re/o; e/pi-cú-re/o.*

   Tales divisiones serían incorrectas.

3. Van sin separación todas las letras que integran un diptongo o un triptongo:

   *com-práis; ais-la-mien-to; su-pie-rais.*

4. Las sílabas acabadas en dos consonantes se dividen sin separarlas:

   *cons-cien-te; trans-cri-bir.*

5. Las letras *ch, ll* y *rr* no deben dividirse nunca en la escritura:

   *pi-ca-cho; ar-ma-di-llo; ca-rro-ña.*

6. Cuando una sola consonante va entre vocales, forma sílaba con la segunda:

   *ro-sa; pi-lo-to; ca-sa-ma-ta.*

7. Las agrupaciones consonánticas *pl, pr, cl, cr, gl, gr, fl, fr, dr y tr,* forman sílaba con la vocal siguiente:

   *com-pli-ca-do; re-cla-men; a-glu-ti-na; re-fri-to; con-tro-lar.*

8. Cuando al dividir una palabra con *h* intercalada, tenga que quedar ésta en final de renglón con su vocal correspondiente, es norma pasar dicho grupo al renglón siguiente:

   *clor-hí-dri-co; ex-hi-bi-ción; al-ha-ra-ca.*

### *11.* Señale las posibles divisiones de estas palabras.

| | | | |
|---|---|---|---|
| atlas | ________________ | reunir | ________________ |
| endeudarse | ________________ | posponer | ________________ |
| enternecerse | ________________ | instruir | ________________ |
| sempiterno | ________________ | tolerar | ________________ |
| aclimatarse | ________________ | desternillarse | ________________ |
| admirar | ________________ | escribir | ________________ |
| alrededor | ________________ | perder | ________________ |
| terciar | ________________ | destacar | ________________ |
| agarrarse | ________________ | supiéramos | ________________ |

## ESQUEMA GRAMATICAL 7

### Casos especiales de separación de palabras

**A DONDE / ADONDE**

Se escribe junto cuando hay un antecedente expreso:

*Te espero en la cafetería adonde sueles ir.*

En caso contrario, cuando no hay antecedente expreso, se escribe separado:

*Tendrás que ir a donde te digan.*

**ASÍ MISMO / ASIMISMO**

Es más frecuente escribirlo junto, con el significado de *igualmente:*

*Sevilla y Córdoba son capitales andaluzas;* asimismo *lo es Huelva.*

Cuando va separado equivale a adverbio + adjetivo:

*Puedes dejar ahí los libros;* así mismo *están bien.*

**CON QUE / CONQUE**

En el primer caso se trata de preposición + relativo:

*Observa el cuidado* con que *escribe.*

En el segundo, constituye una conjunción ilativa:

*Se me ha acabado el dinero,* conque *tendrás que pagar tú.*

**SIN NÚMERO / SINNÚMERO**

Cuando va separado es la suma de preposición + sustantivo:

*Estuve* sin número *durante todo el sorteo.*

Si se escribe junto se trata de un sustantivo:

*He recibido un* sinnúmero *de reclamaciones.*

**SI NO / SINO**

En el primer caso, la conjunción *si* y el adverbio *no*, indican una condición:

*No te dejarán salir* si no *haces lo que ellos quieren.*

En el segundo puede tratarse de un sustantivo con el significado de *destino:*

*Nunca conseguiré un premio en un concurso: es mi* sino.

O de una conjunción adversativa:

*No es un magnate,* sino *simplemente un pobre diablo.*

## 12. Ponga en la forma adecuada los verbos que aparecen en infinitivo.

1. Me niego a que *(instalar, vosotros)* ____________ el televisor junto a mi habitación.
2. Te consiento cualquier cosa, menos que *(amenazar)* ____________ a mi hermana.
3. ¡Lástima que no *(creer)* ____________ lo que te estoy diciendo!
4. Como no *(mejorar, usted)* ________ la oferta, me marcho a ofrecerle el producto a otro empresario.
5. Nunca creí que aquel señor *(hacer)* ____________ lo que decían las *«malas lenguas»*.
6. Mientras no *(saberse)* ____________ el fallo, no es bueno que *(hacer)* ____________ declaraciones.
7. A medida que los alumnos *(ir)* ____________ acabando el examen, *(corregir, yo)* ____________ los ejercicios.
8. Que *(hacer, vosotros)* ____________ lo que os apetezca, no me importa.
9. Sería más sensato que *(mantenerse, vosotros)* ____________ al margen.
10. Cuando *(acabar, yo)* ____________ las tareas del campo, *(volver, yo)* ____________ a la ciudad.

## 13. Ponga en la forma adecuada los verbos que aparecen en infinitivo.

1. La abuela *(seguir)* ____________ cosiendo y no *(volver)* ____________ a pensar en la niña.
2. Mercedes no se imaginaba que mis tíos me *(dar)* ____________ permiso.
3. Te he contado todo lo que *(pasar)* __________ pero aunque *(saber)* _________ eso, no te lo *(decir)* __________.
4. Nunca dudé de que mis padres me *(dar)* _________ el dinero, aunque no era el momento oportuno.
5. ¿Por qué no le aconsejas que *(ir)* ____________ al Congreso contigo?
6. Le dije que se lo *(dar)* ____________ con tal de que me *(dejar)* ____________ descansar.
7. Se ve que usted ignora lo que *(ocurrir)* ____________.
8. ¡Quién *(pensar)* ____________ que haría algo así!
9. Sabían que *(ser)* ____________ difícil que *(encontrar)* __________ entradas, aunque ya *(ser)* _________ los últimos días en que *(poner)* ____________ la película.
10. Conforme *(crecer)* _________, se le descubren los rasgos que *(caracterizar)* _________ a sus padres.

## ESQUEMA GRAMATICAL 8

### Locuciones verbales

- *Caer en la cuenta.*
- *Caer en gracia.*
- *Caer en desgracia.*
- *Caerse la cara de vergüenza.*
- *Cantar las cuarenta.*
- *Cargar con el muerto.*
- *Coger con las manos en la masa.*
- *Cogerlas al vuelo.*
- *Cogerle a uno la palabra.*
- *Comer a dos carrillos.*
- *Costar un ojo de la cara.*
- *Costar un riñón.*
- *Dorar la píldora.*
- *Dormir a pierna suelta.*

## ¿SEGURO QUE SABES LO QUE DICES?

ACABAR COMO EL ROSARIO DE LA AURORA. Esto es, a farolazo limpio. Como acabó una vez el pueblo sevillano de Espera, por rivalidades de los cofrades, **la procesión del Rosario, allá con las claras del día.** La frase, por extensión, se usa desde entonces para pronosticar cualquier desenlace tumultuario.

**Pagar el pato.** Verse involucrado en algo y venir, sin culpa, a pagar la falta cometida por otro, bien entendido que la palabra *pato*, en este caso, no se refiere en absoluto al ave, sino al **Pacto de Abraham con Yavé** que es clave en las creencias judías. "Pagaréis el pacto" es lo que decían, con sorna, los cristianos para justificar sus acciones contra los judíos en la Edad Media.

**La Biblia en verso.** Se dice, con menosprecio, de todo aquello que, por su prolijidad y confusión, resulta infumable. La frase, por lo demás, no es caprichosa, sino sugerida por el delirante empeño de un bienaventurado barcelonés del siglo pasado, **José María Carulla, el cual, animado del mejor deseo, ni corto ni perezoso, acometió la descomunal tarea de poner en verso, a lo largo de 73 volúmenes,** si no toda, sí una buena parte de la Biblia.

**Adefesio.** Por alusión a la **Epístola de San Pablo a los Efesios,** cuyos frutos, al parecer no fueron excesivos pero sí motivo de confusión entre los gentiles, se dice, en esta forma corrompida, de quien obstinado baldíamente en lo que sea, acumula despropósitos, extravagancias y ridículos sin cuento.

# 7 La Literatura

## Benito Pérez Galdós (1843-1920)

### *Tristana*

Impresión honda hizo en la señorita de Reluz la vista de aquellas pinturas, semblantes amigos que veía después de larga ausencia, y que le recordaban horas felices. Fueron para ella, en ocasión semejante, como personas vivas, y no necesitaba forzar su imaginación para verlas animadas, moviendo los labios y fijando en ella miradas cariñosas. Mandó a Saturna que colgase los lienzos en la habitación para recrearse contemplándolos, y se transportaba a los tiempos del estudio y de las tardes deliciosas en compañía de Horacio. Púsose muy triste, comparando su presente con el pasado, y al fin rogó a la criada que guardase aquellos objetos hasta que pudiese acostumbrarse a mirarlos sin tanta emoción; mas no manifestó sorpresa por la facilidad con que las pinturas habían pasado del estudio a la casa, ni curiosidad de saber qué pensaba de ello el suspicaz don Lope. No quiso la sirviente meterse en explicaciones, que no se le pedían, y poco después, sobre las doce, mientras daba de almorzar al amo una mísera tortilla de patatas y un trozo de carne con representación y honores de chuleta, se aventuró a decirle cuatro verdades, valida de la confianza que le diera su largo servicio en la casa.

–Señor, sepa que el amigo quiere ver a la señorita, y es natural... Ea, no sea malo y hágase cargo de las circunstancias. Son jóvenes, y usted está ya más para padre o para abuelo que para otra cosa. ¿No dice que tiene el corazón grande?

–Saturna –replicó don Lope, golpeando en la mesa con el mango del cuchillo–. Lo tengo más grande que la copa de un pino, más grande que esta casa y más grande que el depósito de aguas que ahí enfrente está.

–Pues entonces..., pelillos a la mar. Ya no es usted joven, gracias a Dios; digo..., por desgracia. No sea el perro del hortelano, que ni come ni deja comer. Si quiere que Dios le perdone todas sus barrabasadas y picardías, tanto engaño de mujeres y burla de maridos, hágase cargo de que los jóvenes son jóvenes, y de que el mundo y la vida y las cositas buenas son para los que empiezan a vivir, no para los que acaban... Conque tenga un..., ¿cómo se dice?, un rasgo, *don Lepe*, digo, don Lope... y...

En vez de incomodarse, al infeliz caballero le dio por tomarlo a buenas.

–¿Conque un rasgo? Vamos a ver: ¿y de dónde sacas tú que yo soy tan viejo? ¿Crees que no sirvo ya para nada? Ya quisieran muchas, tú misma, con tus cincuenta...

–¡Cincuenta! Quite usted *jierro*, señor.

–Pongamos treinta... y cinco.

–Y dos. Ni uno más. ¡Vaya!

–Pues quédese en lo que quieras. Pues digo que tú

misma, si yo estuviese de humos y te... No, no te ruborices... ¡Si pensarás que eres un esperpento...! No; arreglándote un poquito resultarías muy aceptable. Tienes unos ojos que ya los quisieran más de cuatro.

–Señor... vamos... Pero qué..., ¿también a mí me quiere camelar? –dijo la doméstica, familiarizándose tanto, que no vaciló en dejar a un lado de la mesa la fuente vacía de la carne y sentarse frente a su amo, los brazos en jarras.

–No..., no estoy ya para diabluras. No temas nada de mí. Me he cortado la coleta y ya se acabaron las bromas y las cositas malas. Quiero tanto a la niña, que desde luego convierto en amor de padre el otro amor, ya sabes..., y soy capaz, por hacerla dichosa, de todos los rasgos, como tú dices, que... En fin, ¿qué hay... ? ¿Ese mequetrefe...?

–Por Dios, no le llame así. No sea soberbio. Es muy guapo.

-¿Qué sabes tú lo que son los hombres guapos?

–Quítese allá. Toda mujer sabe eso. ¡Vaya! Y sin comparar, que es cosa fea, digo que don Horacio es un buen mozo..., mejorando lo presente. Que usted fue el acabóse, por sabido se calla; pero eso pasó. Mírese al espejo y verá que ya se le fue la hermosura. No tiene más remedio que reconocer que el pintorcito...

–No le he visto nunca... Pero no necesito verle para sostener, como sostengo, que ya no hay hombres guapos, airosos, atrevidos, que sepan enamorar. Esa raza se extinguió. Pero, en fin, demos de barato que el pintamonas sea un guapo... relativo.

–La niña le quiere... No se enfade... La verdad por delante... La juventud es juventud.

–Bueno..., pues le quiere... Lo que yo te aseguro es que ese muchacho no hará su felicidad.

–Dice que no le importa la pata coja.

–Saturna, ¡qué mal conoces la naturaleza humana! Ese hombre no hará feliz a la niña, repito. ¡Si sabré yo de estas cosas! Y añado más, la niña no espera su felicidad de semejante tipo...

–¡Señor...!

–Para entender estas cosas, Saturna, es menester... entenderlas. Eres muy dura de mollera y no ves sino lo que tienes delante de tus narices. Tristana es mujer de mucho entendimiento, ahí donde la ves, de una imaginación ardiente... Está enamorada.

–Eso ya lo sé.

–No lo sabes. Enamorada de un hombre que no existe, porque si existiera, Saturna, sería Dios, y Dios no se entretiene en venir al mundo para diversión de las muchachas. Ea, basta de palique; tráeme el café...

Corrió Saturna a la cocina, y al volver con el café permitióse comentar las últimas ideas expresadas por don Lope.

–Señor, lo que yo digo es que se quieren, sea por lo fino, sea por lo basto, y que el don Horacio desea verse con la señorita... Viene con buen fin.

–Pues que venga. Se irá con mal principio.

–¡Ay, qué tirano!

–No es eso... Si no me opongo a que se vean –dijo el caballero, encendiendo un cigarro–. Pero antes conviene que yo mismo hable con ese sujeto. Ya ves si soy bueno. ¿Y este rasgo... ? Hablar con él, sí, y decirle...; ya, ya sabré yo...

–¿Apostamos a que le espanta?

–No; le traeré, traeréle yo mismo. Saturna, esto se llama un rasgo. Encárgate de avisarle que me espere en su estudio una de estas tardes..., mañana. Estoy decidido –paseándose inquieto por el comedor–. Si Tristana quiere verle, no la privaré de ese gusto. Cuanto antojo tenga la niña se lo satisfará su amante padre. Le traje los pinceles, le traje el armonio, y no basta. Hacen falta más juguetes. Pues venga el hombre, la ilusión..., la... Saturna, di ahora que no soy un héroe, un santo. Con este solo arranque lavo todas mis culpas y merezco que Dios me tenga por suyo. Conque...

–Le avisaré... Pero no salga con alguna patochada. ¡Vaya, que si le da por asustar a ese pobre chico...!

# Jorge Guillén (1893-1984)

## Los nombres (*Cántico*, 1928-1950)

Albor. El horizonte
Entreabre sus pestañas
Y empieza a ver. ¿Qué?
Nombres. Están sobre la pátina

De las cosas. La rosa
Se llama todavía
Hoy rosa, y la memoria
De su tránsito, prisa,

Prisa de vivir más.
A largo amor nos alce
Esa pujanza agraz
Del Instante, tan ágil

Que en llegando a su meta
Corre a imponer Después.
Alerta, alerta, alerta,
Yo seré, Yo seré.

¿Y las rosas?... Pestañas
Cerradas: horizonte
Final. ¿Acaso nada?
Pero quedan los nombres.

# Jorge Luis Borges (1894-1986)

## El Fin (*Ficciones*)

Recabarren, tendido, entreabrió los ojos y vio el oblicuo cielo raso de junio. De la otra pieza le llegaba un rasgueo de guitarra, una suerte de pobrísimo laberinto que se enredaba y desataba infinitamente... Recobró poco a poco la realidad, las cosas cotidianas que ya no cambiaría nunca por otras. Miró sin lástima su gran cuerpo inútil, el poncho de lana ordinaria que le envolvía las piernas. Afuera, más allá de los barrotes de la ventana, se dilataban la llanura y la tarde; había dormido, pero aún quedaba mucha luz en el cielo. Con el brazo izquierdo tanteó, hasta dar con un cencerro de bronce que había al pie del catre. Una o dos veces lo agitó; del otro lado de la puerta seguían llegándole los modestos acordes. El ejecutor era un negro que había aparecido una noche con pretensiones de cantor y que había desafiado a otro forastero a una larga payada de contrapunto. Vencido, seguía frecuentando la pulpería, como a la espera de alguien. Se pasaba las horas con la guitarra, pero no había vuelto a cantar; acaso la derrota lo había amargado. La gente ya se había acostumbrado a ese hombre inofensivo. Recabarren, patrón de la pulpería, no olvidaría ese contrapunto; al día siguiente, al acomodar unos tercios de yerba, se le había muerto bruscamente el lado derecho y había perdido el habla. A fuerza de apiadarnos de las desdichas de los héroes de las novelas concluimos apiadándonos con exceso de las desdichas propias; no así el sufrido Recabarren, que aceptó la parálisis como antes había aceptado el rigor y las soledades de América. Habituado a vivir en el presente, como los animales, ahora miraba el cielo y pensaba que el cerco rojo de la luna era señal de lluvia.

Un chico de rasgos aindiados (hijo suyo, tal vez) entreabrió la puerta. Recabarren le preguntó con los ojos si había algún parroquiano. El chico, taciturno, le dijo por señas que no; el negro no contaba. El hombre postrado se quedó solo; su mano izquierda jugó un rato con el cencerro, como si ejerciera un poder.

La llanura, bajo el último sol, era casi abstracta, como vista en un sueño. Un punto se agitó en el horizonte y creció hasta ser un jinete, que venía, o parecía venir, a la casa. Recabarren vio el chambergo, el largo poncho oscuro, el caballo moro, pero no la cara del hombre, que, por fin, sujetó el galope y vino acercándose al trotecito. A unas doscientas varas dobló. Recabarren no lo vio más, pero lo oyó chistar, apearse, atar el caballo al palenque y entrar con paso firme en la pulpería.

Sin alzar los ojos del instrumento, donde parecía buscar algo, el negro dijo con dulzura:

–Ya sabía yo, señor, que podía contar con usted.

El otro, con voz áspera, replicó:

–Y yo con vos, moreno. Una porción de días te hice esperar, pero aquí he venido.

Hubo un silencio. Al fin, el negro respondió:

–Me estoy acostumbrando a esperar. He esperado siete años.

El otro explicó sin apuro:

–Más de siete años pasé yo sin ver a mis hijos. Los encontré ese día y no quise mostrarme como un hombre que anda a las puñaladas.

–Ya me hice cargo –dijo el negro–. Espero que los dejó con salud.

El forastero, que se había sentado en el mostrador, se rió de buena gana. Pidió una caña y la paladeó sin concluirla.

–Les di buenos consejos –declaró–, que nunca están de más y no cuestan nada. Les dije, entre otras cosas, que el hombre no debe derramar la sangre del hombre.

Un lento acorde precedió la respuesta del negro:

–Hizo bien. Así no se parecerán a nosotros.

–Por lo menos a mí –dijo el forastero, y añadió como si pensara en voz alta–. Mi destino ha querido que yo matara y ahora, otra vez, me pone el cuchillo en la mano.

( ... ) Se alejaron un trecho de las casas, caminando a la par. Un lugar de la llanura era igual a otro y la luna resplandecía. De pronto se miraron, se detuvieron y el forastero se quitó las espuelas. Ya estaban con el poncho en el antebrazo, cuando el negro dijo:

–Una cosa quiero pedirle antes de que nos trabemos. Que en este encuentro ponga todo su coraje y toda su maña, como en aquel otro de hace siete años, cuando mató a mi hermano.

Acaso por primera vez en su diálogo, Martín Fierro oyó el odio. Su sangre lo sintió como un acicate. Se entreveraron y el acero filoso rayó y marcó la cara del negro.

Hay una hora de la tarde en que la llanura está por decir algo; nunca lo dice o tal vez lo dice infinitamente y no lo entendemos, o lo entendemos pero es intraducible como una música...

Desde su catre, Recabarren vio el fin. Una embestida y el negro reculó, perdió pie, amagó un hachazo a la cara y se tendió en una puñalada profunda, que penetró en el vientre. Después vino otra que el pulpero no alcanzó a precisar y Fierro no se levantó. Inmóvil, el negro parecía vigilar su agonía laboriosa. Limpió el facón ensangrentado en el pasto y volvió a las casas con lentitud, sin mirar para atrás. Cumplida su tarea de justiciero, ahora era nadie. Mejor dicho, era el otro: no tenía destino sobre la tierra y había matado a un hombre.

# JULIO CORTÁZAR (1914-1984)

## *Reunión*

Ya no hay mucho que contar, al amanecer uno de nuestros serranos llevó al teniente y a Roberto hasta donde estaban Pablo y tres compañeros, y el teniente subió a Pablo en brazos porque tenía los pies destrozados por las ciénagas. Ya éramos veinte, me acuerdo de Pablo, abrazándome con su manera rápida y expeditiva, y diciéndome sin sacarse el cigarrillo de la boca: «Si Luis está vivo, todavía podemos vencer», y yo vendándole los pies que era una belleza, y los muchachos tomándole el pelo porque parecía que estrenaba zapatos blancos y diciéndole que su hermano lo iba a regañar por ese lujo intempestivo. «Que me regañe», bromeaba Pablo fumando como un loco, «para regañar a alguien hay que estar vivo, compañero, y ya oíste que está vivo, vivito, está más vivo que un caimán, y vamos arriba ya mismo, mira que me has puesto vendas, vaya lujo...». Pero no podía durar, con el sol vino el plomo de arriba y abajo, ahí me tocó un balazo en la oreja que si acierta dos centímetros más cerca, vos, hijo, que a lo mejor leés todo esto, te quedas sin saber en las que anduvo tu viejo. Con la sangre y el dolor y el susto las cosas se me pusieron estereoscópicas, cada imagen seca y en relieve, con unos colores que debían de ser mis ganas de vivir y además no me pasaba nada, un pañuelo bien atado y a seguir subiendo; pero atrás se quedaron dos serranos, y el segundo de Pablo con la cara hecha un embudo por una bala del cuarenta y cinco. En esos momentos hay tonterías que se fijan para siempre; me acuerdo de un gordo, creo que también del grupo de Pablo, que en lo peor de la pelea quería refugiarse detrás de una caña, se ponía de perfil, se arrodillaba detrás de la caña, y sobre todo me acuerdo de ése que se puso a gritar que había que rendirse, y de la voz que le contestó entre dos ráfagas de Thompson, la voz del teniente, un bramido por encima de los tiros, un: «¡Aquí no se rinde nadie, carajo!», hasta que el más chico de los serranos, tan callado y tímido hasta entonces, me avisó que había una senda a cien metros de ahí, torciendo hacia arriba y a la izquierda, y yo se lo grité al teniente y me puse a hacer punta con los serranos siguiéndome y tirando como demonios, en pleno bautismo de fuego y saboreándolo que era un gusto verlos, y al final nos fuimos juntando al pie de la seiba donde nacía el sendero, y el serranito trepó y nosotros atrás, yo con un asma que no me dejaba andar y el pescuezo con más sangre que un chacho degollado, pero seguro de que también ese día íbamos a escapar y no sé por qué, pero era evidente como un teorema que esa misma noche nos reuniríamos con Luis.

Uno nunca se explica cómo deja atrás a sus perseguidores, poco a poco ralea el fuego, hay las consabidas maldiciones y «cobardes, se rajan en vez de pelear», entonces de golpe es el silencio, los árboles que vuelven a aparecer como cosas vivas y amigas, los accidentes del terreno, los heridos que hay que cuidar, la cantimplora de agua con un poco de ron que corre de boca en boca, los suspiros, alguna queja, el descanso y el cigarro, seguir adelante, trepar siempre aunque se me salgan los pulmones por las orejas, y Pablo diciéndome oye, me los hiciste del cuarenta y dos y yo calzo del cuarenta y tres, compadre, y la risa, lo alto de la loma, el ranchito donde un paisano tenía un poco de yuca con mojo y agua muy fresca, y Roberto, tesonero y concienzudo, sacando sus cuatro pesos para pagar el gasto, y todo el mundo, empezando por el paisano, riéndose hasta herniarse, y el mediodía invitando a esa siesta que había que rechazar como si dejáramos irse a una muchacha preciosa mirándole hasta lo último.

Al caer la noche el sendero se empinó y se puso más que difícil, pero nos relamíamos pensando en la posición que había elegido Luis para esperarnos, por ahí no iba a subir ni un gamo. «Vamos a estar como en la iglesia», decía Pablo a mi lado, «hasta tenemos el armonio», y me miraba zumbón mientras yo jadeaba una especie de pasacalle que solamente a él le hacía gracia. No me acuerdo muy bien de esas horas, anochecía cuando llegamos al último centinela y pasamos uno tras otro, dándonos a conocer y respondiendo por los serranos, hasta salir por fin al claro entre los árboles donde estaba Luis apoyado en un tronco, naturalmente con su gorra de interminable visera y el cigarro en la boca. Me costó el alma quedarme atrás, dejarlo a Pablo que corriera y se abrazara con su hermano, y entonces esperé que el teniente y los otros fueran también y lo abrazaran, y después puse en el suelo el botiquín y el Springfield y con las manos en los bolsillos me acerqué y me quedé mirándolo, sabiendo lo que iba a decirme, la broma de siempre:

–Mira que usar esos anteojos –dijo Luis.

–Y vos esos espejuelos –le contesté, y nos doblamos de risa, y su quijada contra mi cara me hizo doler el balazo como el demonio, pero era un dolor que yo hubiera querido prolongar más allá de la vida.

–Así que llegaste, che –dijo Luis.

Naturalmente, decía «che» muy mal.

–¿Qué tú crees? –le contesté, igualmente mal. Y volvimos a doblarnos como idiotas, y medio mundo se reía sin saber por qué. Trajeron agua y las noticias, hicimos la rueda mirando a Luis, y sólo entonces nos dimos cuenta de cómo había enflaquecido y cómo le brillaban los ojos detrás de los jodidos espejuelos.

Más abajo volvían a pelear, pero el campamento estaba momentáneamente a cubierto. Se pudo curar a los heridos, bañarse en el manantial, dormir, sobre todo dormir, hasta Pablo, que tanto quería hablar con su hermano. Pero como el asma es mi amante y me ha enseñado a aprovechar la noche, me quedé con Luis apoyado en el tronco de un árbol, fumando y mirando los dibujos de las hojas contra el cielo, y nos contamos de a ratos lo que nos había pasado desde el desembarco, pero sobre todo hablamos del futuro, de lo que iba a empezar cuando llegara el día en que tuviéramos que pasar del fusil al despacho con teléfonos, de la sierra a la ciudad, y yo me acordé de los cuernos de caza y estuve a punto de decirle a Luis lo que había pensado aquella noche, nada más que para hacerlo reír. Al final no le dije nada, pero sentía que estábamos entrando en el adagio del cuarteto, en una precaria plenitud de pocas horas que sin embargo era una certidumbre, un signo que no olvidaríamos. Cuántos cuernos de caza esperaban todavía, cuántos de nosotros dejaríamos los huesos, como Roque, como Tinti, como el Peruano. Pero bastaba mirar la copa del árbol para sentir que la voluntad ordenaba otra vez su caos, le imponía el dibujo del adagio que alguna vez ingresaría en el allegro final, accedería a una realidad digna de ese nombre.

Y mientras Luis me iba poniendo al tanto de las noticias internacionales y de lo que pasaba en la capital y en las provincias, yo veía cómo las hojas y las ramas se plegaban poco a poco a mi deseo, eran mi melodía, la melodía de Luis que seguía hablando ajeno a mi fantaseo, y después vi inscribirse una estrella pequeña y muy azul, y aunque no sé nada de astronomía y no hubiera podido decir si era una estrella o un planeta, en cambio me sentí seguro de que no era Marte ni Mercurio, brillaba demasiado en el centro del adagio, demasiado en el centro de las palabras de Luis como para que alguien pudiera confundirla con Marte o con Mercurio.

# Fernándo Arrabal (1932)

## *El Triciclo*

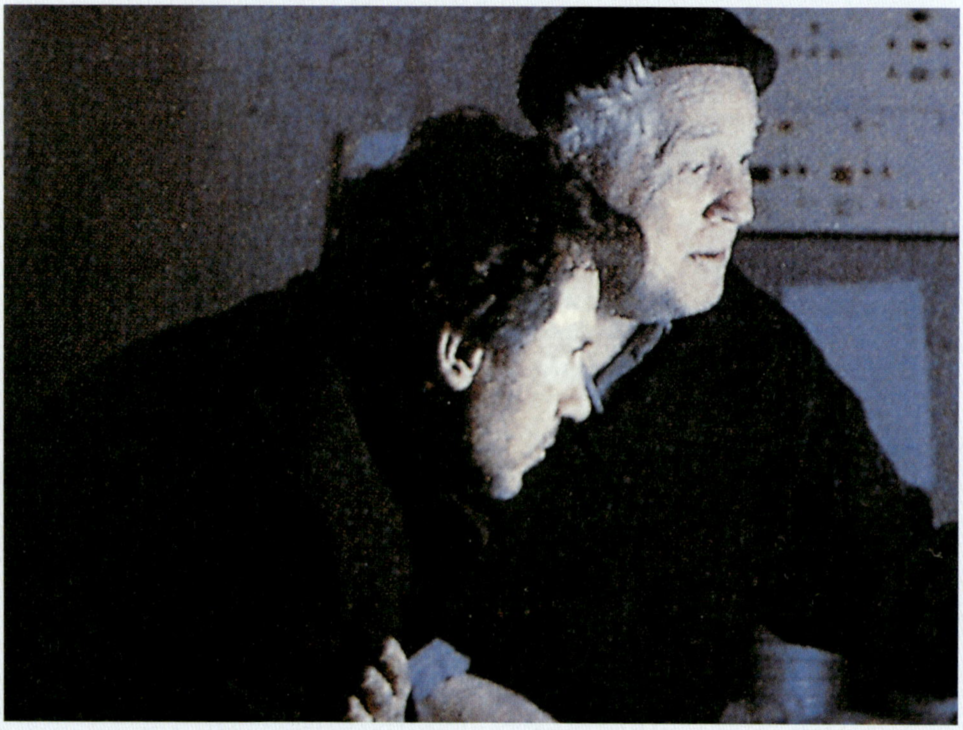

*(Entra EL VIEJO DE LA FLAUTA.)*

*Viejo:* ¡Hola, muchachos! Me voy a sentar aquí, que estoy para el arrastre.

*Climando:* Pues yo también estoy bueno.

*(CLIMANDO se sienta junto al río y EL VIEJO DE LA FLAUTA se sienta en el banco estirando las piernas, Pausa larga.)*

*Viejo:* Eso es el triciclo.

*Climando:* ¿El qué?

*Viejo:* Lo del cansancio.

*Climando:* Claro, como que me he pasado toda la tarde llevando niños. Me duelen sobre todo los sobacos.

*Viejo:* Eso será de llevar alpargatas. A mí me ocurre una cosa muy parecida: de tanto tocar la flauta me duelen las rodillas.

*(Ambos hablan precipitadamente.)*

*Climando:* Eso será de usar sombrero. A mí me ocurre una cosa muy parecida: de tanto ayunar me duelen las uñas.

*Viejo:* *(Disgustadísimo.)* Eso será de tomar agua de la fuente de la plaza. A mí me ocurre una cosa parecida: de tanto usar pantalones me duelen las orejas.

*Climando:* *(Agresivo.)* Eso será de no estar casado. A mí me ocurre una cosa parecida: de tanto dormir me duelen los pañuelos.

*Viejo:* *(Violento.)* Eso será de no comprar billetes de lotería. A mí me ocurre una cosa parecida: de tanto andar me duelen todos los pelos de la cabeza.

*Climando:* *(Alborozado.)* ¡Falso! ¡Falso!

*Viejo:* ¿Falso?

*Climando:* Sí, sí, es falso, a usted no le pueden doler todos los pelos de la cabeza porque es calvo.

*Viejo:* Me has hecho trampa.

*Climando:* No, no, si quiere comenzamos otra vez.

*Viejo:* Imposible, tú razonas mejor que yo y con la razón siempre se gana.

*Climando:* ¡No dirá usted que yo me he aprovechado de usted! Si quiere le doy una vuelta en el triciclo.

*Viejo:* *(Tiernísimo.)* ¡Una vuelta en el triciclo! ¿Y me dejarás acariciar a los niños?

*Climando:* Sí, siempre que no les quite los bocadillos.

*Viejo:* ¿Te das cuenta cómo me tienes tirria? ¿Por qué tienes que meter los bocadillos? Te das cuenta, ¿eh? *(CLIMANDO se avergüenza.)* No agaches la cabeza, no la agaches. *(Contento.)* ¿Reconoces entonces que me tratas mal?

*Climando:* *(Humildísimo.)* Sí... *(Con evidencia.)* Pero le he prometido dejarle dar una vuelta en el triciclo. No puedo portarme mejor.

*Viejo:* *(Dulcemente.)* Una vuelta en el triciclo, acariciando a los niños. Les pasaré la mano por la cabeza y les diré... y les diré... *(Agresivo.)* Oye, ¿me dejarás tocar las campanillas?

*Climando:* No, porque usted tiene que tocar la flauta y nunca se ha visto que se toquen dos instrumentos a la vez.

*Viejo:* No me dejas porque no tengo billetes ni razón. ¡Adiós! *(Se marcha muy enfadado al final del banco y mira en dirección contraria a CLIMANDO.)* Y luego no digas que si «tajuntas», ni que si me vas a dar una sardina, ni que si me vas a traer un buchecito de agua cuando tenga sed.

*Climando:* Más quisiera el gato que lamer el plato. *(CLIMANDO se tumba junto al río a pescar. Tira un hilo con un anzuelo al agua. Canturreando muy fuerte y deletreando perfectamente.)* Además, Apal y yo lo vamos a pasar muy bien, porque hemos encontrado un procedimiento estupendo. No dejaremos que nadie venga con nosotros.

*Viejo:* *(Canturreando también.)* Yo lo voy a pasar muy bien con otro procedimiento. A nadie le diré nada. Que se chinchen los muy tontos que no me dejan montar en triciclo.

# JUAN MARSÉ (1933)

## *Últimas tardes con Teresa*

Además, no paraba de hablar.

–No, no es que no quiera –decía con su voz aguda, tendida de lado junto a él y vigilando distraídamente las manos que la acariciaban–, no es eso, es que soy así, y no creas que no me gustas, siempre me has gustado... Te veía pasar por delante de casa todas las noches, sobre todo este invierno último, cuando ibas camino del bar, y siempre pensaba que eras diferente de los demás, no sólo más guapo, no sé, diferente, a pesar de que tú también juegas a las cartas con los viejos en el bar Delicias los domingos, en vez de ir al baile, a pesar de todo lo que se dice de ti en el barrio, y de tus amigos el Sans y otros, que vendéis motos robadas y desvalijáis coches y que tu hermano os ayuda en el taller de bicicletas, ya verás lo que os va a pasar un día, ya verás, eso dicen, porque ¿de dónde sacáis el dinero? No es que me importe, pero así es, el dinero no es fácil ganarlo y tú nunca has trabajado, que yo sepa, sólo un poco cuando llegaste del pueblo, en el taller de tu hermano, y

Se tapó el pecho con los brazos, notaba aún los dientes de él

ya te digo, no es que me importe... Por favor, eso no, ahí no, no está bien... Mucho dinero has tenido a veces, no digas ahora que es mentira, y tanto dinero no se gana trabajando honradamente... –Calló un rato, ante el suspiro de fastidio de él, y se subió, una vez más, los tirantes del traje de baño; él esperó diez segundos y se los volvió a bajar, sin muchas esperanzas: la Lola era una de esas mujeres de carnes hipocondríacas, blandas y tristes, muertas, que parecen muy manoseadas aunque nunca lo han sido y cuya expresión de asco, profundamente grabada en sus rostros hinchados y beatíficos, proviene no de la práctica excesiva del amor, sino precisamente de no haber hecho jamás el amor: es su expresión una mezcla de hastío, de dulzura y de remilgo, como si constantemente captaran con la nariz un olor pestilente pero de alguna manera beneficioso para su alma, o su egoísmo, o como quiera que se llame eso que las mantiene firmes en su soledad animal durante toda la vida–. Y no es que quiera meterme en lo tuyo, Manolo, en serio, yo no soy una chafardera, pregunta a quien quieras, pero también se habla de ti y de esa chica tan antipática, la Hortensia, la sobrina del cardenal, siempre estás metido en su casa, ¿qué te dan?, aunque yo creo que no es por ella, sino por su tío y los asuntos que os traéis entre manos, vaya tío raro ése también, se ve que pasó algo entre él y Luis Polo, aquel chico gallego que iba en tu pandilla y que dicen que la policía le pilló robando en el coche de un extranjero mientras tú escapabas de milagro, eso dicen en el barrio; un sábado fui al cine con la Rosa, Bernardo y ella estaban reñidos aquel día y ella no hacía más que llorar y me lo contó todo... ¡ay, no seas bruto, que me haces daño ... ! –Se tapó el pecho con los brazos, notaba aún los dientes de él, pero no recogió la mirada anhelante ni la ternura de su mano acariciando su pelo, de modo que siguió hablando–. ¿Lo ves?, todos sois iguales, y luego qué, también de eso os cansáis.... ¿qué haces?, por favor... –Su voz perdía firmeza, se fue haciendo líquida–. Eso no, sabía que pasaría eso... ¿Qué vas a pensar de una chica que se deja... ? Pero dime, ¿estas motos también son robadas? Aunque a ti por lo menos nunca te he visto borracho ni haciendo gamberradas por el barrio, es la verdad, las cosas como sean... Eso no, te digo. ¿Cómo puedes pensar que yo..., dónde crees que tiene una la honra?

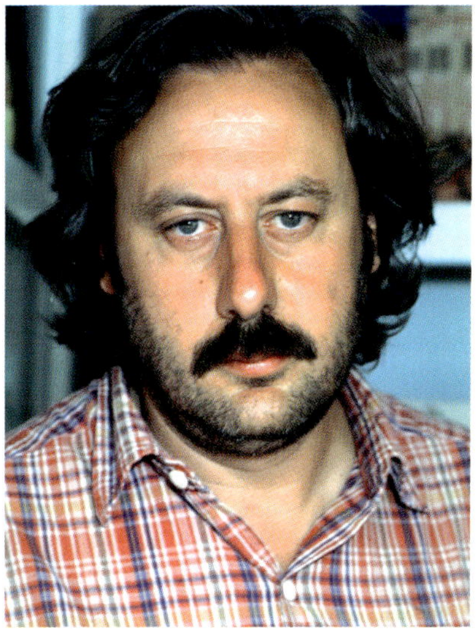

# Julio Llamazares (1955)

## *La lluvia amarilla*

Sí. Seguramente, me encontrarán así, vestido todavía y mirándoles de frente, casi del mismo modo en que yo encontré a Sabina entre la maquinaria abandonada del molino. Sólo que yo, aquel día, no tuve otros testigos de mi hallazgo que la perra y el gemido acerado de la niebla al romperse contra los árboles del río.

(Es extraño que recuerde esto ahora, cuando el tiempo ya empieza a agotarse, cuando el miedo atraviesa mis ojos y la lluvia amarilla va borrando de ellos la memoria y la luz de los ojos queridos. De todos, salvo de los de Sabina. ¿Cómo olvidar aquellos ojos fríos que se clavaban en los míos mientras trataba de romper el nudo que aún quería inútilmente sujetarles a la vida? ¿Cómo olvidar aquella larga noche de diciembre, la primera que pasaba completamente solo ya en Ainielle, la más larga y desolada de las noches de mi vida?)

Hacía ya dos meses que los de Casa Julio se habían ido. Esperaron a que el centeno madurara, lo vendieron en Biescas junto con las ovejas y algunos muebles viejos, y una mañana de octubre, antes de ser de día, cargaron en la yegua las cosas que pudieron y se alejaron por el monte hacia la carretera. También aquella noche corrí a esconderme en el molino. Lo hacía siempre que alguien se marchaba para no tener que despedirme, para que nadie viera la pena que me ahogaba cada vez que, en Ainielle, otra casa se cerraba. Y, allí, sentado en la penumbra, como una pieza más entre las de la maquinaria ya inservible del molino, les oía perderse poco a poco por la senda que lleva a tierra baja. Aquella vez, sin embargo, sería ya la última. Después de la de Julio, no había ya otra casa que cerrar ni otra esperanza de vida para Ainielle que las mías. Por eso, aquella noche, la pasé entera ya escondido en el molino. Por eso, aquella noche, cuando los de Casa Julio llamaron muy temprano a la puerta de la mía, Sabina era la única que todavía podía oírles. Pero tampoco ella bajó a abrirles. Ni siquiera se acercó hasta la ventana a despedirles con un último gesto o una última mirada. Con la memoria y el corazón deshechos por el llanto, escondió la cabeza debajo de la almohada para no escuchar más los golpes en la puerta ni los cascos de la yegua cuando se alejaban.

Aquel otoño fue mucho más fugaz que de costumbre. Todavía en octubre, el horizonte se fundió con las montañas y, pocos días después, llegó el viento de Francia. Durante varios días, por la ventana de la cuadra, Sabina y yo le vimos recorrer los campos solitarios, inclinar a su paso las cercas de los huertos y las empalizadas, arrancar con crueldad las hojas de los chopos antes aun de que amarillearan. Durante varias noches, sentados junto al fuego, le escuchamos aullar como un perro rabioso en el tejado. Parecía como si aquel hosco visitante nunca más hubiera de dejarnos. Como si su irrupción repentina e inesperada no tuviera justamente otra razón que la de hacernos compañía en aquel primer invierno que Sabina y yo habríamos de pasar completamente solos ya en Ainielle.

Una mañana, sin embargo, al despertarnos, un profundo silencio se encargó de anunciarnos que también él se había marchado. Desde la ventana de este cuarto, contemplamos las huellas de su paso: pizarras y maderas arrancadas, postes caídos, ramas quebradas, bancales y sembrados y muros arrasados. Aquella vez, el viento había sido más feroz que de costumbre. Por el barranco abajo, se había embravecido y numerosos chopos yacían en el suelo o se inclinaban sobre él con las raíces asomando y la tierra de sus bases removida. Antes de irse, el vendaval se había reagrupado entre las casas. Como una bestia herida, se había atormentado y sacudido y, ahora, una insólita siembra de pájaros y hojas se esparcía por el pueblo como despojos inocentes de una cruel y vandálica batalla. Las hojas se amontonaban en espirales junto a las tapias. Los pájaros yacían entre ellas después de que el viento los arrastrara con violencia contra los árboles y los cristales de las casas. Algunos colgaban todavía de los aleros y las ramas. Otros aleteaban torpemente agonizando todavía en medio de la calle. Durante toda la mañana, Sabina anduvo recogiéndolos con la varilla rota de un paraguas. Después, hizo una hoguera en el corral de Casa Lauro y, ante la decepcionada mirada de la perra y de mí mismo, los roció con aceite y prendió fuego al botín que el vendaval, en su huida, había abandonado.

# Isaac Montero (1936)

## *Necesidad de un nombre propio*

Me permitiré, sin embargo, invitar al lector a seguirme por los vericuetos de unas pocas advertencias más antes de entrar en la crónica propiamente dicha.

Ajenas en apariencia a la naturaleza del objeto –y de la historia personal que éste revela–, poseen la suficiente entidad como para requerir un explayamiento previo, sin el cual tanto el raído cordaje de Ocaña como su dueño y su vida perderían muchas de sus facetas significativas.

Tales precisiones versan sobre el contenido de lo que se encontrará en las páginas siguientes, pero, principalmente, sobre el método que organiza los textos.

O dicho de forma más exacta: sobre las razones de incluir esos textos tal y como están y de la manera en que han sido distribuidos. Darlos así y colocarlos así no es fruto de un capricho.

Vayamos a lo primero.

Todos los textos que el lector encontrará una vez acabado este paréntesis informativo apenas si han sido elaborados. Se encuentran, por expresarlo de manera un tanto gráfica, en estado de materia bruta.

Hasta tal punto es cierta la cosa que, a diferencia de lo que ocurre en otros volúmenes de esta serie narrativa, en el presente relato el nombre del protagonista principal y el de quienes testimonian sobre su vida no fueron alterados.

Los motivos de esta falta de enmascaramiento resultan simples de explicar. Ricardo Vallejo murió hace un año en un accidente de automóvil en uno de los inevitables «puentes negros» de Pascua. En el suceso, un choque frontal con un camión *container* en la carretera de Madrid-Valencia, perecieron con él su hijo, que conducía el coche, su mujer y la prometida de aquél.

No obstante, la desaparición física del protagonista constituye sólo uno de los motivos de esta innovación en la serie. En anteriores relatos, lo que me indujo a recrear personajes y ambientes no fue tanto la necesidad de camuflaje como el propósito de ofrecer una imagen más veraz, más íntima, profunda y convincente de algo que yo había conseguido apresar en su casi totalidad, pero no de forma plena y certera. El artificio de enmascarar personajes, barrios o fechas me permitía, por tanto, tratar por igual lo que yo tenía por datos ciertos y lo que sabía muy bien que eran sólo indicios con un relativo grado de probabilidad.

La razón principal, pues, de la carencia de parejos artificios en la narración que sigue, estriba en que tanto Vallejo como quienes me proporcionaron pistas y datos sobre su «carnet de identidad»; –y no importa que esos datos fueran sustanciales o accesorios– eran y son figuras de cierto relieve público.

Por consiguiente, los perfiles de la notoriedad poseen por sí mismos un valor probatorio, una significación profunda y una capacidad de iluminación del relato. Todo ello, pienso, se habría perdido de proceder a los métodos de camufiaje y fabulación usados en las anteriores crónicas de estos «Documentos secretos».

Claro es que cuando comencé a indagar en la vida de Vallejo –o mentando la tarea por su nombre de batalla en la serie, en torno al «documento de la cuerda»–, mis intenciones eran las habituales: reelaborar la historia, tratando de revivir los personajes y sucesos principales bajo escenarios, circunstancias y nombres supuestos.

Más aún, debo decir que conseguí información decisiva, aquella que fue aclarando los pasajes más oscuros de la vida de Vallejo y su «carnet», gracias al compromiso tajante de llevar a cabo un adecuado y convincente enmascaramiento del personaje. Precisamente por ello, y dadas las características del relieve público de Vallejo y parte de sus testigos y coprotagonistas, arrinconé todo el material recogido, postergándolo *ad kalendas graecas.* Y es que la edad de Vallejo y la de quienes aceptaron hablarme de él, no me permitían concluir que, pese a todos los artificios imaginables, pudiera mantener honorablemente la palabra dada de publicar un relato donde el principal personaje y su mundo no fueran reconocidos.

La muerte de Vallejo trastocó mis planes. Me sentí desligado de mi compromiso y sólo requerí gastar algún tesón y capacidad persuasiva con quien me había proporcionado los principales datos y compartía, con el protagonista, una buena parte no sólo de la notoriedad, sino de los mismos sucesos a los que sirvió el extraño «carnet» tejido en la cárcel.

Conseguí a la postre, como bien se ve, salirme con la mía. Aparte de unos hermanos con quienes apenas mantenía trato, Vallejo no dejaba a nadie tras de sí. De modo que, conseguido el permiso del principal interlocutor, los restantes fueron accediendo también.

Pasemos a otro punto. Las gentes con las que el lector trabará contacto en las siguientes páginas.

Ricardo Vallejo no le dice nada a casi nadie.

Richard Opty, en cambio, y con entera seguridad, sí.

Casi me parece inútil identificarlo. Se trata de uno de los nombres más populares de la novela policíaca de acción en nuestro país. Aunque no haya alcanzado el relieve internacional de un Mallorquí, su nombre, para el aficionado a este subgénero entre nosotros, sigue muy de cerca al del creador de «El Coyote», y desde luego se codea con los de Alf Manz o M. L. Estefanía.

Otro tanto cabe decir de Eduardo Mirat. Su reputación es, por de pronto, igualmente literaria, aunque restringida a los círculos más minoritarios de quienes siguen la marcha de los géneros tradicionales. En su terreno, sin embargo, el nombre de Mirat ostenta una mayor y más profunda resonancia que el de Opty.

A lo largo de su carrera, Mirat figura entre los colaboradores de *Ínsula, Índice, La Estafeta Literaria, Cuadernos Hispanoamericanos, Destino, suplemento de Artes y Letras, de Informaciones, ABC o Pueblo.* Su firma se encuentra también en las viejas colecciones de *Juventud, España de Tánger, El Español.* Varios de sus ensayos críticos figuran entre los libros de texto sobre literatura española contemporánea usados en los Departamentos de Español de diversas Universidades extranjeras. Es también un poeta estimado, aunque su producción sea corta, casi reducida a su etapa juvenil: un par de volúmenes en la colección Adonáis, algunos poemas sueltos en *Garcilaso, Ínsula, Poesía Española, Litoral.*

Fue con Eduardo Mirat con quien hube de luchar cuando, alterando mi anterior decisión, quise dar al «documento de la cuerda» –o al «carnet» de su amigo Vallejo– este lugar en la serie. Era él quien me había proporcionado lo fundamental y a quien había dado mi palabra de no reelaborar la información recogida hasta que el camuflaje de Opty, mejor diría el antifaz de su lápida, resultara perfecto.

... conseguí información decisiva, aquella que fue aclarando los pasajes más oscuros de la vida de Vallejo

Por lo demás, todos los restantes textos provienen, como ya anuncié, de personas vivas, algunas perfectamente reconocibles también por su notoriedad.

Tanto Juan Pérez Sánchez, el editor de Opty, como Alberto Humbert y Andrés Nájera, periodistas y ensayistas, me proporcionaron datos de los cuales, en vida de Vallejo, no habría podido disponer por grandes que hubieran sido mis talentos de maquillador. El desvelamiento de la personalidad de unos y otros habría resultado asequible a cualquiera. Aquél, por la marca y actividades de su editorial. Éstos, por sus libros y, sobre todo, por reportajes y ensayos que, centrados en los *mass-media* y en la subcultura, han venido publicando regularmente en revistas como *Triunfo, Cuadernos para el Diálogo, Asturias Semanal, Andalán,* etc. Diré, pues, para terminar este apartado de autentificaciones, que sólo una persona firma mediante un nombre ficticio.

## 1. Realice las tareas siguientes.

1. *Tristana* expresa lo espiritual y plantea problemas éticos de acuerdo con la sociedad de su época. ¿Cuáles son los puntos de vista que defienden Saturna, la criada, y don Lope?
2. Fíjese en la sensibilidad galdosiana para el lenguaje popular. Apunte las palabras y expresiones del texto que registran el uso del habla popular.
3. *Ficciones* es uno de los libros más famosos de Jorge Luis Borges. Analice el tema de la venganza según el cuento publicado.
4. ¿Cómo interpreta las siguientes palabras del protagonista de *Reunión*: "Pero bastaba mirar la copa del árbol para sentir que la voluntad ordenaba otra vez su caos, le imponía el dibujo del adagio que alguna vez ingresaría en el allegro final, accedería a una realidad digna de ese nombre"? ¿Qué ideas sugiere Cortázar en el relato?
5. Fíjese en los juegos verbales sorprendentes que usa Fernando Arrabal, en la ironía, en el humor. Haga un análisis de su expresividad artística.
6. Lea la biografía y la obra de Juan Marsé y haga un comentario sobre el marco histórico en el que se sitúa la acción de *Últimas horas con Teresa*, sobre la imagen física y moral de los personajes que aparecen en dicha novela.
7. Busque y apunte las palabras y expresiones del texto *La lluvia amarilla* que describen el ambiente solitario y decepcionado. ¿Cómo sugiere el autor la idea de lo trágico y de la muerte?

## 2. Rellene los espacios en blanco con las expresiones dadas a continuación.

*a buenas*
*ser el perro del hortelano*
*ser duro de mollera*
*a ratos*
*cortarse la coleta*
*a la postre*
*dar por hecho*
*de milagro*
*no ver más allá de sus narices*
*de boca en boca*

1. No se podía concentrar en lo que hacía, leía __________ sus lecciones y pasaba mucho tiempo mirando por la ventana sin decir nada.
2. __________ que ha crecido, entiendo que aún no es mayor de edad, pero eso no le justifica su mal comportamiento con los demás.
3. Desde entonces no estamos __________ con mi amiga. Lo sentimos.
4. La noticia de que la princesa dio a luz se propagó __________.
5. Por favor, no __________, deja a los chicos que conduzcan tu coche, que lo tienes en el garaje todo el día cubriéndose de polvo.
6. Debido a los grandes atascos a esa hora, mis tíos cogieron el avión a París __________, por poco se quedan en España.
7. Era hora de __________, había trabajado mucho durante toda su vida, había escrito muchos libros y había alcanzado el mejor premio de la vida: el reconocimiento del lector. Lo que a partir de aquel momento quería era descansar.
8. Contigo es difícil comunicarse, __________, no se te puede convencer de que las cosas tienen distintas interpretaciones y la gente, diferentes puntos de vista.
9. Sus padres hablaron mucho con ellos y, __________, los hijos hicieron lo que a ellos les parecía bien.
10. Nunca nos hacéis caso en lo que os aconsejamos, __________ y, por ser tan obstinados, las cosas no siempre os salen bien.

## 3. La sinonimia. Lea las siguientes palabras y explique su significado utilizando sinónimos. A continuación, componga una frase con cada uno de los vocablos de la lista.

1. vericueto (m) ____________________
2. explayamiento (m) ____________________
3. hastío (m) ____________________
4. remilgo (m) ____________________
5. tirria (f) ____________________
6. ciénaga (f) ____________________
7. enmascaramiento (m) ____________________
8. penumbra (f) ____________________
9. coraje (m) ____________________
10. pujanza (f) ____________________

## 4. Según el modelo, conteste a las definiciones dadas con el nombre del establecimiento donde se producen, fabrican o venden los objetos señalados e indique también el nombre de la persona que profesionalmente se dedica a la fabricación, la ejecución o venta de lo señalado.

- *En Hispanoamérica, tienda en la que se venden alimentos y productos de primera necesidad y en la que también se pueden consumir bebidas alcohólicas:* **pulpería**
- *Propietario o dependiente de una pulpería:* **pulpero**

1. - Establecimiento en que se venden embutidos y productos derivados del cerdo: ____________________
   - Persona que se dedica a la venta de esta clase de productos: ____________________
2. - Establecimiento donde se fabrican o venden artículos menudos y de poco valor para realizar labores de costura, como botones, cintas, alfileres: ____________________
   - Persona que comercia artículos de esta clase: ____________________
3. - Establecimiento donde se venden objetos de escritorio: ____________________
   - Persona que fabrica o vende esta clase de artículos: ____________________
4. - Establecimiento en que se fabrican o se venden adornos de oro, plata, platino de mucho valor: ____________
   - Persona que se dedica a la fabricación o venta de este tipo de artículos: ____________________
5. - Establecimiento donde se venden herramientas, cacharros y otros objetos de metal: ____________________
   - Persona que se dedica a la venta de esta clase de objetos: ____________________
6. - Establecimiento donde se venden flores y plantas de adorno: ____________________
   - Persona que se dedica a la venta de flores y a la confección de adornos florales: ____________________
7. - Establecimiento en que se tiñen o se limpian tejidos, especialmente prendas de vestir: ____________________
   - Persona que profesionalmente se dedica a teñir tejidos o limpiarlos: ____________________

## 5. Oraciones subordinadas causales. Con las conjunciones *no porque* y *no es que* se utiliza el modo subjuntivo. Siga el ejemplo y complete las oraciones dadas con la respectiva forma verbal.

*No, no es que no* **quiera***..., no es eso, es que soy así,...* (Juan Marsé)

1. No me lo quiso comunicar no porque (darle) ____________ miedo, sino porque era, en general, una persona muy discreta y no le gustaba cotillear.
2. Vas a terminar la carrera no porque (apetecerte) ____________ trabajar de abogado, sino porque simplemente los estudios de Derecho se han puesto de moda.
3. Nos pidieron que discutiéramos el caso, pero no porque (creer, ellos) ____________ que se pudiera encontrar una solución razonable, sino porque querían pasar por muy objetivos, bondadosos y compasivos.
4. No pudisteis acercaros a verle pero no porque no (tener) ____________ tiempo, sino porque no queríais.
5. No es que no (gustarnos) ____________ este paraguas, es que sabemos que a él no le va a gustar.
6. A mi hermana le costaba mucho dejar de fumar, no era que no (querer) ____________.
7. No pude salir con vosotras no porque (hacerse) ______ demasiado tarde, sino porque llegaron mis primos de visita.
8. No es que no (querer) ____________ tomar las medicinas, es que es alérgico a los antibióticos.
9. No le dio tiempo de terminar la traducción del artículo pero no porque este (ser) ____________ muy largo, sino porque el pobre trabajaba en otros dos sitios más.
10. No era que la película (ser) ____________ aburrida, es que esta clase de filmes no me gustan nada.

Mario Vargas Llosa

Conrado Zuluaga y Gabriel García Márquez

Antonio Muñoz Molina

Manuel Vázquez Montalbán

Isabel Allende

Carmen Martín Gaite

Eduardo Mendoza

Gonzalo Torrente Ballester

# La literatura como forma de vida

## ESQUEMA GRAMATICAL 1

### Sufijos

PERSONA RELACIONADA CON

| | |
|---|---|
| -ARIO: | legionario, beneficiario. |
| -ERO | portero, tendero. |
| -ISTA: | maquinista, prestamista. |

CONJUNTO

| | |
|---|---|
| -ADA: | vacada, camada. |
| -ADO: | alumbrado, arbolado. |
| -AMEN: | velamen, maderamen. |
| -AR, -AL: | centenar, robledal, encinar, algodonal. |
| -EDA: | alameda, polvareda. |

LUGAR

| | |
|---|---|
| -ADERO, -EDERO, -IDERO: | lavadero, tendedero, mentidero. |
| -ADURÍA, -EDURÍA, -IDURÍA: | pagaduría, expendeduría, freiduría. |
| -ARIO: | campanario, armario. |
| -ERÍA, -ARÍA: | portería, secretaría. |
| -ERA, -ERO: | papelera, cenicero, escombrera, lavadero. |

## ESQUEMA GRAMATICAL 2

### Derivación

**Derivados de verbos, en *-amiento, -imiento:***

| | | | |
|---|---|---|---|
| abanderar | *abanderamiento.* | descubrir | *descubrimiento.* |
| acompañar | *acompañamiento.* | entretener | *entretenimiento.* |
| abaratar | *abaratamiento.* | fingir | *fingimiento.* |

### *1.* Forme derivados de estos verbos y utilícelos en las frases siguientes.

1. El ____________ de morada está castigado por la ley.
2. Los métodos de ____________ no siempre cumplen los fines previstos.
3. Existen trabajos manuales que conducen al ____________ físico.
4. Los niños achacan al ____________ parte de sus enfados.
5. La llegada del hombre a la Luna fue un ____________ mundial.
6. El ____________ llegó antes del ____________.
7. Los partidos políticos tienden al ____________ de sus afiliados.
8. Los generales no demócratas incurren en el ____________ militar
9. No estaba en mi ____________ el presentarme como candidato.
10. Todos estuvieron presentes en el ____________ del niño.

*acontecer*
*aborrecer*
*nacer*
*allanar*
*abatir*
*alzar*
*mantener*
*aburrir*
*adoctrinar*
*agotar*
*pensar*

## Refranes españoles

- *Niños y locos lo cuentan todo.*
- *No tiene padre ni madre, ni perro que le ladre.*
- *No cabíamos en casa, y parió la abuela.*
- *No dejes para mañana lo que puedas hacer hoy.*
- *No diga nadie: de esta agua no beberé.*
- *No es oro todo lo que reluce.*
- *No está el horno para bollos.*
- *No es tan fiero el león como lo pintan.*
- *No hay bien que por mal no venga.*
- *No hay peor ciego que el que no quiere ver.*
- *No se ha de ser más papista que el Papa.*
- *No todo el monte es orégano.*
- *Nunca es tarde si la dicha es buena.*

## ESQUEMA GRAMATICAL 3

### Derivación

**Derivados de verbos, en *-e*:**

| | | | |
|---|---|---|---|
| alcanzar | *alcance.* | cantar | *cante.* |
| apuntar | *apunte.* | despegar | *despegue.* |
| avanzar | *avance.* | galopar | *galope.* |

### 2. Forme derivados de estos verbos y utilícelos en las siguientes frases.

1. Nadie esperaba el ____________ de la carretera a la altura del kilómetro 106.
2. La televisión emitió un ____________ informativo sobre la campaña electoral.
3. Los del Estudiantes han conseguido ____________ inverosímiles en el Eurobasquet.
4. Hemos observado los cuadros de tu exposición ____________ a ____________.
5. El ____________ de los emboscados se produjo a traición.
6. Antonio actuó como ____________ en las conversaciones previas.
7. El equipo de ____________ les salvó la vida gracias a su eficacia.
8. No hubo forma de encontrar un ____________ para conectar el vídeo.
9. Pagaron el ____________ de la comida entre todos.
10. El ____________ de medios durante los Juegos Olímpicos ha sido espectacular.

*detallar*
*enchufar*
*atacar*
*enlazar*
*avanzar*
*rescatar*
*desplegar*
*cortar*
*importar*
*encestar*

### 3. Tache las formas que considere incorrectas.

1. *El/lo* bueno es que no te vieron llegar.
2. Este vestido es tan elegante *que/como* el tuyo.
3. Me gustan las *altas españolas/españolas altas.*
4. Dinos *al sitio que vas/el sitio al que vas/a qué sitio vas.*
5. *Cuanto/contra* antes vengas, antes nos iremos.
6. No pensé que *hace/hiciera/hacería* tanto calor en Atenas.
7. *Ha habido/han habido* muchas tormentas este verano.
8. *Quisiese/querría* hacerlo mejor, pero le *es/sea* imposible.
9. Aunque *sea/esté* temprano, tenemos *de/que* marcharnos.
10. Cuando *volviera/vuelva* a Soria, te *escriba/escribiré* una carta.

## 4. Tache las formas que considere incorrectas.

1. Cumpliré *lo/ello* que *prometo/prometeré*.
2. No sabe si *puede/podría/pueda* llegar antes *que el/del* domingo.
3. Si *le/lo* han advertido del peligro, *habrá/habría* obrado con precaución.
4. Si *vengo/vendré/venga* mañana, no *olvidaré/me olvidaré de* la cámara fotográfica.
5. No *llamáis/llaméis* a *nadie/alguien*.
6. *Desde/De* aquí no me mueve *nadie/alguno*.
7. El tren de Sevilla está *entrado/entrando* en la estación.
8. Si el examen *fuera/sería* más sencillo, lo *superaría/superase*.
9. Pilar *llegó/llegará* pensando que ya *estaba/era* tarde.
10. *Cuando/cuanto* más lo *oigo/oiga*, más me duele la cabeza.

## 5. Tache las formas que considere incorrectas.

1. El coche está hecho una pena *por/para* fuera; *para/por* dentro está bien.
2. El tratado de Maastricht *incitó/suscitó* vivas polémicas.
3. *Mientras/puesto que/no* obstante he nacido en Andalucía, soy muy sensible *al/del* frío.
4. Vamos en un coche parecido *al/a* ése en que vinimos, *sino/si no* es el mismo.
5. *Idos/iros* por ahí y no *molestad/molestéis* más.
6. Ojalá todos *dirían/dijesen* lo que piensan *a cerca/acerca* de mí.
7. Los que *fueron/iban* de excursión tuvieron que usar el *paragua/paraguas*.
8. No le terminaron el traje que *encargase/encargaría/había encargado*.
9. *Desearía/deseara/desease* que me *aclarases/aclaraste* esa duda.
10. *Que/quienes* contesten correctamente, *aprueben/aprobarán* el examen.

## ESQUEMA GRAMATICAL 4
### Palabras de distinto significado según se escriban con *h* o sin ella

| | | | |
|---|---|---|---|
| *Ablando* (v. ablandar) | *Hablando* (v. hablar) | *Desecho* (v. desechar) | *Deshecho* (v. deshacer) |
| *Abre* (v. abrir) | *Habré* (v. haber) | *Echa* (v. echar) | *Hecha* (v. hacer) |
| *Ala* (para volar) | *Hala* (interjección) | *Errar* (equivocarse) | *Herrar* (poner herraduras) |
| *Aprender* (saber más) | *Aprehender* (confiscar) | *Izo* (v. izar) | *Hizo* (v. hacer) |
| *Aremos* (v. arar) | *Haremos* (v. hacer) | *Ojear* (mirar) | *Hojear* (pasar hojas) |
| *As* (carta de la baraja) | *Has* (v. haber) | *Ola* (onda) | *Hola* (saludo) |
| *Asta* (cuerno) | *Hasta* (preposición) | *Uso* (utilización) | *Huso* (útil para hilar) |

## 6. Señale la palabra correcta.

1. Vino *hasta/asta* mi casa sin parar por el camino.
2. Nunca *as/has echo/hecho* caso de mis consejos.
3. Una gran *hola/ola* me llevó *asta/hasta* las rocas.
4. De una *ojeada/hojeada* calculo cuántos *abrán/habrán* venido.
5. Todos los días *hizo/izo* la bandera en el palo mayor.
6. *¡Hola!/¡Ola!* ¿Cómo *has/as* llegado *hasta/asta* aquí?
7. Todos los días *ablando/hablando* el pan con agua.
8. Los vigilantes costeros han *aprehendido/aprendido* un alijo de droga.
9. *Herró/Erró* en la respuesta que dio al profesor.
10. No conozco el *huso/uso* que hay que dar a este *uso/huso*.

## ESQUEMA GRAMATICAL 5

### Galicismos enraizados en las estructuras del español

| | |
|---|---|
| *Cabina:* | Locutorio. |
| *Camuflar:* | Desfigurar, disfrazar. |
| *Celebridad:* | Persona famosa. |
| *Compacto:* | Denso. |
| *Confeccionar:* | Componer, hacer. |
| *Constatación:* | Comprobación. |
| *Contable:* | Contador, tenedor de libros. |
| *Correcto:* | Fino, cortés. |
| *Derrapar:* | Patinar, deslizarse. |
| *Desinterés:* | Desidia, falta de cuidado. |
| *Devaluación:* | Depreciación. |
| *Diplomado:* | Titulado. |
| *Encajar:* | Recibir, sufrir. |
| *Entrenarse:* | Ensayar, ejercitarse. |
| *Fuselaje:* | Casco, cuerpo del avión. |
| *Inoperancia:* | Ineficacia. |
| *Marioneta:* | Títere. |
| *Orfelinato:* | Orfanato. |
| *Pretencioso:* | Presuntuoso. |
| *Remarcar:* | Destacar. |

### 7. Sustituya la expresión en cursiva por una de las siguientes.

1. Esto que has visto no volverá a *ocurrir.*
2. Es necesario *hacer un esfuerzo* para entenderles.
3. En tu colegio, ¿qué *idiomas* se estudian?
4. Ésta es una gran *ocasión* para invertir dinero.
5. Es normal, en política, *emplear* términos económicos.
6. Las conversaciones se van a *alargar* hasta el mes que viene.
7. *Hasta aquí,* no se ha conseguido ningún acuerdo.
8. De esa *forma,* no vas a conseguir acabar.
9. Creo que Clara puede *lograr* una buena nota en el examen.
10. Pienso que ése no es el mejor *sistema* para terminar.

*oportunidad*
*esforzarse*
*utilizar*
*manera*
*conseguir*
*método*
*suceder*
*prolongar*
*lenguas*
*por ahora*

### 8. Sustituya la expresión en cursiva por una de las siguientes.

1. El juez nos recibió *en el acto.*
2. *Muy a menudo* nos encontramos en la misma situación.
3. En mi vida he visto nada *parecido.*
4. *¡Ojo con la puerta!* Está recién pintada.
5. Estas ruinas romanas aún *están* en pie.
6. La autopista *cuenta* con un buen sistema de puestos de teléfono.
7. Los precios *aumentan* cada día más.
8. Tu ayuda es absolutamente *necesaria.*
9. Esta *estirpe* se remonta al siglo XIII.
10. Este *terreno* es ideal para construir una casa de campo.

*cuidado*
*dispone de*
*linaje*
*con frecuencia*
*semejante*
*permanecen*
*inmediatamente*
*suben*
*solar*
*imprescindible*

## 9. Sustituya la expresión en cursiva por una de las siguientes.

1. *Por lo visto,* ya han descubierto al asesino.
2. El enfermo mejora por momentos; *sin embargo,* no podemos cantar todavía victoria.
3. *Hace falta* mucha paciencia para pasar un día con él.
4. Hay que actuar con suma *cautela.*
5. Yo creo, *por el contrario,* que él es inocente.
6. *En vez* de estudiar para el examen, se fue al cine.
7. Hay que *llevar a cabo* una política de austeridad.
8. Ella no tiene trabajo y, por *otra parte,* tiene enfermo a su padre.
9. Con *motivo* del centenario de su muerte, se celebró una exposición sobre su obra.
10. Los atletas participantes llegaron *juntos* a la meta.

| | |
|---|---|
| *al mismo tiempo* | *precaución* |
| *es necesaria* | *en lugar de* |
| *al parecer* | *realizar* |
| *en cambio* | *ocasión* |
| *no obstante* | *además* |

## ESQUEMA GRAMATICAL 6

### Interrogación y exclamación

**En español, estos signos abren y cierran la oración. Su empleo es necesario al principio y al final de la frase.**

**1.** Los signos de interrogación se usan en oraciones interrogativas: y los de exclamación, en expresiones exclamativas:
*¿Qué quieres?* *¡Qué dolor!*

**2.** Tanto los signos de interrogación como los de exclamación se han de colocar en donde empiece y acabe el período interrogativo y exclamativo, respectivamente:
*Pero bueno, tú ¿no estabas de viaje?*
*Y entonces, ¡zas!, me quitaron la maleta.*

**3.** Cuando las exclamaciones son varias y seguidas, se escriben con minúsculas y separadas por una coma:
*¡Qué cinismo!, ¡qué poca vergüenza!, ¡qué osadía!*

**4.** El mismo tratamiento se debe dar a las interrogaciones:
*Hasta aquí, ¿cómo has llegado?, ¿en qué has venido?, ¿con quién?*

**5.** Los signos de interrogación y exclamación admiten tras sí todos los signos ortográficos, excepto el punto final:
*¡Vamos!, replicó, ¿estamos?, ¡ven con nosotros...!*

**6.** Cuando dos preguntas se suceden en el discurso, lo normal es que los signos de interrogación se coloquen en la última:
*Qué quieres, ¿que nos matemos unos a otros?*

**7.** A veces estos signos se colocan entre paréntesis (!) (?) para indicar ironía, incredulidad, duda, sorpresa, etc.; en estos casos se usan los signos de cierre:
*Dice que él no habla con esa clase de gente (!)*
*Los ladrones se llevaron (?) todas sus joyas.*

**8.** En ciertas ocasiones, el signo puede aparecer repetido, para dar más fuerza a la expresión:
*¡¡¡Esto es inaudito!!! ¿¿¿Cómo llegas a estas horas???*

## 10. Coloque los signos de interrogación y exclamación en las frases que los necesiten.

1. Qué idiota es el pobre, exclamó el profesor.
2. De dónde vienes, me interpeló con voz temblorosa.
3. Ven enseguida.
4. Estoy ya arrepentido, pero qué pensará mi mujer.
5. Cállense.
6. Tiene fuego, por favor.
7. A qué hora sale el autobús.
8. Ay, exclamó.
9. Estaba en casa y zas recibí la triste noticia.
10. Prefiere usted tomar un café.

## 11. Tache las formas que considere incorrectas.

1. Todos *admiraron/se admiraron* de *lo/la bonito/bonita* que quedó el camión.
2. Durante las vacaciones *no* se *descansa/descansa uno* casi nada, pero *se divierte/divierte* uno mucho.
3. *Todos/Cada uno/Cada unos* de ellos *recibió/recibieron* un regalo.
4. Esos juguetes son peligrosos, *debería/deberían* prohibirse *venderles/venderlos.*
5. Cortaron los troncos con *una afilada hacha/un afilado hacha.*
6. Te presentaré a los amigos de *quien/los que/los cuales/que* te hablé.
7. No me *recuerdo/acuerdo de/acuerdo* tu número de teléfono.
8. Se *llaman/llama* camareras a las señoritas que sirven la comida.
9. Me preguntan si *podremos/podamos* hacer el viaje juntos.
10. El tiempo no ha sido demasiado *óptimo/bueno* en septiembre.

## 12. Tache las formas que considere incorrectas.

1. Si v*uelvas/vuelves/volvieras/volverías* a verlo, no olvides mis consejos.
2. He estado hablando con *chico alguno/chico algún/algún chico* esta mañana.
3. Unos campesinos *que/quienes* vieron el accidente, se *le/lo* contaron a los periodistas.
4. Los *que/Esos que/Ellos* que crean la moda son llamados *modistas/modistos.*
5. *Invitémoslos/les invitamos* a un café en un bar cuando lleguen.
6. Las *manitas/manecillas/manecitas* del reloj *son/están* en las tres de la tarde.
7. Vosotros *correros/correos/corredos* un poco más allá, y ustedes *quédense/se queden* en el mismo sitio.
8. No sé si *comprenderá/comprenda/comprende* todo lo que le dices.
9. *Al lado de mí/Al lado mío/A mi lado* hay un asiento libre.
10. En un examen tan fácil, no me extrañaría que *sacase/sacara/sacaría* una buena nota.

## 13. Tache las formas que considere incorrectas.

1. Tenían el nivel de vida *ínfimo/más ínfimo/más bajo* del país.
2. No *abridle/abráis* la puerta a nadie, *quienquiera/quienesquiera* que llamen.
3. Hacía frío, pero *ello/eso* no fue obstáculo para *divertirnos/que nos divirtiésemos.*
4. No supo decir *qué/cuál* de entre nosotros le gustaba.
5. Si *tengo/tuviese/tuviera/tenía* dinero, *cambiaría/cambiaba* de coche ahora mismo.
6. Llegó Alberto y, *detrás suyo/detrás de él,* todos sus amigos.
7. Cualquier tiempo pasado no fue mejor que *éste/aquél* en el que ahora estamos.
8. A tu amiga se *le/la* perdió en la playa el anillo que *le/la* habías regalado.
9. Ayer comimos unos tomates *agriísimos/agrísimos.*
10. ¿A qué hora llegaste anoche? No sé, *fueran/serían* las tres o las cuatro.

# 8 Los medios de comunicación

## Entrevista a Vicente Aleixandre (1898-1984)

### El mundo a domicilio.

Blanca Berasategui

Tiene el mundo exterior servido a domicilio. Recibe a mucha gente, lee tres periódicos al día, se pone al teléfono... Sólo sale de casa para ir al médico este verso doliente de ochenta y cinco años, postrado y recluido desde hace más de sesenta. Vicente Aleixandre, pulcro y atildado, está contento así, viviendo solo «esta atmósfera habitada» y con su media visión recuperada, que ha supuesto para él mucho más que media vida. Ahora no sólo puede leer, sino «vivir viendo», o sea, vivir. Y ver desde su mirada el color de la niebla, las caras de sus amigos que le traen la vida a casa y paladear con fruición los versos que le mandan los jóvenes poetas. Con los años dicen que Aleixandre va ganando en generosidad y tolerancia, en humanidad y en alegría; en juventud también. Lo cierto es que él, que ha vivido mundos tan exclusivos, tan herméticos y tan altos, se siente cada día más próximo a las gentes, a las cosas corrientes que les pasan a las gentes corrientes y le interesan asuntos que a lo mejor no le han preocupado nunca mucho. Todo esto lo comenta Vicente Aleixandre con una precisión absoluta, con las palabras justas y como aprendidas, como si estuviera recitando versos. Y entre sus medidas respuestas intercala continuamente preguntas, cuestiones de todo tipo, ansioso por acumular conocimientos, por entablar diálogo, por ofrecerte amistad, una palabra mágica y esencial en la vida de Vicente Aleixandre. Por amistad entró en la poesía, y gracias a la amistad, asegura, ha vivido bastante feliz todos estos largos años, serena y buscadamente aislado, pero aireado, al mismo tiempo, por cuantas corrientes exteriores pasaban por su santuario de Welintonia.

> Siempre he querido ser un hombre normal, porque si no hay hombre, no hay poeta. Por eso creo que la experiencia humana es tan importante en el poeta mismo.

> **A veces quiero recordar, al despertar, el poema que he compuesto. Pero me resulta imposible.**

Aunque cada día se encuentra más dispuesto a dejarse tocar por los acontecimientos exteriores, el barullo general de estos días no va a cambiar el ritmo vital de Vicente Aleixandre. A su edad —dice— cualquier cambio se realiza con lentitud tal, que en realidad deja de ser cambio. «A mí, estos días, y si no estuviese tan mermado físicamente como estoy, me gustaría marcharme a algún lugar remoto. Muy remoto, sí. Me gustaría viajar, cosa que no me ha gustado demasiado nunca, a no sé qué lugar que me diera una visión de la vida diferente. Poder ver la vida desde otro lado es una idea que me atrae mucho. Me iría a la Luna, pongamos. La soledad lunar, como descanso del tráfago agobiante de la ciudad donde vivimos, debe de ser muy reparadora, muy reconfortante. Debe de sentirse uno con mucha raza. Yo vivo, sí, con mucha tranquilidad. Pero me llega el eco. Me entero y disfruto cuando salgo, siempre a pesar mío, del barullo que entre todos hacemos. Y yo no tengo vocación de ruido.»

Tiene mucho empeño Aleixandre en demostrar su vocación de hombre normal, de persona como las demás, que tiene la característica de saber hacer versos; arte que, por otro lado, hay días que no le parece esencial. Dice Aleixandre que no quiere ser, ni que le consideren, pájaro raro. Es como si de pronto hubiera descubierto que todo lo que ha escrito no tiene en realidad importancia alguna. Por supuesto, el premio Nobel le parece un incidente por el que, por cierto, pagó un precio demasiado alto, y otras muchas cosas también, de repente, le parecen mínimas. Lo cuenta Aleixandre con rotundidad y muy deprisa, pero también con cierto gesto de asombro.

–Lo que menos he querido ser es eso que Rubén calificaba de artista raro. Siempre he querido ser un hombre normal, porque si no hay hombre, no hay poeta. Por eso creo que la experiencia humana es tan importante en el poeta mismo. La imaginación es un don imprescindible, pero la experiencia es la masa fundamental que ayuda a la imaginación y le da forma. Muchas veces, en realidad casi todas las veces, cuando el poeta canta está haciendo biografía. Hasta cuando pretende crear algo nuevo y distinto de sí mismo, está el poeta haciendo biografía. No existe el poeta que haya ido más allá. Lo que ocurre es que si es buen poeta, esa realidad la transfigura por la virtud del arte.

(…) Le digo a Vicente Aleixandre si no le parece que esto que le ocurre y esto que contesta no se alejan mucho de esa visión que pretende ofrecer de hombre normal. Y Aleixandre se sonríe. Se sonríe, dice que es poeta que vive la poesía con serenidad y concentración, y asegura también que últimamente se siente más vivo que tres, cuatro o siete años atrás. «Dos cosas –señala– contribuyen a esta sensación. La primera, que he recuperado la vista, muy condicionada, pero viva. Y, aunque con limitaciones, puedo leer, puedo salpicarme de poesía ajena. Esto es, tengo ahora un mundo recobrado. Y además de esto vivo solo, pero recibo continuamente a mis amigos, a gentes muy ricas en experiencia y vida, con los que intercambio impresiones. En mi casa siempre se ha respirado una atmósfera habitada, vivida, transitada. Aparentemente estoy quieto, pero, como los demás, soy un transeúnte. De modo que lo que menos me gusta es la soledad forzosa. La compartida, alimenta y estimula. La soledad forzosa destruye y aniquila. En realidad es un sentimiento que no he tenido nunca. Ése y el del aburrimiento tampoco lo conozco. He padecido en muchas ocasiones, pero jamás me he aburrido. Cuando hace unos años sufrí una pérdida de la vista y estaba además preso de dolores casi insoportables, aguanté, porque el dolor da una conciencia negativa pero una conciencia de vida al fin. Y no te permite tampoco, frente a la estupefacción que produce su urgencia, la sensación de aburrimiento. Puedes llegar a la desesperación, pero nunca al hastío, a la nulidad. Mi experiencia del dolor ha sido enriquecedora. La enfermedad me ha hecho distinto. Un hombre y un poeta diferente.»

Diferente también le han hecho, dice, los amigos. La amistad para Vicente Aleixandre ha sido un valor supremo. Es consciente, además, de haber tenido amigos excepcionales. Fueron sus amigos, «los que formábamos el grupo del 27, llamarlo generación siempre me ha parecido excesivo», los que cogieron un día sus versos escondidos y los llevaron a la «Revista de Occidente» para publicarlos. Amigos fueron –Altolaguirre y Emilio Prados, que digirían en Málaga la revista «Litoral»– los que editaron su primer libro. En sus amigos descargó parte de sus dolores: en Luis Cernuda, «silencioso y fino»; en Gerardo Diego, «decisivo y silente»; en Federico García Lorca, «impetuoso y mágico»; en el «entrañable siempre Dámaso». En poco tiempo, recuerda, y debido principalmente a su escasísima salud, se convirtió Aleixandre, y su casa de Welintonia, en el lugar de encuentro de todos ellos. Y lo dice con orgullo.

**Jamás he sido hombre de tertulias. Soy amigo del diálogo, que es cosa bien distinta.**

(...) Entre los escritores y poetas jóvenes tiene también Aleixandre un cartel de buen conversador y buen escuchante. Y cuenta que, entre los que más asiduamente acuden a su casa, podría citar a Vicente Molina Foix, Javier Marías, Jaime Siles, Amparo Amorós... «Y hablamos de literatura, de historia –yo he sido un gran lector de historia, pero ahora, como mi tiempo de lectura es otro, como me cunde menos la lectura, he de conformarme con breves ensayos de historia–, de acontecimientos actuales, de la vida en general.»

**A la Real Academia no voy nunca. Hace seis años que no la piso, pero voto por correo la elección de nuevos miembros.**

–Por haber sido premio Nobel, tengo entendido que puede usted presentar algún candidato a la Academia Sueca.

–No, no puedo. Se ha dicho alguna vez, pero creo que no es así. No tengo apenas contacto alguno con la Academia Sueca. No más, ni menos tampoco, supongo, que otro premio Nobel. Tan sólo recibo publicaciones de esa casi etérea corporación de premios Nobel. Pero no es importante en mi vida, de verdad. Es una respuesta que el artista recibe a la pregunta de su obra. Una respuesta simbólica, significativa, eso sí, en cuanto a la repercusión mundial de su obra, pero en modo alguno decisiva.

¿Lo más decisivo? Sin duda fue el descubrimiento de la poesía, que sí tuvo instante concreto. Fue el momento en que Dámaso Alonso me invitó a que leyera una antología poética de Rubén Darío. Un mundo nuevo se me abrió para toda la vida. Yo no era aficionado a la poesía. Ni me gustaba siquiera leer poesía. Ni creía que Rubén, con su cabeza que parecía sacada a escoplo de un trozo violento de piedra, me gustase. Pero su lectura reposada constituyó, como poeta, el hecho más decisivo de mi vida. Descubrí no sólo a un gran poeta, sino a la poesía misma.

Comenta finalmente Aleixandre que de entre todos los suyos tiene sus poemas preferidos, pero que hay que desconfiar de las preferencias porque suelen ser, por naturaleza, inestables, que dependen del transcurso de su vida, del estado de ánimo de cada momento, de las modas de cada instante. Pero que, en fin, «hoy, esta tarde, me quedo posiblemente con *La destrucción y el amor*, como libro de primera época, y con *Poemas de la consumación*, de la etapa más reciente. Pero no diga usted que considero estos libros como los mejores. Eso es imposible saberlo uno mismo».

*ABC*

# Los mil y un rostros de Borges

## Javier Badía

Sólo una hora con Jorge Luis Borges. Él se encuentra en el «centro de una neblina luminosa». El periodista, en una sosa habitación de hotel. Está contento Borges por encontrarse en España. La Universidad Internacional Menéndez Pelayo le ha invitado a Sitges y Santander, y el Gobierno le ha concedido la gran cruz de la Orden de Alfonso X el Sabio el día de su ochenta y cuatro cumpleaños, el 24 de agosto. María Kodama nos deja solos y el escritor rememora su reciente visita –«hace unos meses»– a Robert Graves, en Deiá, Mallorca. «Está muriéndose allí», dice. «Cuando estuvimos la primera vez le vimos en una especie de agonía que parecía un éxtasis. La familia, la mujer, los hijos, los nietos, todos rodeándolo muy felices y él como arrebatado».

Recuerda Borges que en 1920 –«tal vez mis fechas son muy vagas»– estuvo un año en Valldemossa. Y Marcos Ricardo Barnatán, en su introducción a «Nueve ensayos dantescos», escribe que la llegada de la familia de Borges a España se produce en el año 1919, instalándose en Palma de Mallorca, primero, para pasar luego a Valldemossa, «una aldea en lo alto de las colinas». «Creo que no se daba cuenta de que estábamos nosotros –recuerda Borges–, pero cuando nos despedimos estrechó mi mano y la besó mientras saludaba con la suya a María. Creo que notaba algo. Él fue un poco el señor de esa región.»

A Borges se le notan las ganas de hablar. No hay apenas lugar para preguntas, que se quedan en el principio sin terminar y se convierten en sugerencias que él interpreta a su albedrío. De Mallorca a Madrid. Y allí las tertulias. Él recuerda o prefiere acordarse mejor de la del café Colonial, que presidía Rafael Cansinos ▶

«En mis primeros escritos me disfrazaba de Quevedo, de Séneca, de Shakespeare. Ahora ya me he resignado a ser Borges.»

Asens, de quien se consideraba discípulo. En cuanto a la del café Pombo, la de Ramón Gómez de la Serna, le ha recordado adolescente en uno de los rojos divanes del café, a Borges, que dice no haber estado más que una vez en el café Pombo, «porque se entendía que uno debía lealtad a tal tertulia», no le gustaba, «era chismosa y se hablaba mal de los escritores». Con la de Cansinos en el Colonial establece diferencias, «eran muy distintas». En ésta «se entendía que no había que mencionar nombres propios. Cansinos jamás hablaba mal de nadie. Siempre alababa. Le gustaba alabar y practicar el generoso hábito de elogiar siempre». Me pregunta Borges el nombre de la mujer de Ramón Gómez de la Serna y tengo que pedirle disculpas, No será la última vez que lo haga a causa de alguna otra pregunta en el tiempo de la supuesta entrevista.

## LA ETAPA MADRILEÑA

«A Ramón Gómez de la Serna lo conocí en Buenos Aires, se casó con una argentina que dirigió después la Casa-Museo de Gómez de la Serna en Madrid. Una casa rarísima. Me da un poco de miedo. Sus paredes estaban empapeladas con tapas de revistas, lo mismo que el cielo raso. Era muy desagradable. llena de objetos y de espejos. A mí no me gustaría dormir en una pieza con el cielo raso empapelado de tapas de revistas, no sé, de «Blanco y Negro», por ejemplo, o de «El Mundo» o de «La Esfera». Cansinos y Gómez de la Serna eran «dos hombres geniales». El genio de Cansinos era ante todo oral, el diálogo; en cambio, Gómez de la Serna, el diálogo no; escribiendo, sin duda».

En esta etapa madrileña Borges publica sus primeros poemas y lo hace en revistas que difundían el ultraísmo. «Yo empecé en el grupo del ultraísmo como una broma de Cansinos. Era muy pueril. Señalaba la metáfora como elemento primordial de la poesía, lo cual es falso» Borges ha estado recientemente en Japón. Quizá no tenga nada que ver, pero el primer ejemplo que cita como algo diferente es japonés: «Sobre la gran campana de bronce se ha posado una mariposa», dice. Y añade: «Contrasta la pesada y perdurable campana con la leve mariposa. Usted vea una de Vicente Huidobro que da vergüenza repetirla: *un tren puede rezarse como un rosario.* Compara los vagones del tren con las cuentas del rosario. Y otro, *los ascensores suben como termómetros.* Y sin embargo, todos creíamos en eso. Yo creo que Cansinos siempre se lo tomó un poco en broma. Los rayajos eran triviales... Había un fervor y amistad sinceros. El entusiasmo de esa juventud era auténtico; más importante que lo que escribimos hoy día.»

## SE APAGAN LOS COLORES

Borges perdió la vista en 1955. Piensa que para aprender Braille es muy tarde, «tengo muy insensibles las yemas de los dedos». Le pido que me explique el mundo de los ciegos. «En este momento o en cualquier momento del día yo estoy en el centro de una niebla luminosa. Bastante luminosa. Yo nunca estoy en la oscuridad. Aun de noche. He perdido el negro. La tiniebla del todo. Siempre hay una neblina luminosa. Distingo movimientos y a veces vagas formas. Los primeros colores que perdí fueron el negro y el rojo, que los veía como marrones o pardos. Luego perdí el azul y el verde, que se confundieron. (Borges lo va contando pausadamente, pronunciando fuerte los colores como si los estuviera viendo.) Luego quedó un color que duró bastante tiempo, el amarillo, que desapareció también. Y ahora siempre esa niebla... azulada o como grisácea. He hablado con muchos ciegos y les pasa lo mismo. A veces quisiera estar en la oscuridad y no puedo. Es un poco terrible.»

«Seguir siendo el mismo toda la eternidad me parece una cosa horrible.»

## LA OBSESIÓN DEL TIEMPO

El tiempo es una de las obsesiones de Borges. *Historia de la eternidad, Nueva refutación del tiempo, Pierre Menard, autor de El Quijote, Funes, el memorioso*, son obras suyas en las que se aborda esta inquietud borgiana. «Yo siempre pensé que el enigma central de la filosofía era el tiempo. Aquello de San Agustín tan lindo: *¿Qué es el tiempo?, si no me lo preguntan lo sé; si me lo preguntan lo ignoro.* ¡Qué lindo!, ¿no?» Juan Dahlman, de su relato «El Sur», pensaba: «El hombre vive en el tiempo, en la sucesión, y el mágico animal, en la actualidad, en la eternidad del instante.» Borges no se contradice, «todos sabemos lo que es el tiempo, una sucesión. Pero una rara sucesión que tiene algo, ¿no? Todo pasa, pero uno no pasa, uno es el espectador. Nadie baja dos veces al mismo río. Uno es un río también. Usted cree en la inmortalidad. Yo, no. Yo espero cesar con la muerte. Mi esperanza es el olvido, que es una especie de esperanza también. A veces pienso *qué importa lo que me pase si pronto dejaré de ser como siempre.* Y eso es un consuelo. Claro, para usted sería una desesperación, ¿no? Vivir eternamente... yo no sé. Si pudiera olvidarme de mi circunstancia, sí. Pero seguir siendo Borges es una cosa que me parece horrible». Borges parece que se pierde, su voz se hace más baja. Pero vuelve, «Unamuno pensaba lo contrario. Quería seguir siendo Unamuno. No sé por qué». Borges, filósofo y poeta, es efectivamente un río inagotable. Que no quede el más mínimo resquicio para el desánimo. «En este mundo también hay momentos de felicidad, ¿no? Al cabo de cada día.

Yo estoy en el centro de una niebla luminosa. Bastante luminosa Yo nunca estoy en la oscuridad. Aun de noche. He perdido el negro. La tiniebla del todo. Siempre hay una niebla luminosa. Distingo movimientos y, a veces, vagas formas.

## RECONOCIMIENTO INTERNACIONAL

Con la década de los sesenta se inicia para Borges una nueva época de viajes, condecoraciones y premios. Su obra va siendo conocida en todo el mundo. Premio Internacional Formentor (1961); Legión de Honor (1962); Gran Premio del Fondo Nacional de las Artes (1963); la revista francesa «L'Herne» le dedica un número monográfico donde colaboran importantes escritores de todo el mundo (1964). En 1967 da un curso en la Universidad de Harvard sobre su poesía, en inglés. Ese mismo año contrae matrimonio con Elsa Astete Millán. Sigue publicando. Aparecen *Elogio de la sombra, El oro de los tigres, La rosa profunda, La moneda de hierro, Historia de la noche* y *La cifra*. Cada vez es más solicitado, viajando por Europa y América. Da conferencias y cursos. «Jamás pensé ser conocido». le comento que es un hombre universal. «Bueno, trato de serlo. Yo no sé si soy buen finlandés, por ejemplo. O un buen australiano. Tal vez no. Un buen colombiano, tampoco. Pero, en fin, hago lo que puedo». También hay un Borges humilde, que en cierta forma se niega a sí mismo, junto al humorista y desconcertante. «Yo he vivido mucho en Estados Unidos. Enseñé literatura argentina en cuatro universidades. Soy doctor *honoris causa* de Harvard y de Columbia. De grandes universidades. Los únicos títulos que tengo son esos *honoris causa.* No son importantes. Yo creo que soy un falso doctor. Es un regalo que me han hecho. Una limosna. Yo sólo tengo el bachillerato ginebrino». No tengo más remedio que decir algo, aunque suene a estupidez. Y me contesta: «Yo no sé si tengo labor. A mí no me gusta lo que escribo, pero me resigno. Han sido muy generosos conmigo».

*ABC*

# Entrevista a Miguel Delibes

## Reivindicar la epístola, reconstruir el tiempo.

Ángeles García

La palabra que mejor cuajaría para definir a Miguel Delibes es fidelidad. Es fiel a su literatura, a su paisaje, a sus amigos, a Castilla –«que sigue igual que hace cincuenta años»–, a su pesimismo, a su lenguaje.

El académico y escritor vallisoletano vive un momento de tranquilidad personal y literaria, organizada en función de su ritmo vital, por lo que ahora es cuando está dedicando su tiempo a las cosas que realmente le gustan y apetecen. Vive en un piso grande y moderno situado en el centro de Valladolid, en el que mantiene estrechas relaciones con sus siete hijos. Dos días a la semana, por lo menos, se traslada a su casa burgalesa de Sedano y se dedica a la caza, la actividad que más le gusta. Su cátedra en la Escuela de Ciencias Empresariales, sus viajes a la Real Academia Española de la Lengua –«donde cada vez me aburro más»–, la pesca, los paseos y el cuidado esporádico de sus nietos, cuando sus hijos van al cine, le ocupan prácticamente todo su tiempo.

**Pregunta.** ¿A qué se debe la elección del género epistolar en su último trabajo?

**Respuesta.** He querido usar una técnica diferente respecto a mis narraciones anteriores, y además ya no se hacen novelas epistolares. Porque hoy la carta, la epístola, se refugia casi exclusivamente en los consultorios sentimentales. La gente ya no escribe, Prefiere llamar por teléfono. Yo sólo tengo cartas de muy lejos, porque las conferencias cuestan mucho. Veo a mis hijos que recurren constantemente al teléfono para solucionar cualquier cosa y me da lástima que se pierda una costumbre tan entrañable como la de escribir cartas.

En la novela se recogen las cartas que el protagonista, un hombre de 65 años, envía a una mujer de cincuenta y tantos años. En esas cartas del hombre vamos sabiendo cosas de ella a través de las reacciones de él. Es un poco lo que ya hice en *Cinco horas con Mario.* A ella se la conoce a partir de la excitación del viejo por las reacciones de ella.

### UN AMOR TARDÍO

**P.** El paisaje habitual de sus novelas, el entorno castellano, también parece haber sido modificado en esta hora.

**R.** He contado una historia en la que mezclo el entorno urbano y el rural. Es un relato en el que cuento un amor tardío. El protagonista es una persona totalmente infumable. Empiezo la novela con una frase de Proust totalmente apropiada: «Hay hombres que se

dedican a señalar los defectos ajenos.» Es un hombre que presume de ser autodidacta, de haberse hecho a sí mismo. Pero es un oportunista que aprovecha las circunstancias de la guerra civil para entrar en el periodismo con malas artes y conseguir un carné de mala manera. Con esas artes, más o menos torpes, va subiendo. Sin embargo, no logra su ambición ni en el periodismo ni en el amor.

El mundo rural aparece en la historia de este individuo porque es un hombre de pueblo que se traslada a la capital en busca de éxito, de manera que, una vez más, he podido hablar del tema que más me importa: el campo castellano. Muestro las diferencias de ambos mundos que traté en libros como *El disputado voto del señor Cayo* o *Los Santos Inocentes*.

**P.** Usted fue durante años director de periódico, de *El Norte de Castilla*, y ha tenido y tiene un contacto constante con los periodistas. ¿Ha conocido, en este tiempo, a alguien tan infumable como dice que es el sexagenario que protagoniza su novela?

**R.** No exactamente; pero cuando yo entré en el periodismo, cosa que ocurrió por pura casualidad, sí conocí actitudes arribistas como las que cuento. Yo entré porque en *El Norte* habían destituido a cuatro periodistas, entre ellos el director, por masones o comunistas, que les daba igual. Necesitaban apoderarse del periódico. Yo entonces era caricaturista y por eso estaba en el periódico. Hicieron unos cursillos para dar los carnés de Prensa. Y yo me examiné. Vi con gran pasmo, porque yo era muy joven –tenía 24 años–, que a gente que ni se había examinado le daban el carné igual que a mí, Era un paripé lamentable. Recuerdo que un buen señor, ya mayor, que se puso a mi lado, copiaba todos mis folios, e incluso yo veía que ni le daba tiempo. Pues bien, en las calificaciones a él le dieron el número cinco y a mí el veintitantos. Era una broma de mal gusto. Estas cosas salen a relucir en la historia del viejo.

**P.** Casi unas memorias periodísticas

**R.** Sí, claro, porque el personaje lo que hace en sus cartas es un intento de justificarse ante la mujer de todas estas cosas que hizo. Que cuando la historia nos abre la puerta, hay que entrar por ella. Es un tipo poco grato que se ha dado muy abundantemente y que no hay que olvidar. Porque, claro, hay que ver la de cosas que estos hombres han hecho luego en los periódicos...

*El País*

# Rosa Chacel (1898-1934)
# La literatura femenina es una estupidez
## Mariano Aguirre

Detrás, en una pintura, joven, realizada por su marido, Timoteo Pérez Rubio. Delante, Rosa Chacel, sentada recogidamente. El rostro delgado, unos ojos agudos, respuestas rápidas, abierta al diálogo –«pregunte lo que quiera», nos anima–. No es una escritora prolífica, y su obra, una continua reflexión, antes de empezar a ser reconocida en España, estuvo deambulando –una palabra clave en la vida de esta mujer– con ella por Europa, Argentina, Brasil y Nueva York.

Esta mañana se encuentra preocupada: la salida de los dos volúmenes de su diario personal, *Alcancía* –en el origen de esta palabra hay otra, explica, *kanz*, que significa tesoro escondido–, ha provocado ciertos enfados. «He dicho cosas que no son juicios, sino un modo de hablar, y que han dolido a algunas personas. Esos diarios son el reflejo de una incapacidad que tengo por naturaleza: la de suicidarme. Ha habido miles de veces que pensé que no sólo podía, sino que debía suicidarme, pero nunca pude. Ahora, estos diarios son un suicidio, porque en ellos se vuelca todo un sentido de destrucción, incluso contra mí. Allí hay caricaturas de mí misma, tremendas; ironizo sobre mí. Pero es un suicidio en el cual me he arrojado por el balcón arrastrando a los que estaban a mi lado.»

Suicidio, momento de arrebato, como explica en la introducción de *Alcancía*, en el cual «estrellamos la hucha en el suelo. Un acto de impaciencia». Pero, también, suicidio prolongado porque retratan estos libros cuarenta años de mi vida: «Es que he estado en la misma situación durante todos esos años, y sigo estando igual.»

**Pregunta.** En su obra se aprecia una tensión constante entre la voluntad y el fracaso; entre el «no puedo más», que reitera en *Alcancía*, y seguir escribiendo.

**Respuesta.** Vivir es un esfuerzo tremendo; escribir, no. Al contrario, escribir es mi único descanso. ▶

P. Afirma, sin embargo, en un momento, que escribe porque ya no puede escribir más.

R. Bueno, eso se debe a que a veces tengo conflictos con una obra, entonces, por estar tan mal de ánimo con lo literario, me meto en un diario. Pero mis conflictos no son literarios.

P. Ésta es la tercera vez que la entrevisto, y la impresión que siempre me ha dado usted es de una persona reconcentrada, que prefiere la reflexión al diálogo, escribir a hablar. Además, leyendo sus diarios, se percibe que las situaciones sociales, una fiesta, una reunión de amigos, las vive siempre con distancia y no sin cierta ironía. ¿Cómo se siente ante las entrevistas?

R. Sí, es cierto que siempre he mantenido esa distancia irónica. Pero ante una entrevista (sonríe), me siento muy bien porque entre el entrevistador y yo la situación es neta. Dentro de dos horas podemos tener un trato amistoso, o no, pero mientras tanto es sólo una entrevista y no hay problemas, la situación es muy clara: usted pregunta y yo respondo.

P. Bien, entonces me gustaría saber si usted se siente incluida o excluida de dos definiciones o categorías. La primera: literatura específicamente femenina.

R. ¡Nunca! ¡Jamás! (Enfadada.) Hacer literatura específicamente femenina es la mayor estupidez que puede hacer un ser humano...

P. O sea, que para usted ¿no existe ese tipo de literatura?

R. No *debe* existir. Porque en la cultura no hay nada de eso. Las mujeres que se creen marginadas... una imbecilidad. Si las mujeres se quieren incorporar a la cultura que empiecen por *La Odisea* o *El Antiguo Testamento,* que es lo más antiguo que encontramos y allí están incluidas las mujeres, su vida espiritual, sus pecados, sus virtudes. Si no son capaces de seguir esa línea... hombre, que se estén calladas.

P. O sea, que no está en nada de acuerdo con algunas escritoras jóvenes que reivindican una literatura femenina.

R. No con algunas, sino con ninguna, para nada. He leído obras de mujeres que no están en ese plan, como

> La confidencia es el elemento más importante y decisivo de la vida femenina, pero nada tiene que ver con la literatura. La confidencia es hasta peligrosa porque de allí brotan celos, traiciones, y también ayuda, salvación.

Carmen Martín Gaite o Clara Janés. Y son primero mujeres y amigas mías, y después buenas escritoras.

**P.** Usted ha valorado, sin embargo, en un momento, la confidencia «como el componente más genuino de la vida femenina». ¿No guarda esto relación con la literatura intimista?

**R.** No hay que asociar confidencia con literatura, no, no. La confidencia es el elemento más importante y decisivo de la vida femenina, pero nada tiene que ver con la literatura. La confidencia es hasta, podría decirle, peligrosa, porque de allí brotan celos, traiciones, y también ayuda, salvación.

**P.** Los hombres, ¿no practicamos la confidencia?

**R.** Sí, también, pero ahí viene la cuestión de que la mujer no ha estado marginada pero ha sufrido una gran esclavitud. Yo di una conferencia en el Ateneo, titulada *La mujer en galeras,* y decía que la mujer ha tenido que sufrir su esclavitud, cómo en la historia ha habido esclavitud como un paso inevitable. Ahora la mujer se puede defender un poco más, las cosas han cambiado. Pero en ese momento de la esclavitud femenina, la confidencia era muy importante, y el hombre, en cambio, era libre y no necesitaba de esa complicidad.

**P.** Pasemos a la segunda definición de la cual quiero hablar con usted: Rosa Chacel, escritora del exilio español,

**R.** Yo no lo puedo negar si se me clasifica así, pero sí que puedo decir que a mí el exilio no me ha tocado, yo no lo he vivido. No me he separado de España en ningún momento y no tuve, por tanto, el shock del regreso. No, no me fui y, por tanto, nunca volví. Seguí en Argentina escribiendo en español y pensando lo mismo. Tuve, claro, dificultades de la vida. Pero mi vida antes del exilio era difícil y en el exilio fue más complicada, pero no tocaba mi personalidad intelectual, por decirlo de alguna forma.

**P.** La infancia aparece reiteradamente en su obra. Y el tema de la ingenuidad. Parece haber una eterna contradicción entre la ingenuidad y la asimilación al mundo adulto.

**R.** Bueno, verá. Yo empleo ingenuidad en un sentido que no se refiere a la infancia. Para mí la infancia no es ingenua.

**P.** Una lectora suya me comentó: «¿Cuándo nos dará Rosa Chacel una *Leticia Valle* adulta?», quejándose de que sea una niña con mente de adulto.

**R.** No sé. (Duda.) ¿*Leticia Valle* qué es? Es una españolita temperamental. Yo creo que *Teresa* es una adulta, aunque su personalidad no es tan diferente. *Teresa* es una *Leticia Valle* adulta.

**P.** En la introducción a *La sinrazón* escribió que la tercera etapa, la vuelta, es «volver en sí», como salir de un desmayo, entiendo. Pero su desmayo ha sido muy activo, si quiere desesperado, pero en tránsito, deambulante.

**R.** Ese deambular, en *La sinrazón* se apodera de la conciencia del protagonista y produce el desmayo. Por eso utilizo el «volver en sí», en efecto, con la idea de recuperar el conocimiento. Porque, además, el protagonista busca, indaga, en su propia historia.

## LA CONFIANZA EN LA BELLEZA

**P.** Otra cuestión fundamental de su obra: la belleza. Y la forma. Usted ha afirmado su «confianza ciega» en ellas.

**R.** Mi formación ha sido absolutamente clásica. Por eso dejé la escultura, porque llevaba un camino al que yo no podía adaptarme, y muy pocas cosas he llegado posteriormente a entender. Como con la poesía, me ocurrió lo mismo: al apartarse los poetas de las formas clásicas dije *basta.*

**P.** ¿Y su idea de la forma en relación a Ortega y su pensamiento?

**R.** La influencia de Ortega es importante. La concepción de la forma, en mí, es anterior a él. Mi concepción de la belleza es de los ocho años, cuando empecé a ir a una escuela de dibujo a la que me llevaba mi padre cuando había nieve. Ortega nos impuso el rigor, el comportarse bien con arreglo a aquello, el saber realizarlo.

**P.** Es decir, ¿la relación entre conducta ética y creación?

**R.** Sí, exactamente, nunca he podido deslindar ética de estética.

**P.** Si tuviera que dar una conferencia sobre usted misma...

**R.** Haría una caricatura, como a la que nos referíamos antes (y se ríe).

**P.** Pero lo que quisiera saber es si analizara su propia obra, ¿cuáles son los temas clave, además de los que ya hemos hablado, de la obra de Rosa Chacel?

**R.** La infancia, por supuesto. Y en la infancia empieza para todos la vida erótica. No como hoy se emplea la palabra, sino la vida del Eros. Ése es el tema fundamental de toda mi literatura. Y la fe y la pérdida de la fe: el conflicto religioso, cuestiones decisivas en mi obra.

*El País*

# Rafael Alberti (1902-1999)

## Yo también canto a América

Fanny Rubio

**La poesía de Rafael Alberti, a partir de 1939, supone un reflejo fiel de su trayectoria personal, compuesta de tres grandes etapas temporales delimitadas por la residencia geográfica del Alberti exiliado en Francia, Argentina y, finalmente, Roma, unidas por un tono siempre nostálgico, una obsesiva sensación de pérdida, de retorno imposible.**

**–En los años veinte dos jóvenes poetas revolucionarios de América, Neruda y Vallejo, entran en contacto con Alberti.**

–Neruda, más tarde; a Vallejo lo conocí bastante pronto. Vallejo era un ser angélico y extraño, un indio cholo que hablaba muy poco, por monosílabos. Estaba en una etapa muy revolucionaria. Era el primer poeta conocido que había hecho un viaje a la Unión Soviética y había escrito un libro muy interesante que se llamaba *Mi viaje a Rusia*. Vivía en París muy pobremente, no podía volver a Perú y no había publicado todavía. Bergamín lo ayudó mucho. Le publicó *Trilce*. A Vallejo yo lo trataba de cuando en cuando porque era un ser muy hermético. Nos veíamos en un café donde yo le leía mis cosas. Llegué a aconsejarle que viniera a vivir a Madrid y lo hizo. Vivía en un barrio muy apartado. Él tenía una gran formación filosófica, hasta tal punto que Serrano Plaja, que fue muy amigo suyo, y otra gente, iban a su casa a estudiar filosofía con él, cosa que nadie sabe. En Madrid le vi muy pocas veces. Después conoció a una mujer francesa, bruja, que echaba las cartas, que tenía algo de dinero, y le ayudaba, pero después le ha hecho bastante daño, pues ha manejado su obra como quiso. Más adelante, las veces que fui a París ya le vi con ella y Vallejo parecía estar mejor, dormía en una casa y no en un cuartucho. La última vez que vi a César fue cuando vino al Congreso de Escritores por la Paz y contra la Guerra, que se celebró en Valencia, en el 37. Estuvo como siempre. Luego vino a Madrid, solo, a una sesión de guerra que hizo el Consejo. También vino Huidobro; Neruda estaba en España desde el año 33, primero como cónsul de Chile en Barcelona y luego en Madrid, donde se le quiso mucho y protegió a Miguel Hernández.

**–¿Cuándo te dice Neruda que se le olvidaba el idioma, que le mandaran diccionarios?**

–En el año 28. Yo tenía contactos con Pablo desde hacía muchísimo tiempo, porque me escribía cartas por medio de un agregado cultural de la Embajada de Chile, diciendo que le mandara diccionarios y no otra cosa, porque se le olvidaba el idioma. Me trajeron un original de *Residencia en la tierra* que quise publicar, pero no encontré editor, pues a nadie le gustaba nada, ni a la *Revista de Occidente*. Al fin, logré que Pedro Salinas se interesara. Sintió un gran entusiasmo por aquella obra, pero aunque era un poeta mayor que nosotros y tenía mucha amistad con Ortega, no logró que la publicaran. Finalmente, la publicó Bergamín.

### CARPENTIER Y USLAR PIETRI

**–Intelectuales como Miguel Ángel Asturias y Alejo Carpentier tienen un lugar en la vida de Alberti.**

–A Miguel Ángel lo conocí en el año 31, cuando me fui a París con la beca. Allí estaba un escritor venezolano, Uslar Pietri, autor de *Las lanzas coloradas*, un libro muy bueno que ya había sido publicado y traducido. También estaba Carpentier, que aún no era un escritor conocido, aunque ya había publicado en España unos tratados sobre música afrocubana; él era musicólogo y estaba de secretario de una chica argentina muy rica, Elvira de Alvear, que hacía una revista muy buena llamada *Imán*. Hice una gestión para ver si quería publicar *Residencia en la tierra*, y dijo que sí. Le puso un telegrama a Neruda delante de mí diciendo que le mandaba cinco mil francos. Cuando encontré a Neruda más tarde me dijo: «Recibí el telegrama, pero el dinero, nunca». Carpentier tampoco publicó el libro.

**–Hay una figura muy interesante a la que está dedicado el poema *Trece bandas y 48 estrellas:* Juan Marinello.**

–Marinello era un buen escritor, más bien de prosa, teórico. Estaba considerado en Cuba como heredero de Martí. Era un hombre muy bueno, muy santo; la gente le quería muchísimo y la juventud lo adoraba. Cuando estuve en Cuba por primera vez, en el año 38, estaba preso. Yo conocí a Juan Marinello en la cárcel de «La Cabaña», o «El Príncipe», dos viejas cárceles españolas que quedaban de la época colonial. También estaba preso Regino Pedroso, un poeta negro muy bueno. Marinello vino al Congreso de Escritores. También vino Carpentier, que en ese momento había publicado esos libros que hablaban de música afrocubana. Estaba casado con una francesa, su madre era rusa y el padre no sé si francés; él había nacido en La Habana, pero estaba educado en Francia. Tenía un enorme acento francés. Luego trabajó mucho en la televisión y en la radio; muchas veces, en París, fui con él a grabar. Luego, cuando vino la guerra, se fue y estuvo viviendo en Venezuela. Después pasó a Cuba, en la época de Fidel Castro, y se convirtió en el escritor que es. Fue en ese período cuando más trabajó, cuando hizo sus mejores novelas.

Me trajeron un original de *Residencia en la tierra* que quise publicar, pero no encontré editor, pues a nadie le gustaba nada.

### RUMBO A AMÉRICA

**–«*Je quitte l'Europe*, como Rimbaud, pero no para vender caballos y recorrer febriles desiertos. Abandono Europa, mi Europa, para cumplir con mi destino de español errante, de emigrado romero de la esperanza por tierras de América». Esto escribe Rafael. Después del primer exilio en Francia, los Alberti parten rumbo a América.**

–Claro... Tengo que ir primero a la Argentina, donde estoy 24 años, porque estalla la guerra y la geografía se acaba; no tengo pasaporte, estoy 19 años sin pasaporte, no me podía mover más que al Uruguay, así es que tengo que estar 19 años

**Como hice la guerra tan de cerca, me fui muy dolorido, muy empapado de esa España que dejaba, no la pude borrar hasta que volví.**

en Argentina. Sólo una vez me dio permiso la policía para ir a Chile. Estuve con Neruda, que me llevó a las alturas del Machu Picchu. Pero mi geografía entonces se quedó reducida.

**–Deciden instalarse en Argentina, primero provisionalmente en Córdoba y luego, ya con la documentación en regla, en Buenos Aires.**

**Allí se integra en el ambiente cultural. La Editorial Losada publicará sus libros y en 1961 sus obras completas.**

**Cuando en el libro *Abierto a todas horas* escribes que en aquella ciudad fue aquel otoño «más otoño que en todas las ciudades del mundo», ¿a qué te estás refiriendo?**

–Lo escribí desde América. Como hice la guerra tan de cerca, me fui muy dolorido, muy empapado de esa España que dejaba, no la pude borrar hasta que volví. Se me presentaba incorporándola a los países en que vivía, la incorporaba al paisaje argentino, la recreaba en cierto modo. Realmente Franco me torció las raíces, me las dejó al aire y me obligó a hablar de lo que yo tenía tan presente.

**–Y entonces escribe los *Retornos de lo vivo y Baladas y canciones del Paraná*. Por cierto, Rafael, ¿me podría recordar esa canción?**

–Esta canción, que ha sido muy famosa, hecha en el Paraná pensando en España:

Hoy las nubes me trajeron,
volando, el mapa de España,
¡Qué pequeño sobre el río,
y qué grande sobre el pasto
la sombra que proyectaba!

Se le llenó de caballos
la sombra que proyectaba.
Yo, a caballo, por su sombra
busqué mi pueblo y mi casa.

Entré en el patio que un día
fuera una fuente con agua.
Aunque no estaba la fuente,
la fuente siempre sonaba.
Y el agua que no corría
volvió para darme agua.

**–Es la palabra de la añoranza.**

–Pues mira, la nostalgia por la nostalgia considero que puede ser una cosa negativa; pero mi nostalgia era activa, porque en la Argentina he trabajado por España, por los presos.... qué sé yo... Me he movido como un león; pero tenía esta tremenda cosa de España, porque no ha habido destierro (ni Ovidio ni nadie) que haya durado 39 años; 39 años han estado desterrados 500.000 españoles.

**–¿Y se acordaba de España, y se acordaba de Andalucía?**

–Si quieres te leo una balada que es muy bonita.

**–Del andaluz perdido...**

Perdido está el andaluz
del otro lado del río.

–Río, tú que lo conoces:
¿quién es y por qué se vino?

–Vería los olivares
cerca tal vez de otro río.

–Río, tú que lo conoces:
¿qué hace siempre junto al río?

–Vería el odio, la guerra,
cerca tal vez de otro río.

–Río, tú que lo conoces:
¿qué hace solo junto al río?

–Veo su rancho de adobe
del otro lado del río.

–No veo los olivares
del otro lado del río.

Sólo caballos, caballos,
caballos, solos, perdidos...

¡Soledad de un andaluz
del otro lado del río!

¿Qué hará solo ese andaluz
del otro lado del río?

*(Revista América 92 Quinto Centenario)*

# Adolfo Bioy Casares (1914-1999)

## Los honores son pasajeros

### Néstor Norma

Ha sido un escritor privilegiado. Tuvo todo el tiempo para la literatura, dos apellidos de los que dan prestigio, y un círculo de amistades en el que Borges, las hermanas Ocampo, José Bianco y Ernesto Sábato eran algunos de los pesos pesados que le orientaron en la escritura. Fue Borges –siempre Borges– quien le dijo que si quería ser escritor no fuera otra cosa. Entonces dejó el Derecho y se dedicó a escribir. Cuando recibió el premio Cervantes dormía la siesta en un hotel madrileño, y luego no se cansó de repetir que era inmerecido, que no lo esperaba. Elegante siempre, enjuto, con una sonrisa tenue y un punto irónica que ha mantenido cada vez que defiende la narración fantástica sobre la socialrealista, Adolfo Bioy Casares, con 76 años, ha pasado por Madrid como un vendaval, recogiendo premios, honores y halagos.

**–Alguna vez ha dicho que, si un ser crece, no debe temer la vejez. ¿Ésa podría ser su actitud después de los premios obtenidos?**

–Yo dije eso después de escribir *Historias desaforadas*, que era una reflexión sobre los caminos sin salida del hombre.

Lo que quería significar es que la inteligencia puede resolver problemas aparentemente sin solución. La muerte es una situación sin salida. La vejez lleva a la muerte, pero el uso de la inteligencia puede hacer de esa muerte algo no indigno. En cuanto a los premios, trato de no darles más importancia de la que tienen. Hay que gozar de las cosas lindas que nos da la vida y no emborracharnos con los honores, que por lo general son cumplidos pasajeros.

**Resulta difícil saber si su humildad es un gesto de condescendencia o un trato que dispensan los que pisan la gloria. Lo dijo de Borges: «Con su sencillez se ponía a la altura de la gente». Y lo cierto es que ha huido de la parafernalia que rodea a los escritores ávidos de notoriedad.**

▶

–¿Qué es para usted la fama?

–Desde hace tiempo he decidido no darle mucha importancia a la fama. Hay gente a la que gusta hablar de sí misma, o que hablen otros. Yo por lo general suelo tener vergüenza, incluso para cosas tan importantes como la que me ha ocurrido ahora, al ganar el premio Cervantes.

–Y su autobiografía, ¿la ha terminado?

–No. He hecho un primer recorrido, pero no me gustó. Voy a comenzar otro.

–¿Cómo se escribe una autobiografía?

–Utilizando mucho la memoria. La biografía es un relato como cualquier otro. Quizás el único secreto es que hay que saber a quién se le escribe. A veces me dicen que no sólo tengo que escribirle a mi público, sino a los eruditos, a los profesores, y entonces lo que uno hace resulta aburridísimo. Porque a la gente lo que le interesa es cómo repercutió la vida del escritor en los libros, y no datos cronológicos y densos. Y tiene razón.

**Sumergido en la atmósfera de la literatura fantástica, Bioy se mantuvo al margen de la corriente dominada por el compromiso social y político que tanto nos influyó en los años 60 y 70. Aquella actitud reforzó su imagen de escritor intemporal y distante. Eran tiempos de fuerte contestación social. Y una juventud crispada por la urgencia de encontrar soluciones a los graves problemas políticos del momento le arrojó en cara su origen aristocrático y el lujo que suponía mantenerse al margen de lo que ocurría en la calle, encerrado en la torre de marfil de las preocupaciones metafísicas.**

**–¿Considera un privilegio el haber gozado de una tranquilidad económica que le ha permitido escribir lo que ha querido y dedicarse de lleno a la literatura?**

–Desde luego que es un privilegio, porque tardé demasiado tiempo en vivir de mis libros. Aunque en Argentina difícilmente se puede vivir con lo que pagan las editoriales. Por suerte ahora mis libros se tra-

Hay gente a la que gusta hablar de sí misma, o que hablen otros. Yo por lo general suelo tener vergüenza, incluso para cosas tan importantes como la que me ha ocurrido ahora, al ganar el premio Cervantes.

La muerte es una situación sin salida. La vejez lleva a la muerte, pero el uso de la inteligencia puede hacer de esa muerte algo no indigno.

ducen en varios países. El otro día un amigo me dijo que había visto ediciones de los últimos en China y en la URSS, lo que me halagó, por supuesto.

### BORGES Y YO

**De la larga colaboración con Borges, que se extendió a once obras, Bioy dice que ha quedado una hermosa y fructífera enseñanza.**

–Tenga en cuenta que no sólo colaboramos en obras de ficción, sino que incluso hicimos juntos un anuncio sobre las bonanzas dietéticas del yogur, que tuvo bastante éxito, por cierto. Pero el primer cuento en colaboración fue sobre un filósofo sádico holandés que tenía una colonia de vacaciones para niños, y mediante juegos y música los cansaba y los mataba.

**En ese cuento, Bioy y Borges se alternaron escribiendo cada uno un párrafo. Fue la única ocasión, porque después el método se expresó por medio del diálogo e intercambio de ideas, que por lo general luego escribía Bioy.**

–Eran diálogos enriquecedores. Escribíamos jugando– señala.

**–¿Y la afición por las novelas policiales? ¿Predominó en alguno de los dos o tuvieron ambos la misma tendencia?**

–Tanto Borges como yo creíamos que la novela policial era un buen instrumento para contar historias. Una novela policial que no esté bien relatada, fracasa totalmente. Pero, además, el relato policial obliga al escritor a pensar en el lector. Lo cual es un ejercicio indispensable para este género.

### CORTÁZAR Y EL COMPROMISO

**–Cortázar también escribía cuentos fantásticos, aunque tuvo un concepto del compromiso literario distinto al suyo. ¿Es así?**

–Yo respeté siempre la actitud política de Cortázar, aunque no compartía sus ideas. Lo quería mucho. Con él me pasó algo increíble, verdaderamente fantástico. Escribimos un cuento con un personaje similar; una situación casi igual, ambientada en la misma ciudad. En el cuento de Cortázar, que se llama *La puerta sacrificada*, el personaje es un comerciante que llega a Uruguay, se hospeda en un hotel, y no puede dormir porque se lo impiden una mujer y un niño alojados en la habitación contigua. En mi cuento, que se llama *Un viaje o el mago inmortal*, se produce la misma situación con una sola variante: el comerciante no puede dormir por culpa de una pareja que hace el amor. ¿Quiere una cosa más fantástica que esto...?

**Durante mucho tiempo el romanticismo que emanaba de la obra de Bioy fue continuamente derrotado por las corrientes narrativas al uso, en Europa y en esa ciudad culta y cosmopolita que era Buenos Aires. En la Argentina dramática y cambiante de los años 60 no había tiempo para la literatura fantástica. ¿Pero por qué Bioy no y sí Cortázar? A fin de cuentas, Bioy se quedó en Buenos Aires mientras Cortázar vivía en París. Ocurrió que Bioy era la representación de la élite intelectual parapetada en «Sur», cuando Cortázar fue capaz de descender a la tortuosa cotidianeidad con *El libro de Manuel*.**

### CONTRARIO AL PODER

**–¿Qué opinión le merece la actual situación argentina ?**

–No suelo hacer declaraciones políticas. Cada vez que lo he hecho, luego me he arrepentido. En realidad no confío en el poder. En Argentina estamos acostumbrados a vivir en decadencia. Hoy la situación es mala para todos, y no como en otras épocas, cuando sólo afectaba a un sector social. No obstante, hay gente que sigue creando, pese a las dificultades.

**–En América Latina se han producido corrientes literarias comprometidas con una visión del mundo. Así fue cómo Cortázar escribió una obra póstuma favorable al sandinismo, en Nicaragua, y Vargas Llosa se ha postulado a la presidencia del Perú con una orientación política distinta. Usted, a lo largo de su vida, se ha mantenido alejado de esas tendencias filosóficas o políticas. ¿Esto es así? ¿Ha sido una postura deliberada?**

–Tiene que ver con mi rechazo a todo tipo de poder. En ese sentido puede decirse que soy un tanto anárquico. En cuanto al compromiso, creo que los escritores tenemos el compromiso con la veracidad, con la autenticidad.

(Revista *América 92 Quinto Centenario*)

# Carlos Fuentes (1928)

## México en la distancia

Patricia Rojas

No pudimos esperar su llegada a España, y fuimos a su encuentro a Colombia, uno de los países en que ha estado presentando su nueva novela «*Los años con Laura Díaz*» (Alfaguara). El autor de «*La muerte de Artemio Cruz*», pese a vivir desde hace años en Londres, vuelve de nuevo en este libro a ese México suyo, desmesurado y torrencial, del que jamás se ha ido del todo.

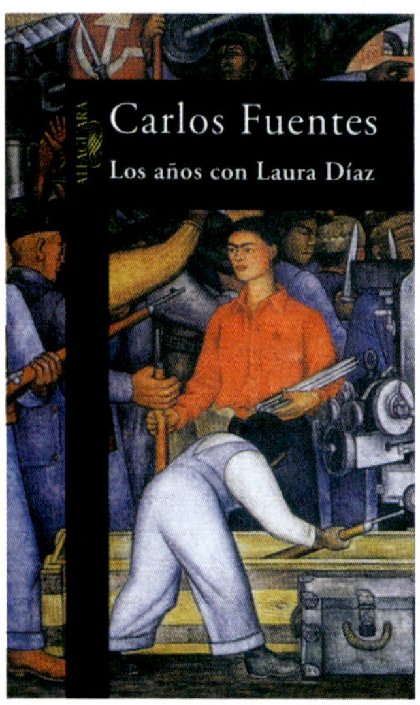


Las doscientas y más personas, que lo escuchan en el Auditorio del Museo Nacional de Bogotá, guardan silencio. Carlos Fuentes empieza su encuentro con el público colombiano cantando, a capella, una típica canción mexicana

> *«Qué lejos estoy del suelo*
> *donde he nacido,*
> *inmensa nostalgia invade*
> *mi pensamiento...».*

Fuentes se lee a sí mismo durante casi una hora. Por momentos levanta la voz y llega a gritar cuando lee lo que le hace decir a Frida Kahlo en su última novela *Los años con Laura Díaz:* «Ayúdame, a reunir todo lo disperso y a darle forma propia; lo feo es el cuerpo sin forma, ayúdame, ¿quieres?».

Sus manos se agitan y su cuerpo se levanta de la silla, hasta que el micrófono no resiste y quiebra su grito. Estonces, Fuentes vuelve a sentarse y sigue en susurros contando cómo la pintora mexicana se recupera del accidente que le partió el cuerpo en pedazos: «Convierto el horror de mi cuerpo herido y mi sangre derramada en mi verdad y en mi belleza, porque sabes, amiga mía, conocernos a nosotros mismos nos vuelve hermosos porque identifica nuestros deseos; cuando desea, una mujer siempre es bella...».

Fuentes fue uno de los protagonistas del *boom* de la literatura latinoamericana de los 60 junto a Gabriel García Márquez, Julio Cortázar y Mario Vargas Llosa. Luego ganó el Premio Cervantes en 1987 y el premio Príncipe de Asturias de las Letras en 1994. Hoy está considerado uno de los más lúcidos e importantes escritores de habla hispana contemporáneos.

*Los años con Laura Díaz* es la historia del siglo XX, contada a partir de la historia de una mujer, Laura Díaz, atravesada por la revolución mexicana, la llegada de los exiliados republicanos españoles de la Guerra Civil y, más tarde, la de los estadounidenses perseguidos por el *maccarthismo.* Y, según el autor, incluye dos homenajes: a sus dos abuelas, por un lado, y a los pintores mexicanos Frida Kahlo y Diego Rivera, por otro. Al terminar la presentación de su libro, en la entrada del auditorio del Museo Nacional, Fuentes había empezado a explicar ambas celebraciones: «Hay una saga familiar autobiográfica que se cruza con la historia del siglo y de la definición de la identidad de un país. Siempre me interesó buscar ese punto de encuentro entre el destino individual y el destino colectivo, es una constante en mis libros».

Y mientras el escritor decía esto al periodista de un canal de televisión, a unos metros, un grupo de estudiantes colombianos de letras, filosofía y cine discutía con pasión sobre las novelas, guiones de cine y ensayos de su autor favorito. «Yo prefiero la serie *La edad del Tiempo,* personajes como el de Aura me han

Fuentes bebe un sorbo de su jugo de mandarinas y comenta que *Los años con Laura Díaz* es una historia que «he ido madurando durante toda mi vida. Hay imágenes que esperan mucho tiempo hasta tomar forma. *Los años...* espera desde mi infancia. Desde muy chico supe que multimillonarios norteamericanos encargaban a pintores mexicanos como Diego Rivera, Orozco o Siqueiros, murales pintados de coloridos carnavales o selvas tropicales. Pero ellos, en cambio, iban y les pintaban motivos proletarios y marxistas. por lo cual, una vez terminado el mural lo cubrían rápidamente de cal y arena.

dejado noches enteras sin dormir», dijo Silvana, –de 24 años, a punto de licenciarse en la Facultad de Letras–, haciendo referencia a la protagonista del audiolibro *Aurora*, editado en 1993.

Al día siguiente, por la mañana, Fuentes aceptó esta entrevista y contestó a las preguntas que siguen con la misma vehemencia con la que leyó pasajes de su libro. Elegante, atildado y mirando fijamente a los ojos, dijo: «La literatura siempre tiene una base en la realidad. Sin embargo, una novela no es una buena novela si se limita a reproducir la realidad».

**¿Cómo nace una novela de Carlos Fuentes?**

¡Qué pregunta! Cómo nace una novela y punto. Bueno, bueno... hay una idea vaga, se toman notas, aparecen algunos personajes, luego un capítulo. Uno se sienta entonces a escribir con un plan preconcebido. Pero un buen día, sucede una cosa maravillosa: la novela empieza a escribirse sola, se escapa del plan. Es el momento más envidiable, el más mágico: uno no sabe cómo una voz desconocida empieza a dictarle a uno algo que nunca pensó antes. Si, tal vez en sueños, pero en sueños olvidados. Los recordados carecen casi siempre de valor. Los otros afloran en la literatura.

Uno se sienta entonces a escribir con un plan preconcebido. Pero un buen día, sucede una cosa maravillosa: la novela empieza a escribirse sola, se escapa del plan.

**¿Y la historia de sus abuelas?**
Las abuelas son las depositarias de la historia familiar. No tienen una memoria total, no tienen la minuciosidad de Proust, pero recuerdan lo esencial. Una de mis abuelas fue maestra e inspectora de escuelas en los inicios de la revolución mexicana; colaboró con la alfabetización de México, un país que en 1920 tenía un noventa por ciento de iletrados. La otra se casó a los 19 años con mi abuelo, de 40. Sin dudas fue mi bisabuela veracruzana la que dio pie a esta novela. Yendo en una diligencia de la Ciudad de México a Veracruz, la asaltaron y ella se negó a sacarse los anillos de boda y compromiso. «Primero me los cortan», les dijo a los bandoleros. Y ellos, con un machete, le cortaron los tres dedos.

## EL ESCRITOR

*Los años...*, dice Fuentes, «es la contracara de *La muerte de Artemio Cruz*», la novela que publicó en 1962 y que le valió el reconocimiento internacional.

**¿En qué sentido son historias opuestas?**
La de Artemio Cruz era la historia de un macho mexicano en medio de la revolución. Un hombre que, después de acumular mucho poder en los negocios y en la política, agoniza mientras el país se está creando. Laura, en cambio, es una mujer que se construye a sí misma y se abre paso en un mundo machista a medida que el país se desintegra, especialmente a partir de la matanza de estudiantes en la Plaza de las Tres Culturas, en Tlatelolco, el 2 de octubre de 1968, donde muere su nieto.

**En estos días, ¿México se desintegra o se construye?**
Ambas cosas. La democracia está ahí pero en peligro, como en toda América Latina, porque si la democracia no da frutos, la gente va a impacientarse y va a pedir mano dura, un Hugo Chávez en Venezuela, un Fujimori en Perú. No en todos los países pasa lo mismo: en muchos sabemos que un hombre fuerte no resuelve nada.

**En ese contexto, ¿qué responsabilidad tienen los intelectuales?**
No hablemos de intelectuales, sino de escritores. La ausencia de organizaciones sociales y la pobreza de la sociedad civil han llevado a los escritores, a veces, a asumir posiciones políticas definitivas. Pablo Neruda fue un ejemplo. Pero habiéndose ganado la batalla de la democracia, le corresponde a la sociedad civil manifestarse por ella misma. Y ahí los escritores pasamos a ser ciudadanos.

> La latinidad es la diversidad que somos. Primero fue el turno de la definición de las identidades, ahora es el de aceptar las diversidades.

**¿Cuál sería, entonces, la responsabilidad de un escritor?**
La responsabilidad es con la imaginación y el lenguaje. Si usted le quita la imaginación y el lenguaje a una sociedad, esa sociedad se derrumba, como pasó con la Alemania de Hitler o la Rusia de Stalin. Nuestro desafío es aceptar la diversidad. La latinidad es de una identidad mestiza.

**¿Cómo explica esa latinidad?**
La latinidad es la diversidad que somos. Primero fue el turno de la definición de las identidades, ahora es el de aceptar las diversidades. *Los años...* cuenta el siglo XX, que es el siglo donde se definió la identidad mexicana, como en casi todos los pueblos latinoamericanos.

**¿Qué había detrás del problema de la identidad?**
Muchos pueblos latinoamericanos creíamos, en el siglo pasado, que éramos otra cosa. Nos pensabamos como repúblicas ideales, democracias instantáneas. Yo les digo repúblicas Nescafés. Esperábamos llegar por arte de magia al progreso, la libertad y la democracia. Ayer les leía un pasaje sobre las vidas de Frida Kahlo y Diego Rivera, dos ejemplares de la creatividad que surgió de la revolución. Ellos fueron autores, con otros, de la revelación de la identidad mexicana. Después de ellos ya no podemos insistir más en qué cosa es nuestra identidad. La revolución nos sacó la careta ilustrada afrancesada que usábamos en el siglo XIX. Hay una gran foto de los zapatistas sentados en el lugar más exclusivo de México, que es el Museo de los Azulejos. Allí, Emiliano Zapata con su gran sombrero, su mirada feroz, toma café en el lugar reservado para la aristocracia. Eso fue la Revolución mexicana».

EL OBSERVADOR

Fuentes es polémico. En 1971 rompió relaciones con Fidel Castro a raíz del caso Padilla y renunció a la embajada mexicana en París cuando el ex presidente Gustavo Díaz Ordaz fue nombrado embajador de su país en Madrid. No quiso compartir cargo diplomático con el responsable de la matanza de los estudiantes de Tlatelolco. En 1994, cuando el Subcomandante Marcos le envió una carta «desde las montañas de Chiapas» para sumarlo a la causa indígena, Fuentes le contestó: «¿No tenían ustedes más camino que las armas?». Este año suavizó un discurso hacia los zapatistas y lo endureció contra el PRI, el partido oficialista mexicano: «¿Por qué se tilda de delincuentes a los zapatistas y se trata como púdicas doncellas a los terratenientes que explotan Chiapas con impunidad? ¿Leyó el presidente (mexicano) Ernesto Zedillo en la revista *Time* que es un "presidente derretido"?», se pregunta en su sitio personal en Internet. En Colombia, es categórico con respecto a las viejas dictaduras latinoamericanas.

¿Por qué se tilda de delincuentes a los zapatistas y se trata como púdicas doncellas a los terratenientes que explotan Chiapas con impunidad?

**Usted vivió entre sus 11 y 15 años en Chile. En el boletín del Instituto Nacional de Chile publicó sus primeros escritos. Nunca fue imparcial con la política chilena, ¿cuál es su opinión con respecto al actual juicio contra el ex dictador Augusto Pinochet?**
No se puede olvidar. Los responsables de todas las dictaduras de América latina tienen que responder por sus crímenes. Y si la justicia interna de un país latinoamericano no puede enjuiciar a esos personajes, creo que un juez como Baltasar Garzón está perfectamente autorizado para hacerlo. A partir de un juicio a Pinochet asistimos a la universalización de los derechos humanos y a una convicción de que los crímenes contra la Humanidad son imprescriptibles. No importa cuándo sucedieron.

**Usted escribe de México fuera de México, ¿por qué?**
Vivo en Londres y es allí donde puedo escribir; en México es muy

Diego Rivera: *El pan nuestro*

difícil. Los horarios son temibles: las comidas son de tres a seis de la tarde, las cenas empiezan a las diez de la noche y terminan a las dos de la mañana. Y luego, ¡los desayunos políticos son a las ocho de la mañana! ¿Usted me puede decir a qué hora escribir? Uno termina con jaqueca, insomnio. Además, la altura de la ciudad, la polución, la dificultad para desplazarse en automóvil, ¡ay, no! En cambio me encierro en mi apartamento londinense, doy gracias a que llueve el día entero, la comida es bastante mediocre –en los restaurantes no cocinan mejor que yo–, la gente es bastante fría y cuando tienes una invitación te la han propuesto dos meses antes y a nadie se le ocurre, como en México, llamar a cualquier hora para decir: «Ey, ¿vamos a comer algo?».

Y a la vez estoy en una gran ciudad como Londres con opciones magníficas para escuchar música, ver películas, ir a excelentes bibliotecas. Ni en París ni en Madrid ni en Buenos Aires podría vivir... tendría demasiadas solicitudes.

**¿Por qué mezcla personajes de ficción con personajes reales?**

No importa si son ficcionales o reales, prefiero los personajes que generan conflictos. Pero debo decir que desde que leí *El Quijote*, me atraen los personajes de la vida real. Ahí aparece el bandido Roque Guinart, un contrabandista que verdaderamente existió en la España de Cervantes. Me fascina la transfiguración de personajes reales en literarios. Un seminarista que se llamaba Julián mató a su amante en una iglesia de Francia; pues bien, Stendhal lo tomó como tema para su novela *Rojo y Negro*. Una señora se envenenó a sí misma en una provincia francesa porque no podía pagar sus deudas; fue la *Madame Bovary* de Gustave Flaubert, cosa que no sabemos si hubiera sucedido si en aquellos tiempos hubiera existido la tarjeta de crédito. Yo tengo personajes disfrazados. Y otros tantos reales.

Fue aquí en Colombia donde transcendió el tema de la próxima novela de Fuentes: la vida del fallecido guerrillero Carlos Pizarro, ex comandante del mítico M-19.

**¿Es cierto que un personaje real sería el protagonista de su próxima novela?**

*Los años...* es mi última novela de este siglo porque ya no hay tiempo para otra. Aún no sé qué camino tomarán las entrevistas que realicé a la familia Pizarro. La del guerrillero es una historia dramática y espectacular que hay que contar.

No importa si son ficcionales o reales, prefiero los personajes que generan conflictos. Me fascina la transfiguración de personajes reales en literarios.

## EL HOMBRE

Antes de irse de Colombia, Fuentes habló horas por teléfono con su amigo Gabriel García Márquez, resguardado en su casa bogotana después de un largo viaje por Europa y aquejado de una especie de viruela. Apenas pisó Buenos Aires, se entrevistó por radio con la periodista Silvia Hopenhayn, quien por la noche presentó *Los años...* en la Feria del Libro porteña. Fuentes recorrió Buenos Aires, se fue a Uruguay y volvió a Buenos Aires. Fue después de cruzar el Río de la Plata cuando recibió la noticia de la muerte de su hijo Carlos Fuentes Lemos, de 26 años, en Puerto Vallarta, un balneario de la costa Occidental de México. Fotógrafo y cineasta, nacido en París, el muchacho –el único varón de sus tres hijos–, estaba terminando de filmar su primera película, *Gallo de pelea*. El diario porteño *La Na-*

*ción,* del cual Fuentes es columnista habitual, publicó una pequeña nota donde decía que el joven había muerto «por un infarto pulmonar».

Padre e hijo habían publicado juntos, el año pasado, el libro *Retratos en el tiempo.* Ahí, el padre aprovechaba las fotografías que había hecho el hijo a sus amigos. Contaban intimidades propias y ajenas. El hijo había disparado fotos entre sus 13 y 19 años. El padre las miraba y escribía. Norman Mailer era «el Atila de las letras norteamericanas». La inteligencia de Susan Sontag lo intimidaba. «Rara vez me sucede que no me atreva a decir una palabra por temor a extremar una estupidez. Susan me paraliza», escribió. El escritor alemán Günter Grass y sus dos salas contiguas: en una escribe y en otra pinta. «Entre el dibujo y la escritura, hay la palabra dicha. Günter habla, dice sus libros antes de escribirlos», razonó Fuentes padre. El hijo Fuentes Lemos había disparado cuando el alemán encendía su cigarro.

Casi al final de la entrevista en Colombia, doce días antes de la muerte de su hijo, Carlos Fuentes había dicho que «un hombre satisfecho es un bobo; el día que uno pierde esa insatisfacción permanente que lo moviliza y lo hace sujeto de deseo, se convierte en un vegetal».

Faltaba poco para el mediodía. Le avisaron que tenía que partir, pero se quedó. Repitió que la historia de *Los años...* esperaba en su memoria desde su infancia y dijo: «es la conciencia de la propia muerte y la muerte de los seres queridos lo que no nos deja satisfechos. Y la muerte es inevitable». En honor de sus muertos ha escrito *Todas las familias felices*, su última novela.

*Qué leer*

# ¿La muerte de los periódicos?

## En EE UU los diarios "on line" han aumentado su cotización un 70% en lo que llevamos de año, con un crecimiento respecto a 2005 del 35%, por sólo un 1,8% de los de papel.

JULIO BALDEÓN BLANCO. NUEVA YORK.

Sostiene Philip Meyer, autor de *The Vanishing Newspaper*, que 2043 será el último año de la prensa escrita. Exhaustos por la competencia *online,* los diarios perecerán a favor del universo digital. Se habrán suicidado porque el prestigio no dará para más. La estampa de un lector detenido ante el quiosco, consultando un almanaque de tinta recién exprimida, será una sombra. Desde que el mundo disminuyó su horizonte gracias a Internet, el número de gente que prefiere informarse a partir de éste continúa multiplicándose. Según los últimos estudios, o al menos eso afirmaron los expertos contratados para escrutar los insondables deseos ciudadanos, la gente quiere que el periódico les diga "qué hacer para enriquecerse y, por la tarde, dónde ir al cine". O sea, que más allá del teletipo informativo, la clave podría radicar en un periodismo impreso centrado en lo local; cuanto más, mejor. La política internacional, los grandes debates y otros asuntos considerados de capital importancia podrían interesar poco.

Polémicas aparte, en EE UU los diarios *on-line* han aumentado su cotización un 70% en lo que llevamos de 2006, con un crecimiento respecto a 2005 del 35%, por sólo un 1,8% referido a sus hermanos de imprenta. Si al naufragio entre los jóvenes sumamos el hecho de que los periódicos digitales ofrecen sustanciosas rebajas logísticas –sobran las máquinas y el papel, también las distribuidoras, etcétera–, la tendencia parece imparable. Los más optimistas hablan de una nueva democracia construida entre los periodistas y sus lectores, erigidos en contrapoder gracias a la proliferación de las bitácoras. Lo que nadie se atreve a afirmar es que esos *blogs,* hoy demasiado teñidos de egotismo, abandonen la pose estéril, de diálogo con el espejo, para asomarse al mundo.

*El Mundo*

## 1. Realice las tareas siguientes.

1. ¿Qué es lo más importante, lo que tiene valor supremo en la vida para Vicente Aleixandre?
2. ¿Cuál fue el momento más decisivo en su vida como autor?
3. ¿Qué cree que "ve" Jorge Luis Borges desde su ceguera, a través de la "niebla luminosa"?
4. ¿Qué opina el autor argentino con respecto a la vida, la muerte y el tiempo? Comente su visión filosófica.
5. ¿Qué importancia tiene para Miguel Delibes el género epistolar?
6. Enumere los "temas clave" que trata Rosa Chacel en sus libros, los elementos fundamentales de su obra?
7. "Realmente Franco me torció las raíces, me las dejó al aire y me obligó a hablar de lo que yo tenía tan presente". Analice el sentimiento de añoranza que le embarga a Rafael Alberti fuera de su tierra. ¿Qué provoca el dolor nostálgico en su expresión artística?
8. Comente la postura de Adolfo Bioy Casares en cuanto a la inteligencia y "los caminos sin salida" del hombre. ¿En qué consiste, según él, el compromiso de un escritor, su responsabilidad?
9. "Un hombre satisfecho es un bobo; el día que uno pierde esa insatisfacción permanente que lo moviliza y lo hace sujeto de deseo, se convierte en un vegetal". ¿Cuál es el sentido, la fuerza motriz de la vida, en palabras de Carlos Fuentes?
10. Exponga su opinión sobre "la muerte de los periódicos" y la lectura on-line.

## 2. Complete las oraciones siguientes con las expresiones dadas en el recuadro.

| | |
|---|---|
| *a raíz de* | *a medias* |
| *a mi/tu/su libre albedrío* | *a través de* |
| *en regla* | *en virtud de* |
| *del todo* | *de repente* |
| *a domicilio* | *de lleno* |

1. Estoy muy contenta del servicio de esta empresa, te lo llevan todo ____________, sin gastos.
2. Estábamos todos en clase escuchando al profesor cuando, ____________, entró el Director y nos comunicó la mala noticia del accidente.
3. ____________ de las nuevas normas del Ministerio de Educación, los alumnos del último grado de Bachillerato tienen que presentarse a exámenes obligatorios de aptitud.
4. Él nunca nos hacía caso, obraba siempre ____________ .
5. Ayer, ____________ de un correo electrónico, me comunicaron que tenía que entregar los papeles antes del día 21 de mayo.
6. Claro, te gusta tenerlo todo ____________, porque si no, te van a poner una multa.
7. Mis hermanos se dedicaron __________ a esta empresa y, en pocos años, se hicieron muy ricos.
8. Le gustaba mucho hacer las cosas ____________, nunca las acababa del todo.
9. ____________ las discusiones de la última reunión, ayer el jefe nos convocó otra vez.
10. Vuestras palabras no nos convencieron ____________, no estaban muy claras.

## 3. Formación de palabras. A partir de los verbos siguientes, forme por derivación las palabras que sean posibles.

*Modelo:* *refugiar: refugio (s. m.), refugiado,a*

1. alimentar____________________
2. destruir____________________
3. sufrir ____________________
4. alabar____________________
5. difundir ____________________
6. posar ____________________
7. abordar____________________
8. aniquilar ____________________
9. empapelar____________________
10. estimular ____________________

## 4. La prefijación. Siguiendo el modelo, escriba el significado del prefijo en las palabras que se adjuntan y componga una frase.

| | |
|---|---|
| **re**construir | indica "repetición": construir de nuevo. |
| **re**lucir | significa "intensificación": emitir una luz intensa, brillar, resplandecer. |
| **re**percutir | indica "movimiento hacia atrás": producir eco, retroceder, cambiar de dirección. |
| **re**pugnar | indica "negación", "oposición": rehusar, negar, contradecir. |
| **requete**bién | con adverbios y adjetivos señala "reforzamiento" del valor de intensificación añadiendo las sílabas -quete: muy bien. |

1. recubrir ______________________
2. reconocer ______________________
3. reaparecer ______________________
4. reagravar ______________________
5. rechazar ______________________
6. recompensar ______________________
7. refluir ______________________
8. requeteguapo ______________________
9. recargar ______________________
10. reorganizar ______________________

## 5. La sinonimia. Relacione los adjetivos de la columna A con sus voces sinónimas de la B y escriba una oración con cada una de las palabras de la columna A.

| A | B |
|---|---|
| 1 recluido | a recuperado, restaurado, reintegrado. |
| 2 atildado | b pésimo, inaceptable, de mala calidad. |
| 3 mermado | c encerrado, encarcelado, aislado. |
| 4 recobrado | d torcido, serpentino; solapado, cauteloso. |
| 5 silente | e tranquilo, silencioso, sosegado. |
| 6 entrañable | f precipitado, impetuoso; violento. |
| 7 infumable | g pulcro, elegante, impecable. |
| 8 tortuoso | h sagaz, perspicaz, inteligente; claro. |
| 9 lúcido | i íntimo, afectuoso, cordial, compasivo. |
| 10 arrebatado | j bajado, disminuido, consumido. |

## 6. Rellene los espacios en blanco con las palabras del recuadro en la forma que exija la oración.

| | |
|---|---|
| *rotundidad* | *refutación* |
| *arribista* | *resquicio* |
| *estupefacción* | *fervor* |
| *susurro* | *entorno* |

1. Cuando le comunicamos la noticia, puso cara de __________, no podía creerlo.
2. __________ de tu negativa me tiene preocupada.
3. El entusiasmo, el verdadero __________ que siempre hemos tenido por todo lo relacionado con la ciencia, nos ayudó a realizar nuestras investigaciones en esta área.
4. __________ de sus declaraciones por parte de sus colegas, totalmente opuestas a su punto de vista, le hizo presentar la renuncia.
5. En aquel momento se le proporcionó __________ muy favorable para conseguir sus objetivos.
6. No me gusta nada tu __________, son unos chicos que se pasan todo el día escuchando música, hablando de tonterías, jugando, y no van a clase, eso no puede ser.
7. El novio de su hija es un verdadero __________, no tiene ni el menor escrúpulo en pasar por encima de quien sea con el fin de conseguir un mejor puesto de trabajo.
8. Le gustaba descansar en medio de la tranquilidad del bosque, escuchar el leve __________ del arroyo cercano y el gorjeo de los pájaros.

tve
Eliminar

ATLAS
IB3
TELEMADRID
ONDA MADRID 101.3 FM 106
tve

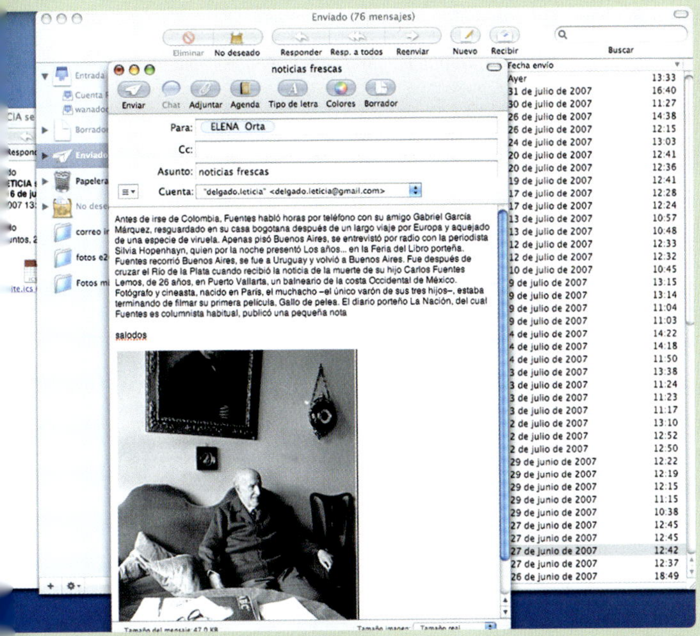

# La radio, la prensa y la televisión

## ESQUEMA GRAMATICAL 1

### Anglicismos enraizados en la estructura del español

| | |
|---|---|
| *Adicción:* | afición excesiva a algo. |
| *Agresivo:* | dinámico, emprendedor. |
| *Airear:* | ventilar. |
| *Anticipar:* | prever, barruntar. |
| *Aparente:* | evidente, notorio. |
| *Apología:* | defensa. |
| *Apreciable:* | considerable, cuantioso. |
| *Arruinar:* | estropear. |
| *Asumir:* | hacer propio. |
| *Automoción:* | automovilismo. |
| *Bloque:* | manzana de casas. |
| *Boom:* | auge súbito. |
| *Cliquear:* | hacer clic al presionar un botón del ratón del ordenador. |
| *Copia:* | ejemplar. |
| *Chatear* | conversar a través de Internet. |
| *Chequear:* | comprobar, controlar. |
| *Detective:* | investigador privado. |
| *Discernible:* | evidente. |
| *Doméstico:* | interior, nacional. |
| *Evento:* | acontecimiento, suceso. |
| *Evidencia:* | prueba de un delito. |
| *Factoría:* | fábrica. |
| *Impacto:* | consecuencia, efecto. |
| *Indiscriminado:* | indistinto. |
| *Incentivar:* | estimular, incitar. |
| *Inseminación:* | fecundación. |
| *Navegar:* | pasar de una página de Internet a otra. |
| *Polución:* | contaminación. |
| *Sorpresivo:* | sorprendente. |

## 1. Forme derivados de estos verbos y utilícelos en las frases siguientes.

1. El ___________ de la fecha de la boda puso a toda la familia en guardia.
2. El ___________ de la película tuvo lugar a bombo y platillo.
3. El __________ de los días pasados en compañía de Pedro me servía de __________.
4. El Rector anunció el ___________ de las clases para primeros de octubre.
5. El ___________ del jurado produjo comentarios dispares.
6. El ___________ que ha tomado el asunto no me gusta nada.
7. El ___________ de la deuda contraída no tendrá lugar hasta el mes que viene.
8. El ___________ anunciado para las veinte horas ha sufrido un retraso: saldrá a las veintidós horas.
9. La selección nacional de fútbol tuvo un ___________ que nadie esperaba.
10. El ___________ de los ordenadores no es fácil.

*manejar*
*tropezar*
*girar*
*estrenar*
*anunciar*
*pagar*
*recordar*
*comenzar*
*fallar*
*consolar*
*volar*

## 2. Tache las formas que considere incorrectas.

1. A la hora de repartir el premio, a cada uno *le/lo* toca la *duodécima/doceava* parte.
2. Necesito hablar con alguien que *entiende/entienda* de informática.
3. Robaron en la casa que *hubo/había* comprado meses antes.
4. Me encargaron que les *llevase/lleve* un recuerdo de Santander.
5. Cuando lo cogió, no supo qué hacer con *él/ello.*
6. Las cuevas *que/las cuales/las que* están en Santillana no *puede/pueden ser visitadas/pueden visitarse.*
7. Nos dijeron que el avión *traerá/traería* retraso por la avería que tuvo ayer.
8. Se te *buscan/busca* para que *les/los* ayudes.
9. Andrés no conoce tu dirección y me pidió que se *le/la escribiría/escribiese.*
10. Me *has/tienes* harta con tanta pregunta: no descansaré hasta que te *calles/callarás.*

## Refranes españoles

- *Nunca falta un roto para un descosido.*
- *Ojos que no ven, corazón que no siente.*
- *Perro ladrador, poco mordedor.*
- *Piensa mal y acertarás.*
- *Poderoso caballero es don dinero.*
- *Primero es la obligación que la devoción.*
- *Quien canta, sus males espanta.*
- *Quien da pan a perro ajeno, pierde pan y pierde perro.*
- *Quien da primero, da dos veces.*
- *Quien mal anda, mal acaba.*
- *Sarna con gusto no pica.*
- *Tras la tempestad viene la calma.*
- *Unos cardan la lana y otros llevan la fama.*
- *Unos nacen con estrella y otros nacen estrellados.*

## ESQUEMA GRAMATICAL 2

### Derivación

Sustantivos terminados, en **-o** derivados de verbos:

- abusar *abuso.*
- desalojar *desalojo.*
- esbozar *esbozo.*
- extraviar *extravío.*
- fallar *fallo.*
- iniciar *inicio.*
- llorar *lloro.*

### 3. Tache las formas que considere incorrectas.

1. *Estaba/Estuvo* en Francia dos años y *regresó/regresaba* a España.
2. *Quisiese/quería/querría* ver esos zapatos del escaparate.
3. *Vive/Vivía/Vivió* toda una vida en Inglaterra.
4. El lunes *estuve/estaba/he estado* con Noelia en la playa.
5. Si *vendrán/vengan/vienen* mañana, nos *traían/traerán* un regalo.
6. Se *enfadará/enfadaría/enfadaba* mucho si lo *sabría/supiera.*
7. La conferencia *es/está* en el Paraninfo; *estaré/seré* allí a las siete.
8. *Estamos/Somos* diez; *queríamos/quisimos* una mesa para cenar.
9. El libro, que *escribiera/escribirá/escribía* tu padre, está hoy en todas las librerías.
10. Este chico *es/está* un sucio: mira cómo se *ponía/ha puesto.*

### 4. Tache las formas que considere incorrectas.

1. El *cónyuge/la cónyuge* destruyó el documento del notario.
2. Va a prestar declaración María, que es *la última testigo/el último testigo/la última testiga.*
3. *La primera ministro/La primer ministro/La primera ministra* hablará en el Congreso.
4. *El médico/La médica/La médico* es la señora que ha visto al recién nacido.
5. Preguntan a la *juez/jueza* si se considera *capaz/capaza* de actuar como *portavoz/portavoza.*
6. En este dictado *hay/son/están* muchas faltas de ortografía.
7. *Soy/Estoy* estudiando Filosofía *en/a* la Universidad de Santiago.
8. *Haz/Has* el favor de no volver a colocarte *delante de mí/delante mío.*
9. Estoy seguro *que/de que* Juan no *ha/haya* leído más de cinco libros.
10. Cogió un palo y *le/la* golpeó con *él/ello.*

## ESQUEMA GRAMATICAL 3

### Palabras de distinto significado según se escriban con *s* o con *x*

| | | | |
|---|---|---|---|
| *Espiar* | (observar con disimulo) | *Expiar* | (pagar una culpa) |
| *Esotérico* | (oculto, misterioso) | *Exotérico* | (corriente, vulgar) |
| *Estirpe* | (linaje) | *Extirpe* | (v. extirpar) |
| *Estática* | (inmóvil) | *Extática* | (arrobada) |
| *Espolio* | (bienes que un prelado deja al morir) | *Expolio* | (despojo con métodos violentos) |
| *Espira* | (línea en espiral) | *Expira* | (v. expirar) |
| *Esplique* | (trampa para pájaros) | *Explique* | (v. explicar) |
| *Contesto* | (v. contestar) | *Contexto* | (forma de un texto) |
| *Testo* | (v. testar) | *Texto* | (cojunto de palabras) |
| *Seso* | (cerebro) | *Sexo* | (macho o hembra) |

**5. Señale la palabra correcta.**

1. Los niños *espiaban/expiaban* desde lejos todos sus movimientos.
2. En este asunto te has precipitado: has obrado con poco *sexo/seso.*
3. En un pueblo riojano todos estaban orgullosos de su *estirpe/extirpe.*
4. La película era de lo más *esotérica/exotérica,* sobre todo por su lenguaje enrevesado.
5. Tu hijo ha quedado *estático/extático* ante la aparición de tanto juguete.
6. Los guerrilleros han practicado sistemáticamente el *espolio/expolio* en todos los pueblos.
7. El mes que viene *espira/expira* el plazo para presentar la declaración de la renta.
8. No puedes interpretar esas palabras prescindiendo de su *contexto/contesto.*
9. Es inútil que Tomás nos lo *esplique/explique:* está clarísimo.
10. He estado hojeando el *testo/texto* de tu discurso.

## ESQUEMA GRAMATICAL 4

### Incorrecciones más frecuentes en el uso del gerundio

| | |
|---|---|
| *Llegó* sentándose *a mi lado.* | *Llegó* y se sentó *a mi lado.* |
| *Trajo una maleta* conteniendo... | *Trajo una maleta* que contenía... |
| *Se ha publicado una orden* disponiendo... | *Se ha publicado una orden* que dispone... |
| *El asesino huyó,* siendo *detenido.* | *El asesino huyó* y fue *detenido.* |

**6. Sustituya por la expresión adecuada los gerundios que estén incorrectamente empleados.**

1. El coche dio varias vueltas de campana, *matándose* los ocupantes.
2. La ley *prohibiendo* la venta ambulante es reciente.
3. Empezó a correr con frenesí, *descansando* al momento.
4. Antonio cree que *durmiendo* todo el día vivirá más.
5. Consuelo anda *planeando* un viaje con su hija.
6. Sufrió un accidente, *muriendo* poco después.
7. Nieves se aprendió la lección *repitiéndola* con ahínco.
8. Juan Pérez nació en 1917, en Puebla, siendo hijo de Concepción y Emiliano.
9. Javier dormía *pensando* en ella.
10. Los niños corrieron velozmente, *perdiéndose* de vista.

## 7. Ponga en gerundio el verbo que está entre paréntesis, siempre que sea correcto.

1. Tuvo un accidente, *(matarse)* ___________.
2. Empezó a comer mucho, *(sentarse)* ___________ a la mesa.
3. Anda *(estudiar)* ___________ la posibilidad de abrir un bar.
4. Estaba tan enamorado que dormía *(pensar)* ___________ en ella.
5. El ladrón fue descubierto, *(ser)* ___________ detenido.
6. Arturo entró en casa, *(abalanzarse)* ___________ sobre el espejo.
7. Se ganan la vida *(vender)* ___________ flores.
8. Guillermo se distrae *(podar)* ___________ los árboles del jardín.
9. El pobre animal está *(morir)* ___________.
10. Las niñas estuvieron todo el día *(jugar)* ___________ a las muñecas.

## 8. Sustituya el gerundio por otra expresión que tenga el mismo significado.

1. Lo hice *teniendo* mucha paciencia.___________
2. Habla mucho *intentando* que le escuchen. ___________
3. El público estaba en el estadio *esperando* que el atleta pulverizara el récord.___________
4. Estuvo en su casa *atendiendo* las llamadas del teléfono. ___________
5. Se ha marchado *aduciendo* una enfermedad misteriosa. ___________
6. Conduce a mucha velocidad, *exponiéndose* a un fuerte contratiempo. ___________
7. Lo consiguió *realizando* muchos esfuerzos.___________
8. Aprendió todo *estudiando* la lengua a fondo.___________
9. Pasó la tarde *entrenándose,* intentando estar en forma. ___________
10. Fernando ha estado *cazando* y volverá no sé cuándo. ___________

## ESQUEMA GRAMATICAL 5

### La voz pasiva y sus posibles sustituciones

**1.** Cuando la frase tiene por sujeto un nombre de cosa, el español, en vez de la pasiva con **ser**, prefiere la pasiva refleja con **se**:

*Ha sido vendido todo el trigo.* — *Se ha vendido todo el trigo.*

**2.** Si el verbo pasivo está en infinitivo, se puede sustituir por el nombre abstracto correspondiente:

*Me duele ser despreciado por ti.* — *Me duele tu desprecio.*

**3.** También puede sustituirse el participio pasivo por un sustantivo, conservando el verbo ser, aunque cambie el tiempo:

*El libro ha sido escrito por mí.* — *Yo soy el autor del libro.*

## 9. Sustituya la voz pasiva *(ser* + participio*)* por cualquiera de las formas posibles.

1. Los pájaros *fueron ahuyentados* por el ruido de la escopeta. ____________________
2. El dictador no temía *ser despreciado* por su pueblo. ____________________
3. El asunto de la inmobiliaria *fue* al fin *descubierto.* ____________________
4. La casa *fue destruida* por las llamas. ____________________
5. El profesor tiene que *ser respetado* por sus alumnos. ____________________
6. Ángel temía *ser odiado* por sus compañeros. ____________________
7. El libro *ha sido publicado* el año pasado. ____________________
8. Luis *es estimado* por los alumnos. ____________________
9. El autor del delito teme *ser castigado.* ____________________
10. Este año *será visto* el cometa Halley. ____________________

## 10. Convierta en pasivas las siguientes oraciones.

1. El director de deportes *impuso* la medalla a los atletas ganadores.
2. La dirección general *corrigió* los errores que aparecieron en el fax y en el correo electrónico.
3. Unos desconocidos *robaron* el coche de Celia.
4. Los carpinteros *arreglaron* la mesa del despacho en una tarde.
5. La policía municipal *multó* a los que desobedecieron sus órdenes.
6. La empresa *agotó* sus propios recursos.
7. Noelia *corta* el pan con el cuchillo.
8. Los automovilistas *corrieron* un gran peligro.
9. Se *espera* la llegada del cantante, al que *recibirá* el alcalde.
10. Imagino que *leerás* la novela que *he escrito* el mes pasado.

## 11. Ponga en la forma adecuada el verbo que está en infinitivo.

1. Es inadmisible que los precios *(subir)* __________ tanto, a pesar de que los de los carburantes *(estar)* __________ bajando.
2. Como Jorge *(comprar)* __________ un perro, yo *(irse)* __________ de casa mañana mismo.
3. Si el día *(tener)* __________ más horas, *(acabar)* __________ el trabajo que tengo entre manos.
4. Salvo que él *(decidir)* __________ lo contrario, hoy no *(llegar, nosotros)* __________ a Zaragoza.
5. Ven antes de que *(finalizar)* __________ el partido de fútbol.
6. Acaso él no *(atreverse)* __________ a decirle lo que le tiene que decir.
7. A pesar de que tu primo *(ser)* __________ muy bruto, tenía amigos entre los ciudadanos.
8. Todavía no ha aprendido a tocar el piano, y eso que *(tener)* __________ un profesor particular.
9. Si alguien pregunta por mí *(decirle, tú)* __________ que estoy en una asamblea.
10. Ella no volverá a casa, excepto si tú *(pedirle)* __________ que *(regresar)* __________.

## *12.* Ponga en la forma adecuada el verbo que está en infinitivo.

1. El correo funciona de mal en peor; de ahí que *(decidir, yo)* __________ telefonearte.
2. No era tan ingenuo que *(ignorar)* __________ lo que sus compañeros tramaban.
3. No éramos tan incompetentes que no *(saber)* __________ resolver los asuntos.
4. Habéis cobrado el sueldo; así que *(poder)* __________ estar satisfechos.
5. Ojalá nos explique el tema de forma que lo *(comprender)* __________.
6. Estoy seguro de que Julia no beberá más de lo que *(poder)* __________ aguantar.
7. No era tan ingenuo que no *(saber)* __________ lo que se estaba desarrollando a sus espaldas.
8. Haremos el encargo de la manera que tú *(preferir)* __________.
9. Ha sido el mejor alcalde de cuantos *(tener)* __________ la ciudad.
10. Era tan inteligente como nosotros *(presuponer)* __________.

## *13.* Ponga en la forma adecuada el verbo que está en infinitivo.

1. Ojalá me dieran el trabajo porque *(tener)* __________ un buen currículum y no porque mi padre *(ser)* __________ el director de la empresa.
2. Pásate por casa, que *(querer, yo)* __________ devolverte el coche.
3. El cliente, ya porque el mueble *(ser)* __________ caro, ya porque no *(gustarle)* __________, se marchó sin comprarlo.
4. Puesto que aquí no *(haber)* __________ nada que hacer, me marcho.
5. Como él *(ver)* __________ que te quedabas callado, decidió intervenir en tu favor.
6. Estáte tranquilo, que ahora *(venir)* __________ lo mejor.
7. Podemos instalar industrias de nuevo cuño sin que por ello *(aumentar)* __________ la contaminación.
8. Lo comprendo todo, excepto que Ana nos *(traicionar)* __________.
9. Consiguieron allanar el chalé sin que la policía lo *(advertir)* __________.
10. Fuera porque los fumadores *(asfixiarse)* __________, fuera porque él *(estar)* __________ cansado, lo cierto es que estuvo sin fumar durante toda la velada.

## Locuciones verbales

- *Echarlo todo a perder.*
- *Echarse a dormir.*
- *Echar una cana al aire.*
- *Escurrir el bulto.*
- *Estar como pez en el agua.*
- *Estar hecho polvo.*
- *Estar hecho un cielo.*
- *Hablar por los codos.*
- *Ir al grano.*
- *Ir demasiado lejos.*
- *Jugarse la vida.*
- *Pedir peras al olmo.*

# 9 La configuración del ocio

## El atlas de Europa siempre se queda viejo. Hermann Tertsch

### La desaparición de la URSS y la división de Yugoslavia han producido una constelación de nuevos Estados en los últimos 17 años.

El Atlas o el mapa de Europa que millones de padres en todo el mundo compraron el pasado año a sus hijos contiene desde la pasada semana un error que añadir a los muchos que traerá de imprenta. Allá por encima de la ciudad albanesa de Shkodra, otrora célebre puerto otomano, y por debajo de la no menos legendaria ciudad-fortaleza veneciana de Dubrovnik, se asoma al Adriático, en el Estrecho de Otranto y por el estuario de Kotor, un Estado renacido a la independencia, Montenegro (Crno Gora), que hace aún más colorido –a la mirada ingenua del escolar– un mapa europeo que no deja de cambiar desde que donde había dos Alemanias de repente sólo queda una. Hace poco más de tres lustros de aquello, pero los mapas que estudiaban los niños en 1989 son hoy tan obsoletos como la cartografía utilizada en el Tratado de Paz de Westfalia o en el Congreso de Viena.

**REPÚBLICA CHECA**
- A 10.235.000
- B 78.860 km²
- C 144.500 millones
- D 14.090 euros

**ESLOVAQUIA**
- A 5.439.000
- B 48.845 km²
- C 66.600 millones
- D 12.300 euros

**ESLOVENIA**
- A 2.010.000
- B 20.273 km²
- C 32.900 millones
- D 16.340 euros

**ESTONIA**
- A 1.324.000
- B 45.226 km²
- C 17.100 millones
- D 12.760 euros

**LETONIA**
- A 2.275.000
- B 64.589 km²
- C 23.100 millones
- D 10.120 euros

**LITUANIA**
- A 3.586.000
- B 65.200 km²
- C 39.000 millones
- D 10.820 euros

# La profanación del rito

Juan Cueto

*Casablanca* es una ceremonia ritual, pero de ninguna manera es un mito, como por ahí repiten. Seamos precisos. Un mito es una *historia* en la que se reconocen con similar apasionamiento las sucesivas generaciones y es capaz de soportar las más dispares y disparatadas exégesis. Un mito clásico es una *narración* que nunca acabamos de interpretar satisfactoriamente y los públicos, urgidos por diversas razones, la celebran a lo largo de los tiempos y por encima de las geografías, «con previo fervor y con una misteriosa lealtad», para decirlo al mítico modo de Borges. Los ritos, por el contrario sólo permanecen atentos al detalle.

De *Casablanca* no conmemoramos hoy su minúscula historia, ni siquiera recordamos esa frágil anécdota escrita por Howard Koch y los hermanos Epstein, por la que circulan absurdos héroes de la resistencia, nazis de opereta, gendarmes de zarzuela, Lorres, los Renault, los Ferrari y otros vehículos secundarios de escaso fuste narrativo. Son pocos los que saben contar con todo detalle esta historia de Michael Curtiz, pero ¡ay del aficionado que sea incapaz de recitar de memoria, sin equivocarse en un solo gesto, esa media docena de detalles nostálgicos que están en el origen de la cinefilia contemporánea! Ya saben, el imperativo categórico musical que Rick le lanza a Sam, el largo adiós del falso aeropuerto, la escarmentada frase lapidaria que recibe a Ingrid Bergman nada más pisar el café Americano o aquellos compases de *As time goes by*, regados con un champaña *Cordon Rouge.*

Los ritos son un cordón de ceremonias que se instituyen y consagran por incesante repetición. Y ritual es desde hace varias generaciones el fervor por *Casablanca.* Un constante y codificado repetir frases, guiños, gestos, poses y rictus entresacados de una historia –contra una historia de 102 minutos– que sólo es recuerdo, pero que no hay manera de recordar con exactitud, al margen de los detalles estelares.

Tenemos las paredes de las habitaciones empapeladas con fotografías del café y del aeropuerto; el videocasete cargado de cinta virgen y a punto de registro, la biblioteca, la hemeroteca, la discoteca y la posteroteca saturadas de diálogos, imágenes, sonidos y grafismos relacionados con *Casablanca.* Para más inri, hasta la cronología resulta sagrada, porque se cumplen ahora los 40 años de su estreno, y ya sabemos lo que en este país significa tal edad. La gran duda es si *Casablanca* resistirá la ceremonia electrónica a que por primera vez va a ser sometida en España, en medio de tanta devoción cinéfila y sabiéndonos mejor que el padrenuestro esos detalles memoriales, un sábado por la primera cadena y en horas de masiva audiencia.

Queda dicho que los ritos se originan por repetición. Pero la profanación de lo sagrado, como es sabido, también acontece por exceso repetitivo. Y la televisión es un medio profanador por excelencia.

*El País*

# La emoción como móvil del canto

Enrique Franco

El Teatro Lírico Nacional presentó la nueva ópera de Clara Janés y Eduardo Pérez Maseda, *Luz de oscura llama*, en versión dirigida escénicamente por Juanjo Granda y musicalmente por José Ramón Encinar. Un reparto bastante amplio incluye a Joan Cabero *(San Juan)*, ltxako Menchaka *(Teresa de Jesús)*, María José Sánchez *(Ana de Jesús)*, Manuel Lanza *(Doria)*, Dolores Arenas *(Endemoniada)*, Nancy Herrera *(Tentaciones)* y Janine Mestre *(Doncella)*. Todos ellos, en lo lírico y en lo teatral, lograron transmitir cuanto los autores se han propuesto en esta interesante y hermosa pieza, que Henri Collet no habría tenido inconveniente en incluir dentro de su extenso, interesante y olvidado estudio *El misticismo musical español*.

Importa la anterior consideración, pues quizá decide el espíritu, la forma y el lenguaje de la ópera a partir de un principio exactamente formulado por Clara Janés: la emoción como móvil del canto y de la poesía estrechamente unidos. Y es en el terreno poético donde los autores han alcanzado más altas cotas de belleza, gracias a una identificación de pensamiento que se da rara vez en la problemática relación escritor-compositor.

El personaje elegido por ambos como sujeto de su ópera es de los más fascinantes de la historia del misticismo. Se cumple este año el cuarto centenario de la muerte de San Juan, y compositores del más diverso origen y hasta un coreógrafo arriesgado como Béjart continúan inspirándose en Juan de Yepes.

Una cantabilidad recitante, pero tan clara que permite la inteligibilidad del texto, decide la melódica entrañada en una orquesta sutilmente iluminada y colmada de ecos espirituales y culturales con la que, en alguna ocasión, alterna la electroacústica, tratada con gran maestría creativa como en el interludio que une las dos escenas del segundo acto –«sonoras son las voces de ese río»–, auténtica metáfora musical de la poética sanjuaniana. Dice Pérez Maseda que ha gozado componiendo sobre el texto de Clara Janés. Aunque no lo dijese, se advierte en el minucioso análisis prosódico y semántico de los versos y las palabras, transmisores de toda una símbología trascendente.

El resultado final es el conocimiento por parte del público de la persona, las ideas, las creencias y el dramático curso biográfico de San Juan de la Cruz, a través de un desarrollo calificable de literario sin que esto comporte demérito alguno. Al contrario: la dificultad del acercamiento queda resuelta por un cúmulo de emociones derivadas de la palabra en su transición hacia la música, contemplativa las más veces, dramática cuando la circunstancia lo demanda y sorpresiva en esas citas ajenas, propias e inventadas. En resumen, se trata de una creación de teatro musical importante y original que se hace íntima compañía una vez acabada la representación, tan rica en hermanamientos e identificaciones. Deben destacarse las del regista Granda con el maestro Encinar y la fantasía coherente del escenógrafo y figurinista Suárez, sin olvidar el arrojo de Joan Cabero en el fatigante papel protagonista. Fueron justos, pues, los largos aplausos.

*El País*

**LUZ DE OSCURA LLAMA**

**De Clara Janés y E. Pérez Maseda. Teatro Lírico Nacional / Centro de Nuevas Tendencias Escénicas / Centro para la Difusión de la Música Contemporánea.**

**Dirección Musical:**
**J. Ramón Encinar.**

**Dirección escénica:**
**J. Granda.**

**Escenarios y figurines:**
**S. Suárez.**

**Intérpretes:**
**José Antonio Sanguino, Carlos Álvarez, Janine Mestre, Joan Cabero, Itxako Menchaka, Dolores Arenas, José Luis Patiño, Manuel Lanza, Nancy Herrera, Lola Mateo, Isabel Ayúcar, María José Sánchez y Pilar Torriente.**

**Orquesta Sinfónica de Madrid. Sala Olimpia. Madrid, 5 de abril.**

# Un gafe anda suelto en Las Ventas

Javier Villán

No estuvo el Rey en la celebérrima Corrida de la Beneficencia; pero estuvo Doña Letizia; y el Príncipe Felipe, claro. Y doña Esperanza Aguirre, más conocida por *la Espe*. *La Espe* es ya parte del casticismo de hierro madrileño y dicen que es la dama de acero del PP beligerante y roqueño que empieza a perfilarse; o sea, el casticismo al poder. *La Espe*, doña Esperanza, los tiene bien puestos; pero a mí me gusta más *la Leti*, Doña Letizia. *La Leti* saluda como una reina y parece que el Palco Real lo hubieran hecho a la medida de su saludo y de su sonrisa.

Doña Leticia tiene empaque de reina, aunque yo no sé si le va a dar tiempo. Le dé o no le dé tiempo, me permito recordar en este preciso momento en el que el tercer *jandilla* de la tarde, inválido, ruinoso y peripatético vuelve a medir el suelo, una frase de Albert Camus, el Nobel de Literatura, casi tan español como francés: "No admitimos más aristocracia que la del trabajo y la inteligencia". En este preciso momento el señor Martínez, don Julio, saca el pañuelo verde y es el segundo *jandilla* que se va a hacer puñetas a las oscuridades de los corrales. Peste de toros. Los *jandillas* fueron diezmados en el reconocimiento veterinario y de los tres sobrevivientes dos han sido condenados a morir en los corrales sin honor ni gloria. Bien por el señor Martínez, aunque no ha hecho más, de momento, que cumplir con su deber.

No se puede sacar al ruedo esta bazofia estando en el Palco Real el Príncipe Don Felipe, la Princesa Doña Leticia y la emperadora de Madrid, doña Esperanza, por nombre popular *la Espe*. En realidad, no puede echarse al ruedo esta ruina de toros esté quien esté en el palco real, ni aunque esté vacío. Estas reses son un agravio a los aficionados y a la esencia de la Fiesta. Peste de toros. Una maldición ha caído sobre esta miniferia y sobre los toros del sacrifico y la celebración. A ver, que salga el gafe.

Hasta el momento no ha aparecido en el ruedo de Las Ventas del Espíritu Santo, la que dice ser y llamarse primera plaza del mundo, un toro en condiciones: ni ayer ni anteayer.

Sebastián Castella tiene el aire inocente y puro de un santo laico, de un mártir iluminado, aunque para mártir, no sé por qué causa, motivo o razón, el toro del Puerto que salió desencuadernado y podrido de toriles. Sebastián Castella empezó sacerdotal y ceremonial la faena de muleta por alto, en el 7. Y ante la hostilidad creciente de ese belicoso tendido se fue a los medios, perdió la muleta y se quedó desarmado. Pero el inerme, verdaderamente, era el pobre animal. Peste de toros. Todo lo cual no justifica el bajonazo asesino e innoble con que Castella aligeró de pesadumbre al infortunado torillo del Puerto de San Lorenzo.

Esto no se hace, esa infame puñalada no debe perpetrarse, estando en el palco Sus Altezas Reales los Príncipes de Asturias; y su excelencia, la presidenta de la Comunidad de Madrid, doña Esperanza Aguirre. Mejor dicho, no debe perpetrarse nunca. Peste de toros, peste de toreros y peste de todas las pestes. A ver, ¡que salga el gafe!

Tampoco tuvo suerte, o lo que sea, César Rincón con el áspero primero. Aunque yo creo que la suerte se la hace uno y, en estos momentos, el Gran César, en lugar de hacerse su suerte, está a merced de ella; y de los toros. Mismamente, a merced del sobrero de Pereda, que no se comía a nadie y que acabó con Rincón por los suelos. ¡Salve, César! La grandeza se mide, fundamentalmente, en la adversidad. Y yo estoy seguro de que en estos momentos taurinos tan adversos su grandeza de ánimo sigue intacta.

Lo que en la jerga se dice aseado estuvo El Cid en el quinto hasta que le llegó, muy tarde, la revelación y descubrió el buen pitón derecho.

Es lo menos que puede tener una figura: aseo e higiene. Un remate de faena templadísimo por bajo y, antes de eso, dos tandas de redondos de buen trazo; si le mete la espada le dan, por aclamación, la oreja; esta plaza, la que dice ser y llamarse primera plaza del mundo, ha descubierto un conjuro: contra los desechos de toros, orejas. Pero ese conjuro no le alcanzó a Castella, que cerró la tarde sin pena ni gloria. Peste de toros. A ver, que el gafe de Las Ventas dé un paso al frente.

*El Mundo*

# La trucha se podrá pescar en casi toda España

## Hoy se abre la veda, menos en Castilla y León

Julio Benítez

MADRID.– Hoy se abre la veda de la trucha en casi toda España. Desde las primeras horas de la madrugada, miles de cañistas amanecerán al pie de los ríos para tentar suerte nada más aparezcan las primeras luces del alba, un rito que se repite todos los años a mediados de marzo. En los días anteriores a la apertura, las tiendas especializadas agotan las existencias de cebos y venden un gran número de cucharillas y equipos.

A partir de hoy se podrá pescar la trucha en los ríos de las comunidades de Madrid, Castilla-La Mancha, Andalucía, Extremadura, Galicia, Aragón, Cataluña, Navarra y Comunidad Valenciana. El cierre de la temporada en las autonomías mencionadas será el 31 de agosto con carácter general, a excepción de algunos cotos o aguas con regímenes especiales que tienen otros períodos, tanto de apertura como de cierre, y asimismo pueden ser anteriores o posteriores a las fechas señaladas con carácter general. La comunidad de Navarra cerrará la temporada el 15 de agosto.

En las nueve provincias de Castilla y León se deberá esperar una semana más para pescar la trucha, y el período hábil será desde el 23 de marzo hasta el 15 de agosto. Esta comunidad, que cuenta con los ríos más trucheros de España, tiene al mismo tiempo la reglamentación más compleja. En primer lugar, a partir de este año no se podrán usar para pescar la trucha los cebos naturales: lombrices, gusanos, gusarapas, pececillos vivos o muertos, en ningún tipo de aguas de las nueve provincias.

En los tramos libres se podrán capturar hasta doce ejemplares de trucha. La dimensión mínima deberá ser no inferior a los 19 centímetros. Además, cada coto tiene su propia reglamentación en cuanto a número de capturas, cebos artificiales y días hábiles de pesca.

Las comunidades de Cantabria, País Vasco y La Rioja también abrirán la temporada de la trucha el domingo 23, aunque los cierres serán en distintas fechas y según el régimen de las aguas.

*Diario 16*

# Tambores de guerra contra Sacchi

Santiago Segurola

## El Atlético fracasa frente al Español, y la gente la emprende contra el entrenador rojiblanco.

| ATLÉTICO DE MADRID | 1 |
|---|---|
| ESPANYOL | 2 |

**Atlético de Madrid** **Molina, Aguilera (Torrisi, m. 46), Santi, Ramón Serena; Jugovic (Juninho, m. 72), Baraja (Venturín, m. 46), Valerón, Solari; Correa y José Mari.**

**Espanyol** **Toni; Cristobal, Helguera, Nando, Capdevilla; Ribera (Galca, m. 65), Brnovic (Pacheta, m. 72), Sergio, Artega; Benítez y Pose (Darío Silva, m. 80).**

**Goles**

*1-0 min. 21. José Mari* **se aprovecha de un rechace tras un regate y cruza el balón, que entra junto a un palo.**
*1-1. min. 39. Arteaga* **cabecea un saque de falta. El balón entra por la escuadra.**
*1-2. min. 84. Darío Silva* **cabecea un balón desviado por un defensa del Atlético.**

**Árbitro**

**Losantos Omar. Amonestó a Benítez, Santi, Pancheta y Darío Silva.**
**Unos 15.000 espectadores en el Calderón. Los dirigentes del Atlético, antes del partido, retiraron las banderas con símbolos nazis que encontraron en los graderíos.**

**Madrid.–** Suenan los tambores de guerra en el Manzanares, donde Sacchi es persona *non grata*. La hinchada se lo dijo alto y claro en un partido que remitió a todos los partidos anteriores del Atlético: un peñazo infumable. Con lo justo, El Espanyol se llevó la victoria ante la irritación de la gente. Al grito de «Radomir, te quiero», y entre ovaciones al Espanyol, dijo cuanto quería. Dijo que no quiere a Sacchi ni en pintura.

Fue algo más que una condena a Sacchi. En la hinchada se advirtieron los signos de la desintegración, de un hastío que se hace difícil de explicar en una afición que se caracteriza por una fidelidad extrema al club, cualquiera que sea su entrenador. Aunque la noche era glacial, el Manzanares presentaba un aspecto desolado. Apenas 15.000 personas se reunieron en el estadio. Podía pensarse en los fidelísimos, en la guardia pretoriana del equipo. De ninguna manera: desde el comienzo la gente expresó sin reservas su descontento. Con el discurrir del partido, la fractura entre el equipo y los aficionados se hizo más sangrante. Los abucheos se sucedieron de todas las formas posibles. Desde los reproches más duros hasta la ironía más hiriente, con ovaciones y olés al juego del Espanyol, que se sintió como en su casa.

La irritación estaba dirigida principalmente a Sacchi, detestado como ninguno en el Manzanares. En pocos casos se ha visto una relación tan deteriorada como ésta de la hinchada del Atlético con el entrenador italiano. A la gente no le gusta nada de lo que le ofrece Sacchi: ni su idea mecanicista del fútbol (absolutamente alejada del tradicional universo rojiblanco), ni sus peregrinas decisiones con los jugadores (la alineación es una rueda imparable de nombres), ni las coartadas que se busca para justificar la situación del Atlético. Es cierto que el Atlético ha estado castigado por varias ausencias, pero "la policía no es tonta". Los aficionados consideran que el modelo de fútbol que pretende Sacchi no privilegia a los jugadores. Más bien lo contrario. En la manera de Sacchi todo resulta tan homogéneo, tan pétreo, tan predecible, que la excelencia se vuelve incómoda para el entrenador y su sistema. Para qué quejarse de la ausencia de tal o cual, si su presencia acabaría por ser inútil. La gente no quiere más excusas, no desea un estilo que va contra la naturaleza del equipo. Decididamente la hinchada desaprueba a Sacchi con toda su alma.

Todo quedó muy claro en un partido que tuvo un aspecto destemplado, conforme al estado de la noche y del Atlético, que funciona de manera intempestiva, con un juego feo por frontal y previsible. Sacchi no parece un entrenador seguro de su equipo, sometido a cambios constantes, algunos inexplicables, otros con pinta de caprichosos. Frente al Espanyol colocó una línea interesante de centrocampistas: Jugovic, Valerón y Solari, con el joven Baraja por detrás. No sirvió de nada porque el fútbol del Atlético sólo se sirve de los centrocampistas como bestias de carga.

El Espanyol funcionó sin alardes, pero dejó algunos detalles por aquí y por allá. Sus centrocampistas pretendieron jugar con criterio y sus pequeños delanteros (Posse y Benítez) se movieron con agilidad a la búsqueda del gol. La victoria llegó a última hora, en medio del clamor del público, harto del juego de su equipo. Al grito de «Radomir, te quiero» y «que se vaya, que se vaya» expresó su rechazo a Sacchi, perdido para la causa del Atlético.

*El País*

# El Estudiantes ya es finalista de la Korac

Luis Gómez

## La semifinal no tuvo mucho jugo. Anduvo más pendiente de que el Estudiantes perdiera el miedo a no ganar al Ostende que de otra cosa.

| | |
|---|---|
| ESTUDIANTES | 75 |
| OSTENDE | 61 |

Estudiantes Azofra (6), Bárcenas (2), Jiménez (2), Vandiver (26), Reyes (12), De Miguel (3), Thompson (10), Robles (4), Gonzalo Martínez (10).

Ostende Jaumin (11), De Saever (2), Lollis (6), Jerome (12), Goethals (7), Mitchell (8), Der Spiegel (4), Lauwers (9), Bayer (2).

Unos 3.000 espectadores en el pabellón Antonio Magariños.

**Madrid.–** Hubo fiesta en el viejo Magariños (sí, viejo, sin maquillaje ni cirugía estética, orgulloso de sus muchos años): el Estudiantes jugará su primera final europea. Pero fue una fiesta agridulce: en el camino, cayó lesionado de gravedad Chandler Thompson, que, con rotura del ligamento cruzado anterior de la rodilla izquierda, estará ocho meses de baja. Quiere ello decir que, si el otro probable finalista de la Copa Korac es el Barcelona, la tarea se antoja casi imposible. Así que la fiesta quedó a medias.

La semifinal no tuvo mucho jugo. Anduvo más pendiente de que el Estudiantes perdiera el miedo a no ganar al Ostende que de otra cosa. El partido fue malo tirando a malísimo, producto en definitiva del claro desequilibrio que había entre ambos. Suele ocurrir: lo malo se contagia.

El Ostende tardó apenas cuatro minutos en dejar de impresionar. Algunas canastas de media distancia como aperitivo, una ventaja inicial, y poco más. Sus americanos parecían venir de una base cercana (ni siquiera tenían cuerpo de marines, podían pasar por personal auxiliar de las Fuerzas Armadas) y sus pivots no podían disimular su condición de larguiruchos centroeuropeos; es decir, lentos y torpes.

Una defensa de medio pelo sembró la alarma entre los belgas, que se pasaron media primera parte sin poder tirar a canasta. Costaba menos trabajo llevárselos a cualquier esquina de la cancha y quitarles el balón que empujarles a posiciones incómodas y obligarles a un lanzamiento apresurado. El Estudiantes robaba balones con tan asombrosa facilidad, que terminó perdiendo el sitio: le costaba menos trabajo defender con eficacia al Ostende que anotar en la canasta contraria por puro exceso de precipitación. Pudo con el Estudiantes en este periodo el deseo de acabar cuanto antes. Total, que perdió el sitio, cometió toda serie de descuidos y permitió que se llegara al descanso en desventaja (30-33).

La situación no tenía por qué ser alarmante, pero tenía su riesgo. Fue, entonces, cuando apareció el veterano Vandiver y puso algo de buen juicio en el asunto: estar en su sitio, coger los rebotes, buscar una posición cómoda y lanzar a canasta sin prisas. No hizo falta mucho más. La diferencia se fue agrandando, en medio de un disparate de partido, que deja bien a las claras el bajonazo que ha pegado el baloncesto europeo de un tiempo a esta parte.

El Estudiantes pudo quitarse los nervios de encima y disfrutar de un triunfo que tiene un moderado carácter histórico. Llega, por fin, a un final, pero no llega en las condiciones adecuadas. La baja de Thompson es seria (no hay posibilidades de sustitución) y el Barcelona no es el Ostende. La gente, sin embargo, lo entendió de otra forma: quería fiesta y disfrutó de ella.

*El País*

# Poca nieve en muchas estaciones de esquí

Atudem

**Madrid.–** La situación de las estaciones de esquí españolas, según el parte de nieve facilitado por ATUDEM y correspondiente al día 28 de enero, permite a los aficionados ir a esquiar a muchas de ellas, a pesar de la reiterada falta de precipitaciones, que pone fuera de servicio bastantes pistas.

Las condiciones, estación por estación, son las siguientes:

**Pirineo Catalán:**

- **Baqueira Beret:** pistas cubiertas con nieve primavera y en servicio todos los remontes.
- **La Molina:** solamente esquiables algunas de sus pistas, con nieve primavera y diez remontes en servicio.
- **Masella:** pistas cubiertas con nieve dura y en servicio todos los remontes.
- **Llesuy:** esquiables únicamente algunas de sus pistas y en servicio los remontes de esas pistas.
- **Super-Espot:** pistas esquiables con nieve dura y todos los remontes en servicio.
- **Port del Comte:** solamente esquiables algunas de sus pistas y en funcionamiento los remontes de servicio a esas pistas.

**Pirineo Aragonés:**

- **Candanchú:** pistas cubiertas con nieve primavera y en servicio todos los remontes.
- **Cerler:** solamente están esquiables algunas pistas y en servicio cuatro telesillas y dos telesquís.
- **Formigal:** pistas cubiertas con nieve dura y doce remontes en servicio.
- **Panticosa:** pistas cubiertas con nieve dura y en servicio todos los remontes.
- **Valle de Astún:** pistas cubiertas con nieve dura-primavera y todos los remontes en servicio.

**Cordillera Cantábrica:**

- **Alto Campoo:** únicamente están esquiables algunas de sus pistas con nieve dura-primavera y en servicio dos telesillas y cuatro telesquís.
- **San Isidro:** pistas cubiertas con nieve dura y todos los remontes en servicio.

- **Valgrande-Pajares:** solamente están esquiables algunas pistas y en servicio un telesilla y cuatro telesquís.
- **Manzaneda:** sólo están esquiables, con nieve dura, la pista de los Corzos y la zona superior.

**Sistema Ibérico:**

- **Valdezcaray:** cinco pistas esquiables con nieve dura y en funcionamiento los remontes de estas zonas.

**Sistema Central.:**

- **La Pinilla:** esquiable únicamente la zona de debutantes con nieve de calidad dura y en funcionamiento todos los remontes de servicio a esa zona.

**Sistema Penibético:**

- **Solynieve:** Pistas esquiables con nieve dura-primavera y en servicio dos telecabinas, tres telesillas y siete telesquís.

*ABC*

## 1. Realice las actividades siguientes.

1. ¿Cuáles son las causas del cambio del mapa de Europa a partir de 1989? ¿Qué acontecimientos originaron la nueva configuración del mapa?
2. ¿Cuáles son los estados que forman parte de la Unión Europea? ¿Cuáles son sus miembros más recientes?
3. *Casablanca*, considerada un clásico de la historia del cine, fue concebida como propaganda antinazi. Consulte información sobre su argumento, los protagonistas, la dirección cinematográfica y los premios que ha ganado.
4. ¿Le gusta la música clásica? Enumere nombres de los mejores compositores de este género y de los cantantes de ópera más destacados de España. ¿Cuáles son los de su país?
5. Analice la postura que defiende el artículo "Un gafe anda suelto en Las Ventas" en cuanto a la lidia de toros. ¿Y cuál es la suya sobre los toros, esta fiesta emblemática española?
6. ¿Le gusta la pesca, la caza? ¿Cuál es su afición? ¿Qué suele hacer en su tiempo de ocio?
7. El fútbol es un elemento inseparable de la vida española. No es sólo un deporte. Es pasión, mentalidad, política... ¿Qué opina del fútbol? ¿Conoce a los equipos españoles más famosos?
8. Haga un resumen de las condiciones de las pistas de esquí en las diferentes estaciones de España, según la información publicada. ¿Se dan en su país condiciones favorables para practicar esta clase de deporte?

## 2. Los gentilicios. Intente escribir los gentilicios de los nuevos estados europeos.

Eslovaquia ______________________

República Checa ______________________

Croacia ______________________

Eslovenia ______________________

Bosnia-Herzegovina ______________________

Macedonia ______________________

Serbia ______________________

Montenegro ______________________

Bulgaria ______________________

Rumanía ______________________

## 3. Complete con los verbos *ser* o *estar*.

1. Mi primo _______ ingeniero pero, por falta de medios económicos suficientes, los fines de semana _______ de peón de albañil.
2. No me ha llamado de momento, _________ muy molesta.
3. La sopa la encontramos sosa. Sí, sí, lo _______ .
4. Sus padres _______ muy atentos, te van a recibir bien.
5. La noche de gala _______ el próximo sábado en el Palace Hotel.
6. ¡Qué guapa _________ hoy! El azul turquesa te cae muy bien.
7. Ellos no residían en la capital, sólo _______ de paso.
8. Este año me ha tocado enseñar a unos chicos que _______ muy despiertos, no me dejan ni un minuto en paz, me hacen un montón de preguntas.
9. ¡Ay, la pobre! ¿Qué _______ de ella ahora?
10. Los abuelos _______ muy orgullosos con su nieto, ya es un periodista famoso, le encargan muchas entrevistas a personas de la élite política nacional e internacional.

## 4. Complete las frases con las expresiones del recuadro.

| | |
|---|---|
| por encima de | en condiciones |
| al margen de | a merced de |
| para más inri | conforme a |
| a la medida | a última hora |
| al garete | por parte de |

1. El lavavajillas que compramos por Navidades se nos fue __________ enseguida, pero hicimos la reclamación oportuna.
2. A mi amiga le gusta hacer las cosas __________, no sé cómo se las arregla, yo, en su lugar, me pondría muy nerviosa y estresada.
3. La barca no podía oponer resistencia a la tormenta, y estuvo __________ del mar y de los vientos hasta que desapareció hundida en altamar.
4. Si te encuentras mal, dile que no estás __________ de presentar hoy la comunicación.
5. Su novia siempre pasa __________ su opinión e ideas, no le hace ningún caso, es una egoísta, una fresca.
6. Llegamos al aeropuerto con retraso, por poco nos dejaron pasar el control y, __________, se nos rompió una de las ruedas de la maleta.
7. Recibí una llamada __________ la Dirección de la empresa, me han citado para una entrevista el próximo jueves.
8. Siempre le dejas a tu hermana __________ tus asuntos, ten más confianza en ella, creo que puede ser tu mejor amiga.
9. Para el día de su boda le hicieron un vestido __________ que le quedó estupendo.
10. __________ nuestro acuerdo no puedes salir de vacaciones hasta el próximo mes de julio.

## 5. Palabras compuestas. Relacione las palabras del recuadro con el significado que se adjunta y escriba una frase con cada una de ellas.

**telesilla (m)** - Sistema de transporte de personas a un lugar elevado, formado por una serie de sillas o asientos suspendidos de un cable de tracción.

*Ayer no pudimos esquiar todo el día porque por la tarde el telesilla se estropeó.*

| A | B |
|---|---|
| 1 telefonía | a transmisión de contenidos psíquicos entre personas sin intervención de medios físicos aparentes. |
| 2 telegrama | b programa informativo de noticias emitido por una cadena de TV. |
| 3 telenovela | c sistema que permite transportar a los esquiadores sobre sus esquís hasta las pistas, formado por una serie de enganches suspendidos de un cable de tracción. |
| 4 telepatía | d instrumento óptico formado por un tubo con un juego de lentes de aumento para observar objetos sumamente lejanos. |
| 5 teleadicto | e comunicación o mensaje transmitido por el telégrafo. |
| 6 telescopio | f teleférico de cable único para la tracción y la suspensión, provisto de cabinas. |
| 7 telesquí | g sistema de transmisión a distancia de sonidos por medios eléctricos o electromagnéticos. |
| 8 telecabina | h historia filmada y televisada en emisiones sucesivas, especialmente de argumento sentimental. |
| 9 telediario | i muy aficionado a ver la televisión. |
| 10 telecomunicación | j sistema de comunicación a distancia. |

aigo
JOHNNIE WALKER
SAP

DKV

Gaz de France
27142
15443
14332
12806
7868
19254

# El deporte como ocio

## ESQUEMA GRAMATICAL 1

### Grafía castellana de algunos nombres geográficos

*Adriático*, mar.
*Afganistán.*
*Ajaccio*, ciudad de Córcega.
*Albania.*
*Alejandría*, ciudad de Egipto.
*Alsacia*, región de Francia.
*Alemania.*
*Amberes*, ciudad de Bélgica.
*Aquitania*, región de Francia.
*Aquisgrán*, ciudad de Alemania.
*Argel*, ciudad de Argelia.
*Ardenas*, región de Francia.
*Atenas*, ciudad de Grecia.
*Austria.*
*Azores*, islas de Portugal.
*Dublín*, ciudad de Irlanda.
*Basilea*, ciudad de Suiza.
*Bélgica.*
*Berlín*, ciudad de Alemania.
*Berna*, ciudad de Suiza.
*Beirut*, ciudad del Líbano.
*Bolonia*, ciudad de Italia.
*Burdeos*, ciudad de Francia.
*Brandeburgo*, ciudad de Alemania.
*Brujas*, ciudad de Bélgica.
*Bruselas*, ciudad de Bélgica.
*Bucarest*, ciudad de Rumanía.
*Budapest*, ciudad de Hungría.
*Bulgaria.*
*Camboya.*
*Cerdeña.*
*Chipre.*
*Colonia*, ciudad de Alemania.
*Córcega.*
*Corea.*
*Dinamarca.*
*Dresde*, ciudad de Alemania.
*Estrasburgo*, ciudad de Francia.
*Egipto.*
*Hamburgo*, ciudad de Alemania.
*La Haya*, ciudad de Holanda.
*Nazaret*, ciudad de Israel.
*Shanghai*, ciudad de China.
*Yakarta*, ciudad de Indonesia.

### 1. Forme derivados de estos verbos y utilícelos en las siguientes frases.

*enseñar*
*integrar*
*ganar*
*entrar*
*debutar*
*escribir*
*combatir*
*participar*
*fabricar*
*alabar*
*salir*

1. Los __________ estuvieron todo el año en primera línea del frente.
2. Los __________ del primer premio de la lotería primitiva van a recibir cerca de 10.000.000 de euros.
3. Los ministros ________ estuvieron presentes en el acto de toma de posesión de los cargos ________.
4. Los profesores llegan a la conclusión de que la __________ es poco gratificante.
5. Los creadores jóvenes huyen de las excesivas __________ al ver que son objeto de adulación.
6. Los viejos de hoy día son unos __________, según los jóvenes más exigentes.
7. El __________ del despacho del abogado no pudo acabar el oficio porque la máquina se estropeó.
8. Todos los __________ en el teatro tienen los nervios a flor de piel.
9. El juez de salida dijo: "todos los ________ a sus puestos, la carrera va a empezar".
10. Los __________ de automóviles han llegado a un acuerdo sobre el precio de los modelos más asequibles.

## ESQUEMA GRAMATICAL 2

### Derivación

**Derivados en *-ante, -ente, -iente, -anza, a partir de verbos:***

| | | | |
|---|---|---|---|
| cantar | *cantante* | importar | *importante* |
| cobrar | *cobranza* | nacer | *naciente* |
| comerciar | *comerciante* | salir | *saliente* |
| contar | *contante* | templar | *templanza* |

**Derivados en *-al, -il, -ancia, -encia, -ano, -ín, -ino:***

| | | | |
|---|---|---|---|
| andar | *andarín* | función | *funcional* |
| barro | *barrizal* | monja | *monjil* |
| bruja | *brujeril* | querer | *querencia* |
| capital | *capitalino* | salario | *salarial* |
| ciudad | *ciudadano* | vagar | *vagancia* |

**2. Forme derivados de estas palabras y utilícelos en las siguientes frases.**

*cristal*
*pueblo*
*bailar*
*Cristo*
*inoperar*
*tolerar*
*Lutero*
*conejo*
*dinero*
*coyuntura*
*mata*
*lodo*

1. Había llovido a cántaros y el campo estaba hecho un ____________.
2. Los conejos estaban escondidos en el ____________.
3. Los ministros y sus acólitos suelen decir que los males son ____________.
4. Manuel, por ser de la capital, desprecia a los ____________.
5. Los seguidores de Cristo se llaman ____________ y los de Lutero, ____________.
6. Los empresarios privados suelen opinar que la mayor ____________ se da en la empresa pública.
7. Ante lo desorbitado de los precios, el cliente exclamó: ¡esto vale un ________!
8. Antonio dijo: dedícate al baile, eres un buen ____________.
9. El agua de la fuente de la sierra era fresca y ____________.
10. En los países libres existe siempre un grado mayor de __________ ante las diferentes formas de vivir.

## ESQUEMA GRAMATICAL 3

### Palabras de distinto significado según se escriban con *b* o con *v*

| | |
|---|---|
| *Baca* (portamaletas) | *Vaca* (rumiante) |
| *Bacilo* (microbio) | *Vacilo* (v. vacilar) |
| *Balido* (v. balar) | *Valido* (favorito del rey) |
| *Balón* (pelota) | *Valón* (gent. de región belga) |
| *Barón* (título nobiliario) | *Varón* (hombre, masculino) |
| *Basto* (rudo, grosero) | *Vasto* (amplio, extenso) |
| *Bello* (hermoso, bonito) | *Vello* (pelo) |
| *Bienes* (propiedades) | *Vienes* (v. venir) |
| *Bota* (calzado; v. botar) | *Vota* (v. votar) |
| *Cabila* (tribu beduina) | *Cavila* (v. cavilar) |
| *Lábaros* (estandartes) | *Lavaros* (v. lavar) |
| *Óbolo* (limosna) | *Óvolo* (moldura) |
| *Rabel* (instrumento musical) | *Ravel* (compositor) |
| *Rebelarse* (sublevarse) | *Revelarse* (descubrirse) |
| *Rebotar* (chocar) | *Revotar* (volver a votar) |
| *Sabia* (culta, conocedora) | *Savia* (jugo vegetal) |

### 3. Señale la palabra correcta.

1. El campesino llevó la *baca/vaca* al establo.
2. La contaminación fomenta la aparición de *bacilos/vacilos* portadores de enfermedades.
3. Antonio, por ser *barón/varón,* fue rechazado por la nobleza, a pesar de su título de *barón/varón.*
4. El ganado, impaciente por ir a pastar, lanzaba agudos *balidos/validos* en el redil.
5. Los niños *botaban/votaban* el *balón/valón* antes de empezar el partido.
6. Llegó a tener un *basto/vasto* imperio económico, a pesar de sus *bastos/vastos* modales.
7. El tiesto cayó desde el balcón y *rebotó/revotó* en el techo de un coche.
8. Los hombres suelen tener más *bello/vello* que las mujeres.
9. La *sabia/savia* de las plantas asciende por sus tallos.
10. Los prisioneros se *rebelaron/revelaron* para no *rebelar/revelar* sus planes.

## ESQUEMA GRAMATICAL 4

### Incorrecciones frecuentes

| USO INCORRECTO | USO CORRECTO |
|---|---|
| Miguel fue *a por* los libros. | Miguel fue *por* los libros. |
| Este coche corre a 120 km *a la* hora. | Este coche corre a 120 km *por* hora. |
| Hemos comprado una cocina *a* gas. | Hemos comprado una cocina *de* gas. |
| Es un problema *a* solucionar. | Es un problema *que hay que* solucionar. |
| Alfonso es diputado *de* las Cortes. | Alfonso es diputado *a/en* Cortes. |
| Lo que pasa *que* no estás atento. | Lo que pasa *es que* no estás atento. |
| Aquí hay zapatos de piel *de* caballero. | Aquí hay zapatos de piel *para* caballero. |
| Pensaba *de que* eso era lo mejor. | Pensaba *que* eso era lo mejor. |
| Rogamos *cierren* al salir. | Rogamos *que* cierren al salir. |
| Hay *a* gente que no le gusta leer. | Hay gente *a la que* no le gusta leer. |
| Me alegraré *te* encuentres bien. | Me alegraré *de que te* encuentres bien. |
| Salió *en* dirección a Toledo. | Salió *con* dirección a Toledo. |
| Voy *en* casa de mi tía. | Voy *a* casa de mi tía. |
| Siéntate *en* la mesa y come. | Siéntate *a* la masa y come. |
| Modeló una estatua *en* bronce. | Modeló una estatua *de* bronce. |
| ¿Tienen pastillas *para* el catarro? | ¿Tienen pastillas *contra* el catarro? |
| Fernando tiene una gran afición *por el* cine. | Fernando tiene una gran afición *al* cine. |
| Esta ropa es para estar *por* casa. | Esta ropa es para estar *en* casa. |
| *¿Dónde* vas con mantón de Manila? | *¿Adónde* vas con mantón de Manila? |
| El cine *donde* sueles ir, está cerrado. | El cine *adonde* sueles ir, está cerrado. |
| Recitas *lentamente* y tristemente. | Recitas *lenta* y tristemente. |
| *A lo último* actuaba por las calles. | *Últimamente* actuaba por las calles. |
| ¡*Qué bueno* que *has* venido! | ¡*Me alegro de* que *hayas* venido! |
| *Deben* ser aquellos que se acercan. | *Deben de* ser aquellos que se acercan. |
| *Deberías de* tener más cuidado. | *Deberías* tener más cuidado. |
| Te vi ayer *en* la mañana. | Te vi ayer *por* la mañana. |
| *Ya cállate* y estáte quieto. | *Cállate ya* y estáte quieto. |
| Aparecieron *sorpresivamente.* | Aparecieron *inesperadamente.* |
| Yo *me regreso* a mi pueblo. | Yo *regreso/me vuelvo* a mi pueblo. |
| Martínez *detenta* el cargo de secretario. | Martínez *ostenta/desempeña* el cargo de secretario. |
| *Yo* me parece que te equivocas. | *A mí* me parece que te equivocas. |
| Tengo que *descambiar* estos zapatos. | Tengo que *cambiar* estos zapatos. |

## 4. Tache las formas que considere incorrectas.

1. He mandado a los chicos *por/a por* un bolso *de/para* señora.
2. Ellos opinan *que/de que* quedan muchos *aspectos a/que se deben* estudiar.
3. Agradeceremos *nos/que nos* envíen el producto *a/en* nuestro almacén.
4. Me están haciendo un busto *en/de* mármol. *Debe/debe de* estar acabado para el lunes.
5. Esta pomada es lo mejor que hay *para/contra* las quemaduras.
6. Considerando *de que/que* es ya muy tarde, *regreso/me regreso* a casa.
7. *¿Dónde/Adónde* vamos a ir? *A donde/Adonde* nos manden.
8. Le hemos visto pasar *en/con* dirección al parque.
9. Resulta más barato comprarse un coche *de/a* gasoil.
10. *Debes/debes de* tomarte la medicina; *yo/a mí* me parece que la necesitas.

## 5. Tache las formas que considere incorrectas.

1. *Es/está* bueno que no fumen delante *mío/de mí.*
2. *Es/está* bien que se *lo/los* hayáis avisado.
3. Como he viajado *en/por* el extranjero, conozco *muchos/muchas* idiomas.
4. Me duele *el/la* mano. *Debo/debo de* haberme roto algún hueso.
5. En *este/esta* guía faltan muchos datos. Hay *que/de* renovarla.
6. *Las/los* Cortes *ha/han* aprobado una nueva ley sobre *los/las bancos/bancas.*
7. Antonio *parece/se parece* a su hermano; es igual *que/como* él.
8. Ricardo no *es/está* nunca contento de *él/sí* mismo.
9. Se *alquila/alquilan* habitaciones.
10. Javier *duerme/se duerme* muy pronto.

## 6. Coloque el adjetivo antepuesto o pospuesto, según corresponda.

1. Un __________ día __________ de verano *(hermoso).*
2. Un __________ hombre __________ pedía dinero en la puerta de la iglesia *(pobre).*
3. La __________ nieve __________ estaba helada por la mañana *(blanca).*
4. Los __________ españoles __________ son muy dados a la buena cocina *(ricos).*
5. Prefiero el __________ vino __________ *(tinto).*
6. Eso es un __________ hecho __________; nadie lo discute *(cierto).*
7. Es __________ español __________; lleva veinte años viviendo en España *(medio).*
8. Hice efectivo el __________ dinero __________ a la cuota del mes *(correspondiente).*
9. Las __________ noches __________ amedrentan a las personas *(oscuras).*
10. Juan fue nombrado como __________ director __________ de la sucursal bancaria *(nuevo).*

## 7. Tache las formas que considere incorrectas.

1. Tú *puedes/puedas* quizá aclararme esta duda.
2. La persona *que/la cual/quien* encontramos en el hotel *era/estuvo* amable.
3. Si lo *habrá/hubiera* sabido, no *habría/hubiera/había* venido.
4. Pon esta nota donde yo la *vea/veo* para que me *acuerde/acuerdo.*
5. *Sale/Salió* sin que lo *vieron/vieran.*
6. Hoy *vi/he visto* la película de *que/la que/la cual* me *habías/hubieras* hablado.
7. Los estudiantes *que/quienes/los que/los cuales* hayan estudiado mucho, obtendrán el certificado.
8. Los *coches cama/coches camas/coche camas* son cómodos para viajar de noche.
9. Mi casa es *mayor/mayora/más grande* que la tuya.
10. *El mío/El este/Este/El* coche es un medio de locomoción importante.

## ESQUEMA GRAMATICAL 5

# Formas perifrásticas más frecuentes

### SIGNIFICACIÓN PROGRESIVA

| | | |
|---|---|---|
| PRINCIPIATIVA: | **a** + infinitivo: | • Podéis comenzar *a jugar.* Voy *a escribir.*<br>• El tren va *a llegar.* Paso *a contestar* su carta.<br>• Empiezo *a cansarme.* Es para echarse *a reír.* |
| TERMINATIVA: | **venir a** + infinitivo: | • Espero que *venga a buscarnos. Vengo a conocerte,* Luis. |
| APROXIMATIVA: | **venir a** + infinitivo: | • Este libro *viene a decir* lo mismo.<br>• Mi moto *viene a costar* un millón. |
| REITERATIVA: | **volver a** + infinitivo:<br>**haber de** + infinitivo: | • Habrá que *volver a empezar.* No lo *volverá a hacer.*<br>• *He de acercarme* al colegio. |
| OBLIGATIVA: | **haber que** + infinitivo:<br>**tener que** + infinitivo: | • Cuando te pones así, *hay que fastidiarse.*<br>• *Tenemos que considerar* su situación.<br>• *Tendrás que llamar* la atención a tus alumnos. |
| HIPOTÉTICA: | **deber de** + infinitivo: | • Anoche *debían de ser* las doce cuando llegaste. |
| PONDERATIVA: | **llegar a** + infinitivo: | • Isabel *ha llegado a decirme* que me desprecia. |
| CUALITATIVA: | **acabar de** + infinitivo: | • La película *acababa de empezar* cuando me llamó.<br>• Álvaro *se acaba de ir* a su casa. |

### SIGNIFICACIÓN DURATIVA

| | |
|---|---|
| **estar** + gerundio: | • *Estamos llegando* a las últimas consecuencias. |
| **ir** + gerundio: | • Puedes *ir recogiendo* tus cosas; nos vamos. |
| **venir** + gerundio: | • Esto te lo *vengo advirtiendo* hace tiempo. |
| **seguir** + gerundio: | • ¿*Sigues pensando* que Marcos te engaña? |
| **andar** + gerundio: | • Por ahí *andan diciendo* que vas a dimitir. |

### SIGNIFICACIÓN PERFECTIVA

| | |
|---|---|
| **venir a** + infinitivo: | • María *viene a contarnos* lo que ha pasado. |
| **acabar de** + infinitivo: | • No *acabo de entender* lo que pretendes. |
| **llegar a** + infinitivo: | • Hemos *llegado a sospechar* de todos ellos. |
| **alcanzar a** + infinitivo: | • Algún día *alcanzarán a ver* la verdad. |
| **llevar** + participio: | • Arantxa *lleva jugados* siete partidos. |
| **tener** +participio: | • Para este examen, *tengo estudiado* todo el libro. |
| **traer** + participio: | • *Traigo* la camisa *empapada* por la lluvia. |
| **estar** + participio: | • Mi amigo *está interesado* en hablar con usted. |
| **ser** + participio: | • Los turistas *han sido tratados* a cuerpo de rey. |
| **quedar** + participio: | • Todos los que copien, *quedarán expulsados* del examen. |

## 8. Indique los matices modales que expresan las perífrasis verbales siguientes.

1. El equipo *tiene que recuperarse* si quiere clasificarse bien. ____________
2. El tren *viene a pasar* a las seis de la tarde. ____________
3. *Debemos esperar* hasta que lleguen nuestros amigos. ____________
4. Para avergonzarse así, *debe de ser* muy tímido. ____________
5. No espero más, ahora mismo *voy a escribir* esa carta. ____________
6. Al negarse, su madre *se echó a* llorar. ____________
7. *Viene diciendo* lo mismo desde hace tres meses. ____________
8. *Tengo aprobados* los tres primeros cursos de la carrera. ____________
9. A continuación, el ministro *pasó a exponer* las líneas del programa. ____________
10. *Quedan anulados* todos los permisos. ____________

## 9 Sustituya el verbo *andar* por otros con el mismo significado, sin que se repita ninguno.

1. Me gusta mucho *andar* de un lado para otro. ____________
2. En esta época del año, Paco *anda* siempre de viaje. ____________
3. No hay nada más agradable que *andar* por la orilla del río. ____________
4. Eran muy aficionados a *andar* en coche durante el verano. ____________
5. Me da la impresión de que este reloj no *anda* bien. ____________
6. Por la noche *anda* mucha gente por el barrio. ____________
7. Los coches *andan* por el barro con mucha dificultad. ____________
8. El estadio estaba tan repleto, que no podíamos *andar* con comodidad. ____________
9. Le cuesta mucho *andar* del sillón a la cama. ____________
10. Iba *andando* por allí como hipnotizado. ____________

## ESQUEMA GRAMATICAL 6

### Matices temporales según los modos

| | INDICATIVO | | SUBJUNTIVO | | IMPERATIVO |
|---|---|---|---|---|---|
| | **Tiempos imperfectos** | **Tiempos perfectos** | **Tiempos imperfectos** | **Tiempos perfectos** | **Tiempo único** |
| **TIEMPOS ABSOLUTOS** | *Presente*<br>*Futuro absoluto* | *Pret. perfecto*<br>*Pret. indefinido* | | | *Presente* |
| **TIEMPOS RELATIVOS** | *Pret. imperfecto*<br><br>*Futuro compuesto* | *Pret. pluscuamp.*<br>*Pret. anterior*<br>*Futuro hipotético*<br><br>*Potencial simple* | *Presente*<br>*Pret. imperf.*<br>*Futuro hipotético compuesto*<br>*Pot. compuesto* | *Pret. perfecto*<br>*Pret. pluscuamp.* | |

## ESQUEMA GRAMATICAL 6

### Ejemplos comparados de indicativo y subjuntivo

| INDICATIVO | SUBJUNTIVO |
|---|---|
| **Presente:** | **Presente:** |
| • Creo que alguien *lee* en voz alta. | • No creo que alguien *lea* en voz alta. |
| **Pretérito indefinido:** | **Pretérito imperfecto:** |
| • Todos afirman que Rómulo *fundó* Roma. | • Todos niegan que Rómulo *fundara* Roma. |
| **Pretérito imperfecto:** | **Pretérito imperfecto:** |
| • Me pareció que *cantaban* en el salón. | • No me pareció que *cantasen* en el salón. |
| **Pretérito perfecto:** | **Pretérito perfecto:** |
| • Se ve que por aquí *ha pasado* la tropa. | • No se ve que por aquí *haya pasado* la tropa. |
| **Pretérito pluscuamperfecto:** | **Pretérito pluscuamperfecto:** |
| • Se notaba que *había vivido* allí. | • No se notaba que *hubiera vivido* allí. |
| **Potencial simple:** | **Pretérito imperfecto:** |
| • Creían que *daría* un concierto de piano. | • No creían que *diera* un concierto de piano. |
| **Potencial compuesto:** | **Pretérito pluscuamperfecto:** |
| • Me figuraba que se lo *habrías dicho.* | • No me figuraba que se lo *hubieras dicho.* |

### Verbos de mandato, consejo, ruego y prohibición

| | | | | |
|---|---|---|---|---|
| | quiero | | Quise | |
| | deseo | | Deseé | |
| | te ordeno | | Te ordené | |
| | te aconsejo | | Te aconsejé | |
| | te recomiendo | | Te recomendé | |
| *No* + | te pido | *que juegues al tenis.* | Te pedí | *que jugaras al tenis.* |
| | te ruego | | Te rogué | |
| | te suplico | | Te supliqué | |
| | te prohíbo | | Te prohibí | |
| | te impido | | Te impedí | |

## 10 Señale el valor de las formas temporales que aparecen en cursiva.

1. El Barcelona perdió en su casa el punto que *ganara* el domingo pasado. ____________
2. Ésa máquina *desarrollará* aproximadamente 120 km por hora. ____________
3. *Coges* la bicicleta y te *acercas* a la estación. ____________
4. Mire, yo le *aconsejaría* que no lo hiciera. ____________
5. Si tuviese la carrera terminada, me *presentaba* a esas oposiciones. ____________
6. Yo ya me *retiraba* cuando se presentó don Antonio. ____________
7. Aquel muchacho *tendría* veinte años cuando lo conocí. ____________
8. Se ha oído ruido, ¿*llamarán* a la puerta? ____________
9. Yo *desearía* que usted apoyara a mi hijo. ____________
10. En febrero *hemos alquilado* el piso y ahora tendremos que pagarlo. ____________

## 11 Ponga en la forma correcta los verbos que están entre paréntesis.

1. ¡*(Sentarse, vosotros)* ________ ahí y no *(moverse)* ________!
2. Ayer me *(comprar, yo)* ________ los libros y los *(utilizar, yo)* ________ hoy.
3. Ayer *(hacer, ellos)* ________ el ejercicio sin que les *(ayudar)* ________ nadie.
4. De haberlo sabido a tiempo, *(venir, yo/él)* ________ antes.
5. De niño, cuanto más *(estudiar, yo)* ________ menos *(aprender)* ___________ .
6. Por raro que te *(parecer)* ________, ese chico *(saber)* ________ hablar chino, ruso y árabe.
7. Sólo pido que se *(hacer)* ________ justicia, aunque no me *(favorecer)* ________.
8. Parece mentira que *(ser, vosotros)* ________ tan obstinados.
9. Cuando yo *(ser)* ________ niño, me *(gustar)* ________ mucho ir al circo.
10. Anoche, apenas *(llegar, ellos)* ________ *(ponerse)* ________ a llover.

## 12 Ponga en la forma correcta los verbos que están entre paréntesis.

1. Como no viene, *(deducir, yo)* ________ que *(ser/estar)* ________ enfermo.
2. Ayer *(hacer)* ________ muy mal tiempo cuando *(venir, tú)* ________.
3. El intérprete *(traducir)* ________ los documentos la semana pasada.
4. Avísame cuando él *(llegar)* ________.
5. Si *(esperar, tú)* ________ unos minutos, *(ir, yo)* ________ contigo,
6. Me *(dar, ellos)* ________ la noticia cuando *(llegar, yo)* ________.
7. Mañana, mientras *(estar, yo)* ________ aquí *(estar, tú)* ________ conmigo.
8. Ayer no *(poder, yo)* ________ venir, me *(ser)* ________ imposible.
9. Lo *(comprar, yo)* ________ a plazos si *(tener, yo)* ________ dinero.
10. ¡No *(ir, vosotros)* ________ a *(quedarse, vosotros)* ________ en casa!

## 13 Ponga en la forma correcta los verbos que están entre paréntesis.

1. A lo mejor mañana *(ir, nosotros)* ________ a Burgos.
2. Puede que *(llegar, ellos)* ________ esta misma noche.
3. Es lógico que ahora *(estar, él)* ________ enfadado contigo.
4. No es seguro que *(tener, yo)* ________ tiempo para hacerlo.
5. Te aconsejaría que *(seguir, tú)* ________ insistiendo.
6. Aunque *(parecer)* ________ verdad, *(ser)* ________ mentira.
7. No sé si *(tener, yo)* ________ que ir a Barcelona.
8. ¡Ahora, *(hacer, vosotros)* ________ el trabajo como *(poder, vosotros)* ________.
9. ¡*(Poner, tú)* ________ eso donde yo lo *(ver)* ________!
10. Cuando *(salir)* ________ de casa, me encontré con unos amigos.

# 10 Ecología, gastronomía, moda, el tiempo y los pasatiempos

## Pocos y Acosados

J. Gabriel Pallarés

En los Pirineos, los osos ya sólo son una docena de «cadáveres vivientes». En la Cordillera Cantábrica, el escaso centenar de plantígrados que sobreviven podrían salvarse de la extinción si se erradicase urgentemente el furtivismo organizado, «cuyos núcleos son perfectamente conocidos», según denuncian expertos conservacionistas. El caso del oso El Rubio, abatido hace dos años por un cazador en Brañosera (Palencia) durante una cacería de corzos, que acaba de ser absuelto por actuar «en legítima defensa» según el juez, es un nuevo grito de alarma a favor de medidas para salvar la especie.

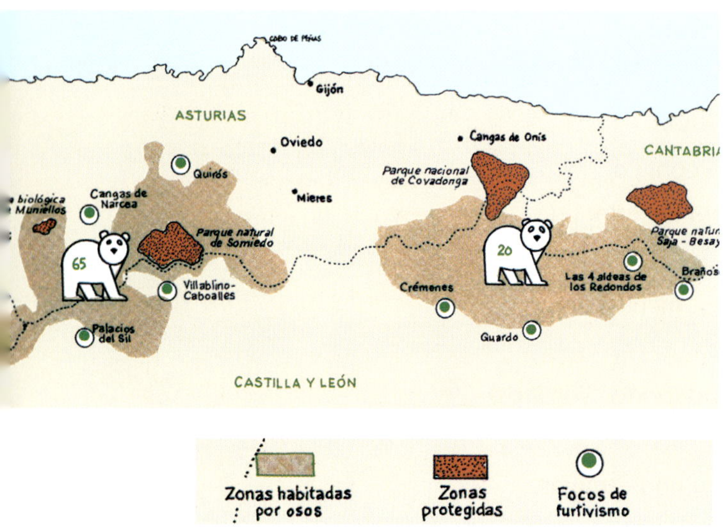


La principal zona osera española se extiende hoy sobre 540.000 hectáreas a lo largo de la Cordillera Cantábrica, a caballo de cuatro autonomías, cinco divisiones provinciales y sólo tres territorios actualmente protegidos. Su presencia fija o esporádica se sigue detectando en 8 términos municipales de Cantabria, 8 de Palencia, 33 de León y 3 de Lugo. Pero el fuerte de sus efectivos continúa refugiándose en el Principado de Asturias, escondido en las grandes masas forestales de los concejos de Quirós, Somiedo, Degaña y Cangas de Narcea.

Desde la construcción, hace más de una década, de la autopista León-Campomanes (Oviedo), la población de osos cantábricos quedó dividida en dos núcleos sin comunicación entre sí. La parte oriental alberga unos 20 ejemplares, frente a la occidental, que conserva entre 65 y 80 ejemplares. En total, el censo no alcanza el centenar de individuos. Sólo seis osas se han reproducido con éxito, por término medio, en los cinco últimos años.

La comunidad autónoma más activa, en cuanto a la conservación del oso se refiere, es Castilla y León, que con su flamante Plan de Recuperación para la especie concibe proteger, mediante dos parques naturales (con zonificaciones internas tipo reserva integral), todo su territorio osero disperso por la franja norte de las provincias de Palencia y León. Cantabria también se plantea el establecimiento de un gran parque natural que abarque la totalidad de su zona habitada por el plantígrado.

Paradójicamente, Asturias, pionera en abordar el tema de la conservación de los territorios del oso (con la declaración de la reserva biológica de Muniellos y el parque natural de Somiedo), ha pasado a ser la más inoperante en la materia, manteniendo más del 80 % de su territorio osero carente de protección adecuada. Su dejación más preocupante es el concejo de Cangas de Narcea, cuyo territorio (el segundo en densidad osera en toda la cordillera) permanece clasificado como zona libre de caza, aunque para la protección del concejo de Cangas existe el proyecto del parque natural de las Fuentes del Narcea.

## AMENAZAS

Las amenazas sistemáticas de las bandas furtivas que controlan la zona, junto a la oposición al proyecto por parte del Ayuntamiento local, continúan impidiendo incluso la mínima ordenación cinegética de este enclave privilegiado de la naturaleza europea.

La actual población superviviente de estos animales en los Pirineos puede calificarse de mísera. Según el principal experto francés en osos, Cammarra, se trata ya de «cadáveres vivientes». Distribuidos en cuatro núcleos sin comunicación entre sí, se estima que no superan hoy los 12-15 ejemplares. En 1937 eran 200 los osos que existían en los Pirineos; en 1954 se habían reducido a 70; en 1978 eran apenas 30; en 1984, 20. Desde hace cuatro años ya no existen sobre territorio navarro.

# El oso ibérico, al borde de la extinción en sus dos únicos refugios de la Cordillera Cantábrica

## EN TODA LA PENÍNSULA

Tradicionalmente más querenciosos de la vertiente francesa, actualmente sólo existe un último oso estable en territorio español: en los altos valles de Ansó y Hecho, precisamente donde el Ministerio de Obras Públicas planificó la construcción del gasoducto Larcq-Serrablo.

Hace unos 600 años, los osos pardos estaban presentes sobre la práctica totalidad de la península Ibérica.

También existió el gran plantígrado en los montes gaditanos de Tarifa. Y en cuanto al corazón peninsular, el oso criaba hasta en Pozuelo de Alarcón, hoy barrio periférico de Madrid capital. Felipe II cazó todavía plantígrados en El Pardo. Y hay que recordar que en el escudo de Madrid hay un oso y un madroño.

Hasta el siglo XVIII se tiene constancia de que hubo osos en los montes de Toledo y en la mayoría de las sierras extremeñas.

Sin embargo, un siglo después se extinguían incluso de las montañas del País Vasco, rompiéndose así la continuidad de sus poblaciones cantábrica y pirenaica. Los últimos osos gallegos resistieron en la Sierra do Faro hasta los albores del siglo XX. También se mantuvieron en la sierra de San Mamed, en Orense; en los montes bercianos de los Aquilianos, en León; en La Cabrera y en algunas sierras zamoranas. Los movimientos erráticos de algunos de estos últimos ejemplares dieron lugar a observaciones tan sorprendentes como la de un viejo oso macho, en 1848, en busca de congéneres que ya no existían, hasta las mismas inmediaciones de Santiago de Compostela.

El profesor Franco Tassi, director del parque italiano de los Abruzzos y uno de los principales expertos europeos en materia de conservación, refería en una reciente entrevista mantenida en Roma con este periódico la siguiente anécdota: en una recepción, una señora envuelta en lujosas pieles le preguntó: «En el fondo, profesor, ¿para qué pueden servir en estos tiempos los osos en las montañas de Europa?». La respuesta fue tan sencilla como tajante: «Para nada en concreto, señora. Lo mismo que Mozart o que Beethoven.»

*El País*

# Recetas de cocina

## CHILES EN NOGADA

Los chiles en nogada son un platillo típico mexicano del estado de Puebla, cuyo origen se remonta a los tiempos de la Independencia en 1821. Ese mismo año, Agustín de Iturbide se proclamó emperador y a su paso por la ciudad de Puebla de los Ángeles hizo una entrada triunfal con el Ejército Trigarante el 27 de septiembre, fecha que curiosamente coincide con el cumpleaños del futuro emperador de México, motivo por el cual, el 28 de agosto de 1821, le ofrecen un banquete.

Este platillo fue confeccionado en su honor por las monjas del convento de Santa Mónica, y en él se pueden apreciar los tres colores de la bandera: el verde quedó representado por el chile poblano y el perejil, el blanco por la salsa de nuez de Castilla tierna, y el rojo por los granos de la granada.

**INGREDIENTES**

8 chiles poblanos medianos
25 nueces
1/2 taza de crema de leche
1/2 copa de jerez
1 trocito de cebolla
1/2 diente de ajo
1 granada roja
1 cucharada de aceite
1/2 taza de agua
1/2 taza de vinagre
sal

**PARA EL RELLENO:**

200 g de pulpa de cerdo cocida
150 g de jitomate
10 almendras
15 g de pasitas
1/2 cucharada de cebolla picada
5 aceitunas
1/2 cucharada de azúcar
1/2 cucharada de vinagre
1 cucharada de manteca
1 hoja de laurel

**PROCEDIMIENTO**

Tostar, limpiar y desvenar los chiles.
Freírlos luego en el aceite, con el ajo y la cebolla.
Añadirles el vinagre, 1/2 taza de agua, la sal y hervir aproximadamente unos 10 minutos.
Retirar del fuego. dejar enfriar perfectamente, quitarlos del líquido y rellenar.
Se bañan con la nogada y colocados en un platón se decoran con los granitos de la granada.

**RELLENO:**

Se acitrona la cebolla picada en la manteca.
Se le añade el jitomate (asado y molido) y se fríe.
Enseguida se agregan la carne cocida y deshebrada, las pasitas, almendras y aceitunas picadas; además, un poco del caldo en que se coció la carne.
Sazonar con sal, pimienta, vinagre, azúcar y laurel.
Dejar hervir lentamente para que espese.

**NOGADA:**

Quitar las cáscaras y pellejitos a las nueces. Molerlas junto a la crema y sazonar con poquita sal, azúcar y jerez.

## EMPANADA ARGENTINA

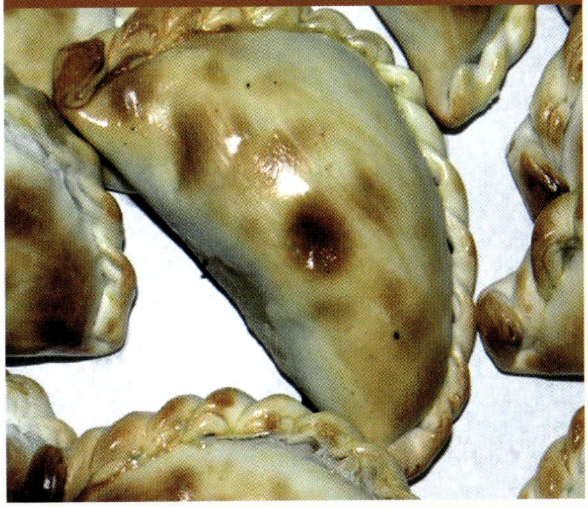

La empanada argentina es un plato muy consumido en este país. Suelen ser de tamaño pequeño, individual, un poco más grandes de lo que en España se llamarían empanadillas. La masa está hecha con harina de trigo y grasa vacuna, generalmente. El relleno varía de provincia en provincia; se basa principalmente en carne de vaca o de pollo, más distintos aderezos como cebolla, huevo, aceituna, pasas de uva y en algunas provincias incluso papa o arvejas.

Para que los comensales sepan cuál es el relleno o pebre (o recado) de cada empanada, el/la cocinera/o cierran la "tapa" de la empanada con un "repulgo" o "simba" característico para cada relleno.

La empanada se cocina al horno o frita. Generalmente tiene forma de semicírculo de no más de 20 cm de largo, cerrado en los bordes con un elaborado repulgue.

Entre sus variantes principales están: las de carne (de carne vacuna o de carne de pollo), las de humita y las de jamón y queso. La empanada de carne (vacuna) se prepara generalmente con carne picada (aunque los especialistas prefieren carne tipo lomo cortada finamente), cebolla, huevos cocidos picados, aceitunas y, en ocasiones, pasas de uva. Para que sean "jugosas" se les añade "pella", es decir, grasa fina (una auténtica empanada criolla jamás tiene su pebre o relleno frito con aceite vegetal). Se condimenta fuertemente, especialmente con comino. La empanada de jamón y queso suele también llevar tomates picados.

## LA PURRUSALDA

La ***purrusalda*** es un plato que la cocina vasca ha convertido en una obra de arte

INGREDIENTES PARA SEIS PERSONAS:

**4 puerros, 1 kg de patatas, 2 trozos de bacalao sin desalar, 200 g de calabaza, un diente de ajo, aceite de oliva y media copa de vino blanco seco.**

Se pelan las patatas y se lavan. Se cortan los puerros en tiras y se lavan. Se corta la calabaza en dados y se desmiga el bacalao. A continuación, se pone en una cazuela honda, a fuego lento, un chorrito de aceite, se pica el ajo encima y se añaden los puerros y el bacalao desmigado. Se rehoga todo muy lentamente, hasta que los puerros empiecen a coger color. Se añaden las patatas, cortadas en trocitos muy pequeños (con el fin de que el caldo espese). Se deja que las patatas se rehoguen y se añade el vino, dejando que se vaya consumiendo sin dejar de dar vueltas. Se cubren las patatas con agua caliente, se agrega la calabaza y un poco de sal. Se deja que cueza a fuego lento durante veinte o veinticinco minutos y se sirve caliente.

## CALDO GALLEGO

Procedente de la gastronomía de Galicia, para reconfortarnos en los fríos y húmedos días de invierno, presentamos este otro primer plato: ***el caldo gallego*.**

INGREDIENTES PARA SEIS PERSONAS:

**100 gramos de judías blancas, 1/2 kilo de carne de morcillo, 300 gramos de grelos o de repollo, un hueso de lacón, un hueso de ternera, dos patatas, una cucharada de unto (manteca), agua y sal.**

La noche anterior se dejan las judías en agua.
Para hacer el caldo gallego, se pone agua fría en una cazuela con la carne, los huesos de lacón y de ternera y el unto, y se deja cocer durante una hora aproximadamente. En otra cazuela se ponen a cocer las judías durante media hora.
A continuación, se echan las judías en la primera cazuela y se dejan cocer hasta que estén blandas (una hora y media aproximadamente).
Por último, se agregan las patatas peladas y cortadas en cuadraditos. Al cabo de un cuarto de hora se añaden los grelos (lavados, sin los tallos y cortados) y la sal.
Se deja cocer todo junto, de veinte a treinta minutos más, y ya está listo para comer.
Otra variedad gallega es el **pote gallego**. Se prepara igual que el caldo gallego, sólo que es más espeso y lleva 250 gramos de judías blancas.

## POLLO AL CHILINDRÓN

Un segundo plato, característico de la región del Ebro, es el ***pollo al chilindrón*.**

INGREDIENTES PARA SEIS PERSONAS:

**Un pollo de un kilo, 4 tomates grandes, 2 pimientos verdes, una cebolla, dos decilitros de aceite, 150 gramos de jamón, un vaso de vino blanco, pimienta, ajo y sal.**

En primer lugar, se fríe el pollo, cortado en trozos, hasta que esté doradito.
A continuación, se fríen los tomates con los pimientos, la cebolla, la pimienta y el ajo, todo muy picado.
En una cazuela se ponen todos los trozos de pollo con este refrito y se guisan durante cinco minutos.
Por último, se añade el jamón, cortado en lonjas, y el vino, dejándolo guisar otros cinco minutos.

## ESCALOPINES DE TERNERA

Otro sabroso segundo plato, esta vez de origen levantino, son los ***escalopes de ternera a la valenciana.***

INGREDIENTES:

**12 escalopes de ternera de calidad, 12 lonchas de jamón, aceite de oliva, una cebolla mediana, la corteza rallada de una naranja, una taza de zumo de naranja, media taza de vino amontillado, una cucharada de harina, sal y pimienta.**

Se coloca una loncha de jamón sobre cada escalope, se unen bien y se hacen un rollo atado con palillos. Se doran a fuego vivo en aceite, espolvoreando con sal. Se añade la cebolla, la corteza y el zumo de naranja y el jerez, dejando cocer de veinte a veinticinco minutos. Se retiran de la sartén, se espesa la salsa con la harina y se sazona. Se echa la salsa encima de la ternera y, finalmente, se sirve con una guarnición de rodajas de naranja y perejil picado.

## TORRIJAS

Para endulzarnos un poco la vida, tomemos de postre ***torrijas.*** Se pueden tomar en cualquier época del año, pero son típicas de la Semana Santa.

INGREDIENTES:

**Una barra de pan (puede ser del día anterior), un litro de leche, tres cucharadas soperas de azúcar, dos o tres huevos, un litro de aceite y canela.**

Se corta la barra de pan en rodajas de unos 2 cm cada una y se van colocando en una fuente un poco honda. Se pone la leche a calentar con tres cucharadas de azúcar y, cuando está a punto de hervir, se echa sobre el pan. Se deja una hora para que se esponje bien el pan. Se baten dos huevos y se rebozan las torrijas en ellos. A continuación, se van friendo por los dos lados. Se sacan y se dejan escurrir un poco. Luego, se colocan en la fuente donde se vayan a servir, se espolvorean con azúcar y canela, y se sirven. Se pueden tomar templadas o frías.

## MANZANAS ASADAS

Por último, un postre natural y sencillo, que se toma en toda España, son las ***manzanas asadas.***

INGREDIENTES PARA SEIS PERSONAS:

**Seis manzanas, azúcar, canela, coñac o ron.**

Se colocan en un recipiente, de forma que los agujeros queden hacia arriba, rellenándolas con un poco de azúcar y otro poco de canela.
A continuación, se las riega con coñac o con ron y se meten en el horno (a temperatura suave).
Una vez asadas, se pueden adornar con nata, nueces o con unas guindas.

# Los que se quedan con la juventud

Marian Vila

Son los *enfants* terribles de la moda del momento, los elixires de la juventud.
Se les considera excesivos, extenuantes, extravagantes, exuberantes y exclusivos.
Locos o genios..., cada uno de ellos, y por un motivo, se queda con nosotros.

## EL FOLKLORE INTERNACIONAL

**Vitorio & Lucchino**

**ELLOS.** ***Sus nombres:*** José Víctor Rodríguez y José Luis Medina del Corral. ***Su arma:*** ser dos puntos de vista bajo una misma firma. ***Su alma:*** el misterio de Andalucía. ***Su paraíso:*** Córdoba, el corazón de su tierra. ***Su espíritu:*** personal, atractivo, risueño, exterior, como sus raíces. ***Su inspiración:*** el volante, los toros, la peineta, la mantilla, el olor de los geranios, el sabor del Mediterráneo. ***Su pasión:*** por la luz y la claridad, por los patios andaluces, por los pueblecitos blancos, por Velázquez, por Manuel de Falla... ***Su lenguaje:*** el de los colores. ***Su amor:*** por la naturalidad de las formas, lo espontáneo y lo auténtico. ***Su extravagancia:*** recrearse en las antiguas fenicias, revestidas de joyas y encajes. ***Su contradicción:*** figurar con nombres de una lengua cercana, pero no propia. ***Su éxito:*** apostar por lo español cuando el *chauvinismo* estaba totalmente pasado de moda.

**ASÍ LAS VISTEN.** ***Su obra:*** tradicional pero llena de matices nuevos, de misterio, de atracción pasional. ***Su osadía:*** hacer de la calle una plaza de toros. ***Su arte:*** saber conjugar las formas de lo cotidiano con un resultado hiperfemenino, sensual y muy original. ***Su ropa:*** estéticamente favorecedora. ***Sus colores:*** el azul del cielo, el rojo sangre y el oro, de la riqueza cultural de esta nación. ***Su mérito:*** haber incorporado a la vida cotidiana materiales y tejidos insospechables: el encaje, los madroños, los trajes de luces... ***Su objetivo:*** transformar lo nacional en internacional.

**LA CARCAJADA DEL VESTIR**
**Franco Moschino**

**ÉL.** ***Su lema:*** la elegancia ha muerto, viva la extravagancia. ***Su vicio:*** fabricar imágenes. ***Su papel:*** el de provocador. ***Su crítica:*** a todo lo que no tiene aire de revolución. ***Su escuela:*** la calle. ***Su catecismo:*** «te puedes poner todo lo que quieras. No importa la manera». ***Su deseo:*** romper la monotonía. ***Sus padres:*** la publicidad y las escuelas de arte. ***Su odio:*** «a la perfección y la uniformidad». ***Su pecado:*** convertirse en un niño prematuro al nacer cien años antes. ***Su perfume:*** «pruébalo con hielo, nena». ***Su obsesión:*** ser o no ser Moschino. ***Su descaro:*** hacer de la insolencia un estilo; de la broma, un lujo, y de la costura, una forma de vivir con humor. ***Su definición:*** «soy como un restaurante que trata de cocinar bien los platos clásicos ya inventados por aquellos que sí saben cocinar».

**ASÍ LAS VISTE.** ***Su ropa:*** excesiva, extenuante, extravagante, exclusiva, exuberante. ***Sus símbolos:*** los corazones, las interrogaciones, los ositos de peluche, los lazos, los mensajes publicitarios... ***Sus instrumentos:*** la vista y el tacto. ***Su color:*** el rojo. ***Sus complementos:*** todo lo que tenemos a nuestro alrededor puede ser utilizado para decorarnos; la manilla de una puerta, un dedal, un caramelo, la palabra... ***Su triunfo:*** conseguir hacer de lo cotidiano un estilo.

**EXPERIMENTAR CON LO TRADICIONAL**
**Jean Paul Gaultier**

**ÉL.** ***Su trauma:*** no encarnar la virilidad suprema. ***Su necesidad:*** llamar la atención. ***Su lenguaje:*** el dibujo. ***Su maestro:*** la televisión. ***Su pasión:*** las cosas de costura, montar espectáculos y los tebeos. ***Su símbolo:*** una lata de guisantes que encontró en un cubo de basura y transformó en un magnífico brazalete. ***Su maniquí:*** un peluche llamado Nana, «... era un oso un poco travesti». ***Su hobby:*** jugar con las telas, los colores y la superposición de prendas. ***Su protesta:*** teñirse el pelo de rubio platino «porque mis padres siempre me lo prohibieron». ***Su pinta:*** de quinceañero. ***Su amor:*** hacia las viejecitas. «Los vaqueros, cuanto más viejos, mejor. Algo parecido ocurre con la gente mayor». Por eso son maniquíes viejos los que mejor lucen sus trajes. ***Su musa:*** su abuela. ***Su burla:*** reírse del tiempo, inventar historias. ***Sus noes:*** a vestir a Mick Jagger y David Bowie. ***Su manía:*** que no se pronuncie la L de su nombre. ***Su triunfo:*** ser el *enfant terrible* de la moda francesa.

**ASÍ LAS VISTE.** ***Su obra:*** excéntrica, chic, sin edad, elegante y un poco retro. ***Su moda:*** andrógina. ***Su influencia:*** McLaren: el catalizador del fenómeno punk. ***Sus principios:*** diseñando joyas electrónicas. ***Su medalla:*** ser el primero en crear sus propios tejidos: la goma, los sintéticos, la rafia, imitación de maderas, telas no tejidas.... brillos. ***Su color:*** el negro. ***Su innovación:*** para ellas, la falda corsé; para ellos, la falda pantalón. ***Su fetiche:*** los senos puntiagudos. ***Su deseo:*** promover la anticostura.

### LA COMBINACIÓN DEL CLASICISMO Y LA MODERNIDAD
**Karl Lagerfeld**

**ÉL.** ***Su responsabilidad:*** tener todo el poder sobre la creación de moda de Chanel. ***Su pasión:*** por mademoiselle Chanel. ***Su hobby:*** los sombreros. ***Su mundo:*** la fotografía. ***Sus fetiches:*** su célebre coleta, sus abanicos, su casa y sus castillos. ***Su personalidad:*** extravagante. ***Su espíritu:*** innovador. ***Su amor:*** por la osadía. ***Su carcajada:*** a los estereotipos. ***Su mérito:*** no quedarse atrás. ***Su capacidad:*** de asombrar y fascinar. ***Su ¡Hurra!:*** no haber renegado de nada y a la vez cambiarlo todo.

**ASÍ LAS VISTE.** ***Su credo:*** el elegante desenfado. ***Sus líderes:*** las chaquetas que juegan a ser reinas, encadenadas, salpicadas de perlas, ribeteadas de arte, y los vestidos negros de noche. ***Su característica:*** chic. ***Su secreto:*** el tweed, previamente lavado en las aguas del río Tweed. ***Su renovación:*** las mallas de algodón negras. ***Su arco iris:*** los colores pastel. ***Sus complementos:*** los botones Chanel, las perlas, los largos collares de cadena, los zapatos bicolor (el modelo que más se ha copiado en el mundo) y el bolso bandolera. ***Su inmortalidad:*** por renovarse con los años, por ser pionero de los guateados y por haber conseguido que las chaquetas inconfundiblemente Chanel sean copiadas por la mayoría de los diseñadores.

### EL MASCULINO MÁS FEMENINO
**Giorgio Armani**

**ÉL.** ***Su inmortalidad:*** creó un *blazer* y se metió el mundo en el bolsillo. ***Su obsesión:*** le inyectaron en vena la pasión por el trabajo. ***Su maestro:*** el diseñador Nino Cerruti. ***Su odio:*** hacia los nuevos ricos, los presuntuosos y los necios. ***Su catecismo:*** «lo bello y lo comercial no son conceptos enfrentados». ***Su talento:*** haber creado una manera de vestir que, sin repetir clichés, responde a un estilo único. ***Su mérito:*** que su ropa se reconozca a primera vista. ***Sus poderes:*** atrapar deseos, hacerlos tangibles y producirlos en una fábrica magistralmente. ***Su sueño realizado:*** el palacio de la Vía Barganuovo, en Milán, donde vive y diseña. ***Su segundo nombre:*** Jorge I, rey del *blazer*.

**ASÍ LAS VISTE.** ***Su ropa:*** suelta, flexible, con aire de haber sido usada, símbolo –para él– de elegancia suprema. ***Su éxito:*** ser el maestro del estilo masculino en ropa femenina y el inventor de la moda business. ***Sus colores:*** el beige, los marrones y el azul marino. ***Sus formas:*** masculinas. ***Su característica:*** hacer del vestir la comodidad y de la sencillez la elegancia. ***Su creación:*** una moda que demuestra que la clase no debe confundirse con el lujo.

*Ragazza*

# Pasatiempos

## CRUCIGRAMA BLANCO

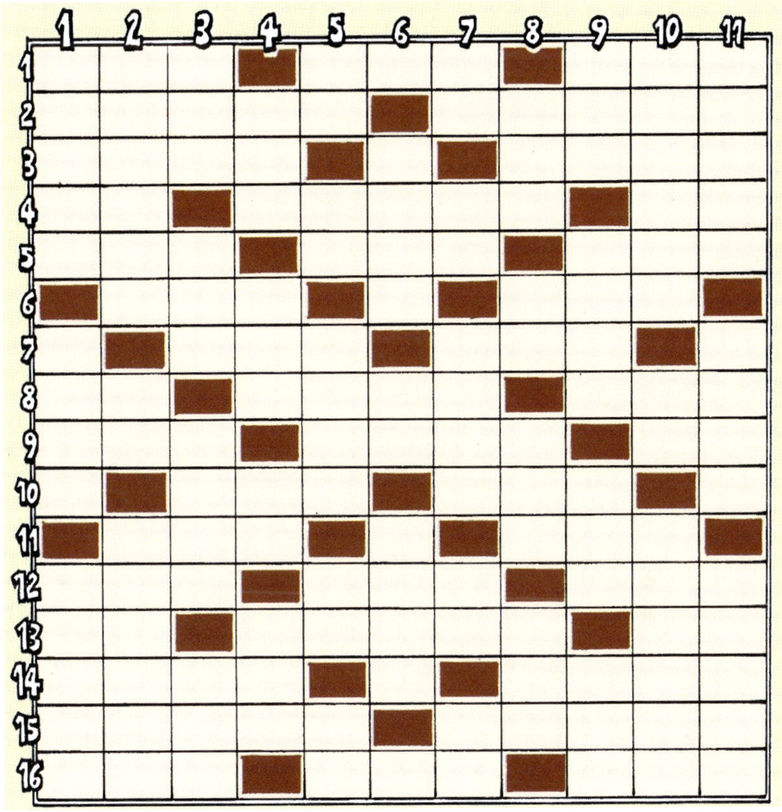

**Horizontales: 1.** Lidias de becerros por aficionados. Sumamente mala. Llena de pecas / **2.** Riña, pendencia, camorra. Cierta enfermedad contagiosa / **3.** Reprensión, corrección. Preposición. Cada uno de los círculos menores paralelos al Ecuador / **4.** Voz repetida de los pastores para mover el ganado menor. Cortesías, moderaciones, urbanidades. Señalo bienes para una fundación / **5.** Último piso de un edificio. Material de construcción. Localidad riojana / **6.** Acompañes con coros una composición. Estornudo. Bandejas / **7.** Prefijo que indica separación o distinción. Terminen. Endemoniada. Apócope de santo / **8.** Trozo de tubo que forma ángulo. Persona sumamente distraída, chiflada. Religioso que aún no ha profesado / **9.** Septentrional. Cada una de las 1.000 partes iguales en que se divide algo. Apetito, deseo / **10**. Artículo neutro. Pollos castrados y cebados. Bolita con que juegan los niños. En pelota vasca, la pared que, en cancha abierta, une el muro de frontón con el de rebote / **11.** Cierta arma blanca. Repetido, padre. Pantalla de vidrio a modo de fanal / **12.** Sarcástico, irónico. Deténme. Volante de los vestidos femeninos / **13.** Ave palmípeda. Conjunto de los procesos químicos desarrollados en todo organismo viviente. Unir o enlazar / **14.** Bolita de cera, armada de puntas de vidrio, que usaban los disciplinantes. Nota musical. Estímate, valórate / **15.** Activistas, alborotadores. La que resuena / **16.** Panales de cera sin miel. Modelo en tamaño reducido. Diversión bulliciosa.

**Verticales: 1.** Empleo u oficio de camarera. Atleta que arroja el disco. Diese sopapos / **2.** Que sigue la filosofía o doctrina de Aristóteles. Cubrí con oro. Relativo a las postrimerías de ultratumba / **3.** Discursiva, capaz de pensar. Península del Asia oriental, entre el mar Amarillo y el mar de Japón. Fruto de la alcaparra. Gigantes / **4.** Persona rechoncha y de baja estatura. Hojuela dura, delgada y transparente que cubre la piel de ciertos animales. Corta las ramas superfluas de los árboles. Falto de uno o más dientes / **5.** Dolor, aflicción. Balancea, columpia. Los hijos menores. Pie y pierna de los animales. Conjunto de 20 manos de papel / **6.** Afirmación. Sustancias para sazonar la comida. Interruptor eléctrico. Narración de un suceso fingido que encierra una enseñanza moral. Pronombre relativo / **7.** Pintor neerlandés, discípulo de Rembrandt. No digo la verdad. Relativa al potasio. Variedad del pino negral. Desafía / **8.** Sistema montañoso de la Europa central. Fundamento. El Gran Espíritu de los indios de América del Norte. Niño atrevido o malmandado / **9.** Quitara la piel. Persona que ejercita un arte u oficio meramente mecánico. Príncipe sarraceno. Vasija grande de barro cocido / **10.** Dícese de las plantas cuyo embrión contiene uno o más cotiledones. Pieza destinada a soportar una carga. La que paraliza / **11.** Medio o remedio que se intenta aplicar a todo. Condenable, que merece castigo. Mujer nacida en un pueblo toledano, muy famoso por sus bordados.

## RETRATO INVISIBLE

En este cuadro hay diez palabras diversas (nombres simples y compuestos, lugares, títulos de obras, etc.), dispuestas en cualquier dirección y sentido, de las que debe encontrar las suficientes para, oportunamente relacionadas, saber quién es el retratado.

| | | | | | | | | | | | | | | | | | | | | | | | |
|---|---|---|---|---|---|---|---|---|---|---|---|---|---|---|---|---|---|---|---|---|---|---|---|
| | | | | | | | | | | | | R | B | P | Ñ | C | P | D | Q | F | R | G | S |
| | | | | | | | | | | | | T | E | V | L | W | H | X | I | Y | C | R | O |
| | | | | | | | | | | | | S | E | T | R | A | S | A | L | L | E | B | M |
| | | | | | | | | | | | | J | Z | K | R | B | Y | C | L | J | R | D | S |
| | | | | | | | | | | | | F | M | G | N | A | H | A | U | J | C | K | I |
| Ñ | L | P | M | P | N | Q | Ñ | R | P | S | U | V | Q | T | R | V | T | M | S | W | E | T | N |
| V | J | R | X | W | C | O | L | O | R | O | A | N | X | Y | Z | Z | E | O | Y | B | D | C | O |
| C | F | O | G | D | H | F | J | G | B | L | D | D | A | K | H | D | L | I | S | M | I | J | I |
| N | K | F | A | Ñ | L | P | M | Q | E | R | N | A | S | M | O | T | Ñ | V | P | W | L | X | S |
| Q | Y | E | Z | Q | B | R | C | N | D | S | F | T | C | D | U | G | V | H | W | J | L | K | E |
| L | X | S | M | Y | U | N | C | I | Ñ | Z | P | B | U | S | Q | N | R | S | S | C | A | T | R |
| D | V | O | W | F | X | I | Y | Ñ | Z | G | B | N | C | H | E | D | O | F | O | G | J | H | P |
| K | J | R | K | L | A | L | N | O | M | P | S | Q | N | R | Ñ | P | M | P | N | L | Ñ | Q | M |
| X | R | Y | S | Z | T | B | V | S | C | E | D | W | F | X | I | G | Y | H | Z | J | B | K | I |
| C | L | D | S | F | T | G | V | H | D | W | J | M | K | T | N | L | Ñ | M | P | N | Q | L | C |

## JEROGLÍFICOS

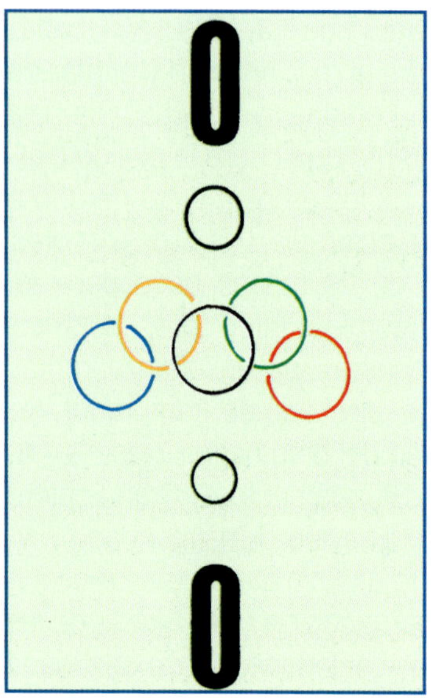

– ¿Dónde te vas a bañar?

– ¿Qué hace Andrés?

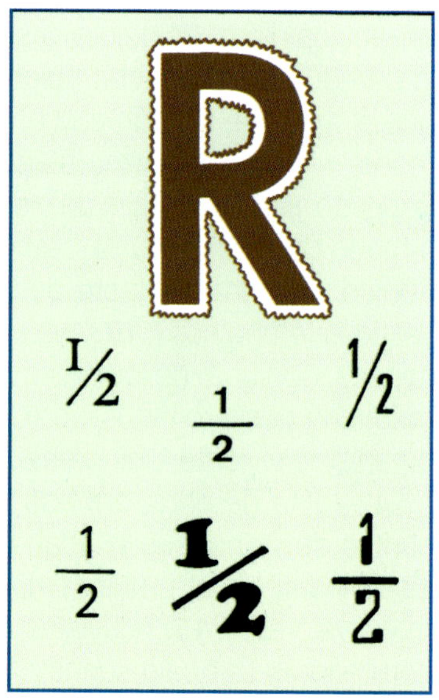


–¿Cómo viene Ramón?

## FUGA DE LETRAS

Colocar las letras del recuadro inferior en el encasillado de arriba, de modo que pueda leerse una frase de Quevedo.

| | | | | | |
|---|---|---|---|---|---|
| ★ | | I | ★ | | A |
| | E | S | ★ | E | |
| ★ | | I | E | | ★ |
| P | | R | | U | |
| ★ | | E | ★ | L | O |
| ★ | A | | R | | D |
| E | | C | | N, | ★ |
| | E | | C | A | |
| E | R | ★ | E | | E |
| S, | ★ | | O | ★ | |
| I | | N | | E | C |
| | O | R; | ★ | | O |
| | I | C | | O | |
| O | ★ | Y | ★ | | O |
| ★ | | A | | I | T |
| | T | I | | O. | ★ |

| | | | | | | | |
|---|---|---|---|---|---|---|---|
| A | A | A | B | B | B | C | C |
| D | D | E | E | G | H | H | H |
| I | L | M | N | N | N | O | Q |
| R | R | R | S | S | T | V | Z |

## SOLUCIONES A LOS PASATIEMPOS

### CRUCIGRAMA SILÁBICO

**Horinzontales: 1.** Capeas. Pésima. Pecosa / **2.** Marimorena. Escarlatina / **3.** Repasata. Con. Paralelo / **4.** Rite. Condimentos. Doto / **5.** Ático. Cemento. Arnedo / **6.** Corees. Tos. Bateas / **7.** Dis. Acaben. Posesa. San / **8.** Codo. Majareta. Nocivo / **9.** Boreal. Milésima. Gana / **10.** Lo. Capones. Canica. Ble / **11.** Espada. Pa. Tulipa / **12.** Socarrón. Párame. Faralá / **13.** Pato. Metabolismo. Ligar / **14.** Pelotilla. La. Cotízate / **15.** Agitadores. Resonadora / **16.** Secones. Maqueta. Jarana.

**Verticales: 1.** Camaradería. Discóbolo. Sopapease / **2.** Peripatético. Doré. Escatológico / **3.** Asmosa. Corea. Alcaparrón. Titanes / **4.** Retaco. Escama. Poda. Mellado / **5.** Pena. Mece. Benjamines. Pata. Resma / **6.** Sí. Condimentos. Relé. Parábola. Que / **7.** Maes. Miento. Potásica. Melis. Reta / **8.** Cárpatos. Base. Manitú. Mocoso / **9.** Pelara. Artesano. Califa. Tinaja / **10.** Cotiledóneas. Viga. Paralizadora / **11.** Sanalotodo. Sancionable. Lagarterana.

### RETRATO INVISIBLE

Si encontró Joaquín, Valencia, Profesor, Bellas artes, Niños, Playa, Unamuno, Tipos, Desnudo de mujer y Cercedilla, se trata de SOROLLA.

### FUGA DE LETRAS

Si haces el bien porque te lo agradezcan, mecader eres, no bienhechor; codicioso y no caritativo.

### JEROGLÍFICOS

– ¿Dónde te vas a bañar?
– Nadaré donde la Rosarito nada.
(NADA-REDONDEL-AROS-ARITO-NADA)

– ¿Qué hace Andrés?
– Caza patos en el río.
(K-ZAPATOS EN EL RÍO)

– ¿Cómo viene Ramón?
– Le trae Remedios.
(LETRA R-MEDIOS)

**ESPAÑA**

| | Máx. | Mín. |
|---|---|---|
| Albacete | 18 | 6 |
| Alicante | 20 | 9 |
| Almería | 21 | 15 |
| Ávila | 17 | 3 |
| Badajoz | 25 | 7 |
| Barcelona | 17 | 8 |
| Bilbao | 19 | 4 |
| Burgos | 17 | 2 |
| Cáceres | 21 | 9 |
| Cádiz | 22 | 16 |
| Castellón | 21 | 9 |
| Ceuta | 22 | 15 |
| Ciudad Real | 21 | 7 |
| Córdoba | 23 | 10 |
| Cuenca | 18 | 5 |
| Gijón | 16 | 5 |
| Girona | 17 | 5 |
| Granada | 20 | 11 |
| Guadalajara | 21 | 3 |
| Huelva | 24 | 7 |
| Huesca | 17 | 9 |
| Jaén | 21 | 13 |
| La Coruña | 22 | 10 |
| Las Palmas | 21 | 16 |
| León | 18 | 3 |
| Lleida | 19 | 4 |
| Logroño | 17 | 5 |
| Lugo | 22 | 4 |
| Madrid | 20 | 5 |
| Málaga | 19 | 13 |
| Melilla | 24 | 21 |
| Murcia | 19 | 9 |
| Orense | 23 | 5 |
| Oviedo | 17 | 7 |
| P. Mallorca | 21 | 6 |
| Palencia | 18 | 4 |
| Pamplona | 17 | 2 |
| Pontevedra | 23 | 13 |
| S. Sebastián | 14 | 8 |
| S.C. Tenerife | 21 | 14 |
| Salamanca | 18 | 3 |
| Santander | 15 | 10 |
| Segovia | 17 | 6 |
| Sevilla | 24 | 10 |
| Soria | 16 | 0 |
| Tarragona | 19 | 11 |
| Teruel | 18 | 5 |
| Toledo | 22 | 7 |
| Valencia | 21 | 8 |
| Valladolid | 17 | 4 |
| Vigo | 22 | 15 |
| Vitoria | 12 | 1 |
| Zamora | 18 | 4 |
| Zaragoza | 19 | 7 |

**MUNDO**

| | Máx. | Mín. |
|---|---|---|
| Amsterdam | 12 | 13 |
| Asunción | 32 | 22 |
| Atenas | 17 | 11 |
| Berlín | 13 | 5 |
| Berna | 15 | 2 |
| Bonn | 13 | 8 |
| Bogotá | 18 | 3 |
| Bruselas | 16 | 11 |
| Buenos Aires | 26 | 15 |
| Caracas | 28 | 18 |
| Copenhague | 11 | 3 |
| Dublín | 15 | 8 |
| Estocolmo | 10 | 3 |
| Francfort | 14 | 7 |
| Ginebra | 15 | 5 |
| Guatemala | 29 | 15 |
| Hamburgo | 11 | 5 |
| La Habana | 32 | 21 |
| La Paz | 15 | 9 |
| Lima | 26 | 9 |
| Lisboa | 23 | 10 |
| Londres | 15 | 7 |
| Los Ángeles | 27 | 11 |
| Managua | 35 | 24 |
| Manila | 33 | 23 |
| México | 28 | 10 |
| Miami | — | — |
| Milán | 14 | 5 |
| Montecarlo | 19 | 18 |
| Montevideo | 24 | 15 |
| Moscú | 13 | 2 |
| Niza | 20 | 17 |
| Nueva York | 28 | 18 |
| Oslo | 9 | 0 |
| Panamá | 33 | 22 |
| París | 15 | 9 |
| Pekín | 17 | 8 |
| Quito | 19 | 10 |
| Rabat | 22 | 12 |
| Río de Janeiro | 31 | 19 |
| Roma | 23 | 8 |
| San José | 25 | 14 |
| San Juan | 31 | 27 |
| San Salvador | 30 | 18 |
| Santo Domingo | 29 | 20 |
| Santiago | 22 | 9 |
| Seúl | 23 | 9 |
| Tegucigalpa | 27 | 15 |
| Tokio | 25 | 11 |
| Varsovia | 12 | 4 |
| Viena | 17 | 6 |
| Washington | 29 | 16 |

# OTRO DÍA PRIMAVERAL EN TODAS LAS REGIONES

## No habrá lluvias y sí buenas temperaturas

De momento, las características meteorológicas van a seguir siendo las que en conjunto constituyen lo que se llama buen tiempo, aunque quizá pronto tengamos que hablar de un ambiente bien distinto.

Además del ambiente soleado del que venimos disfrutando en todas las regiones, tendremos unas temperaturas que incluso superarán, en su mayoría, a las registradas últimamente.

**Andalucía.** Parcialmente nuboso en las comarcas orientales y despejado o casi despejado en las occidentales. Máximas: 20º a 25º. Mínimas: 10º a 15º.

**Aragón.** Despejado por la mañana y algo nuboso por la tarde en el Pirineo. Máximas: 15º a 20º. Mínimas: 5º a 10º.

**Asturias.** Cielo despejado o casi despejado en las primeras horas y parcialmente nuboso más tarde.

**Baleares.** Nubosidad variable, más abundante en el sur del archipiélago. Máximas: 15 a 20º. Mínimas: 10 a 15º.

**Canarias.** Algo nuboso en el norte de las islas y despejado en el sur. Máximas: 20º a 25º. Mínimas: 15º a 20º.

**Cantabria.** Ambiente parcialmente nuboso, sobre todo por la tarde. Máximas: 15º a 20º. Mínimas: 5º a 10º.

# El tiempo en Europa

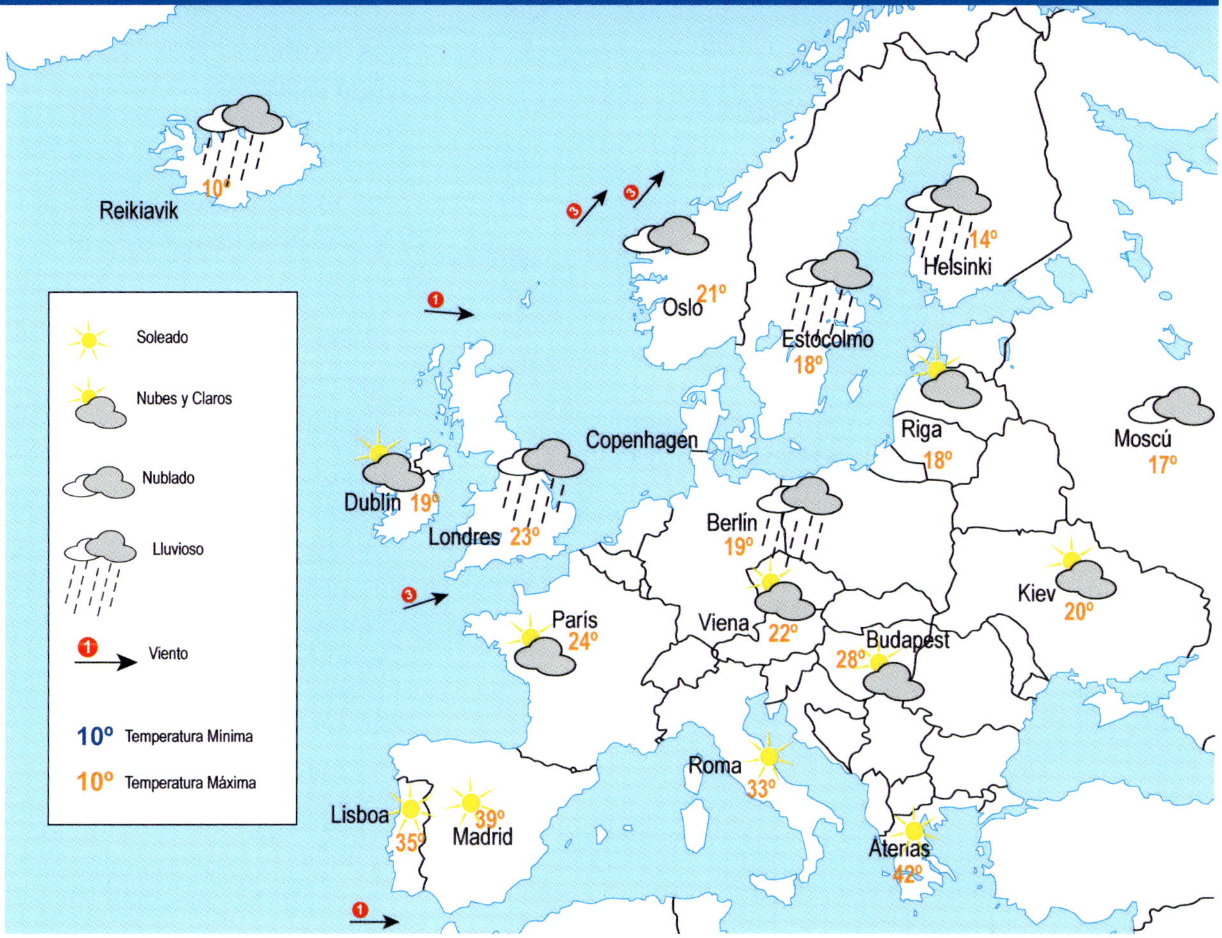


**Castilla-La Mancha.** Algo nuboso en la parte oriental y despejado en la occidental. Máximas: 15° a 20°. Mínimas: 5° a 10°.

**Castilla y León.** Despejado por la mañana y parcialmente nuboso por la tarde. Máximas: 15° a 20°. Mínimas: 0° a 5°.

**Cataluña.** Intervalos nubosos en la zona pirenaica y despejado en el resto. Máximas: 15° a 20°. Mínimas: 5° a 10°.

**Comunidad Valenciana.** Parcialmente nuboso en la costa y despejado o casi despejado en el interior. Máximas: 20° a 25°. Mínimas: 5° a 10°.

**Extremadura.** El cielo se mostrará despejado o casi despejado en toda la región. Máximas: 20° a 25°. Mínimas: 5° a 10°.

**Galicia.** Aumento gradual de la nubosidad según vaya avanzando el día. Máximas: 15° a 20°. Mínimas: 5° a 10°.

**La Rioja.** Ambiente despejado por la mañana y algo nuboso por la tarde. Máximas: 15° a 20°. Mínimas: 5° a 10°.

**Madrid Región.** En general, poco nuboso o despejado en la mayor parte de la región y ambiente primaveral. Máximas: 15° a 20°. Mínimas: 5° a 10°.

**Murcia.** Nubosidad variable, más abundante en las primeras horas del día. Máximas: 20° a 25°. Mínimas: 10° a 15°.

**Navarra.** Intervalos nubosos con tendencia a aumentar, sobre todo en el Pirineo. Máximas: 15° a 20°. Mínimas: 5° a 10°.

**País Vasco.** Cielo nuboso, especialmente en las comarcas próximas a la costa. Máximas: 15° a 20°. Mínimas: 5° a 10°.

# El tiempo en América

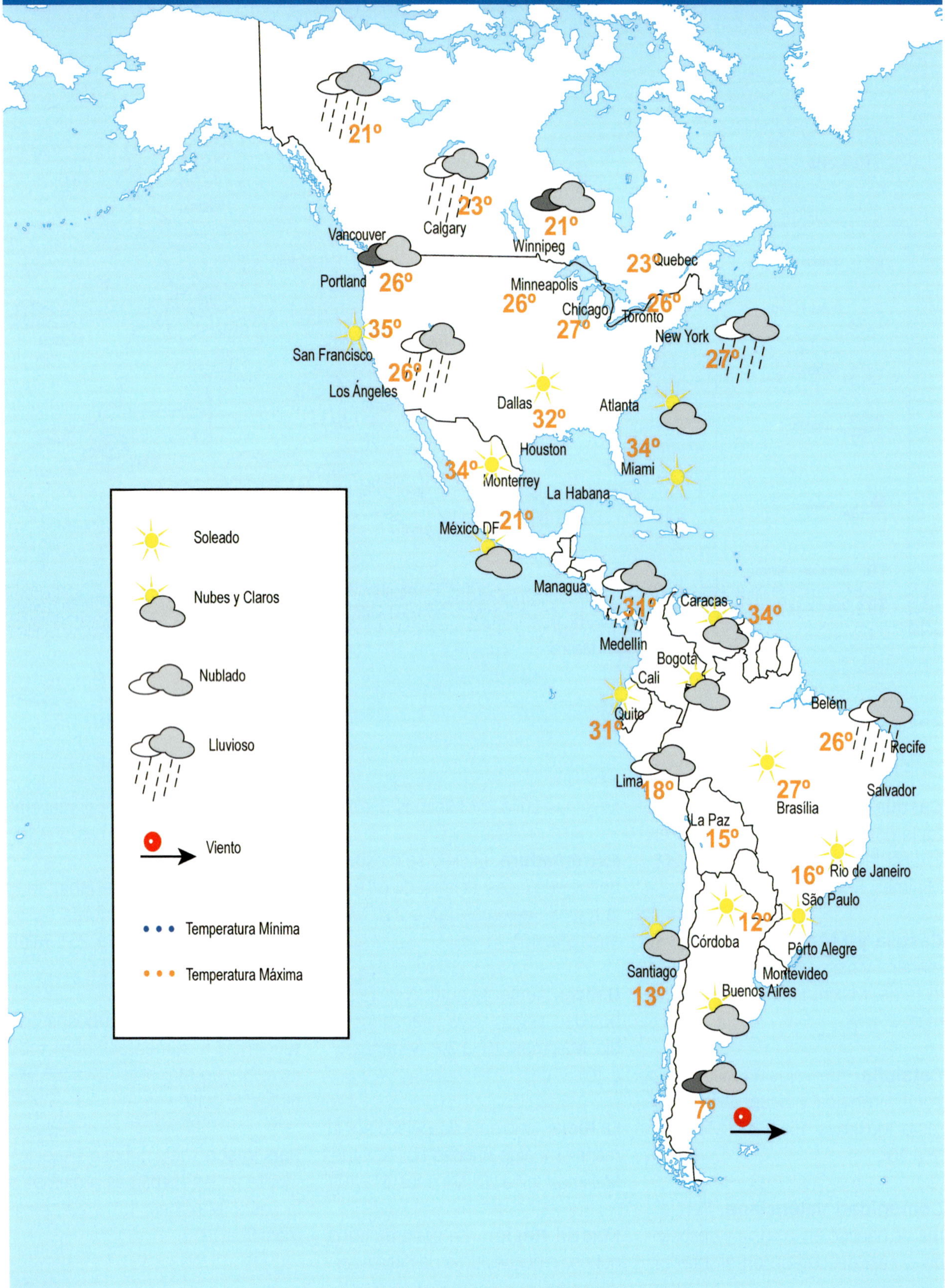

## El tiempo en Asia

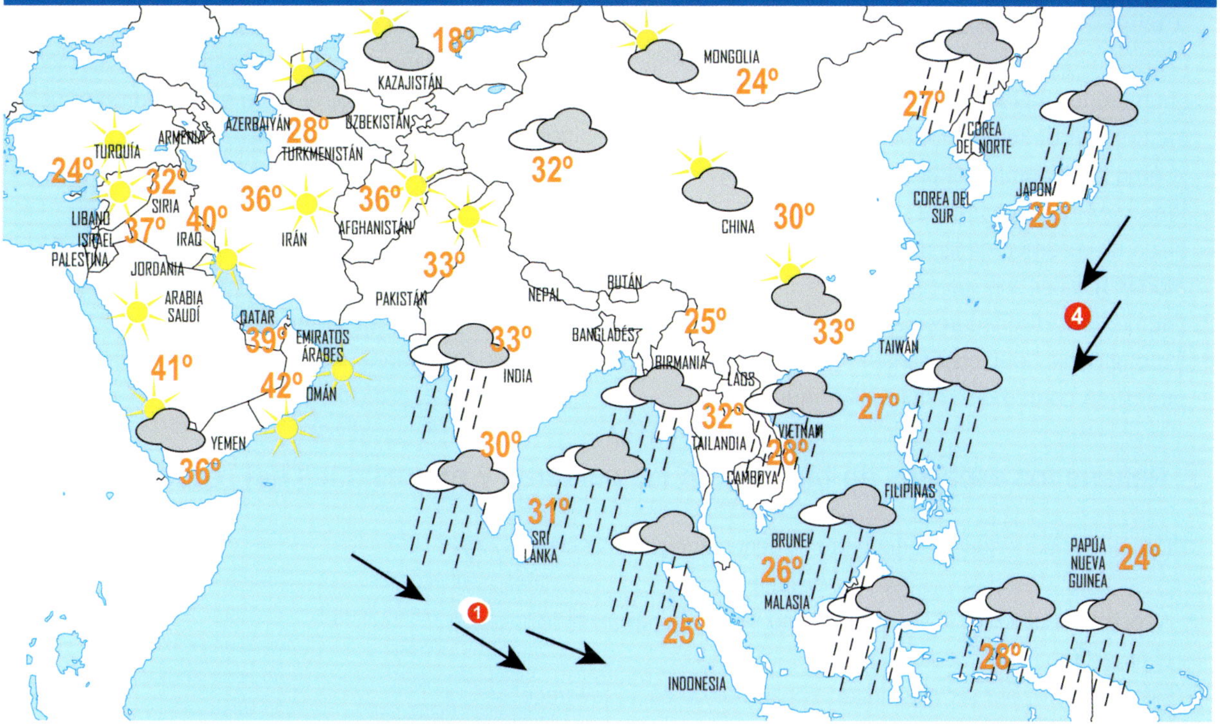


## El tiempo en África

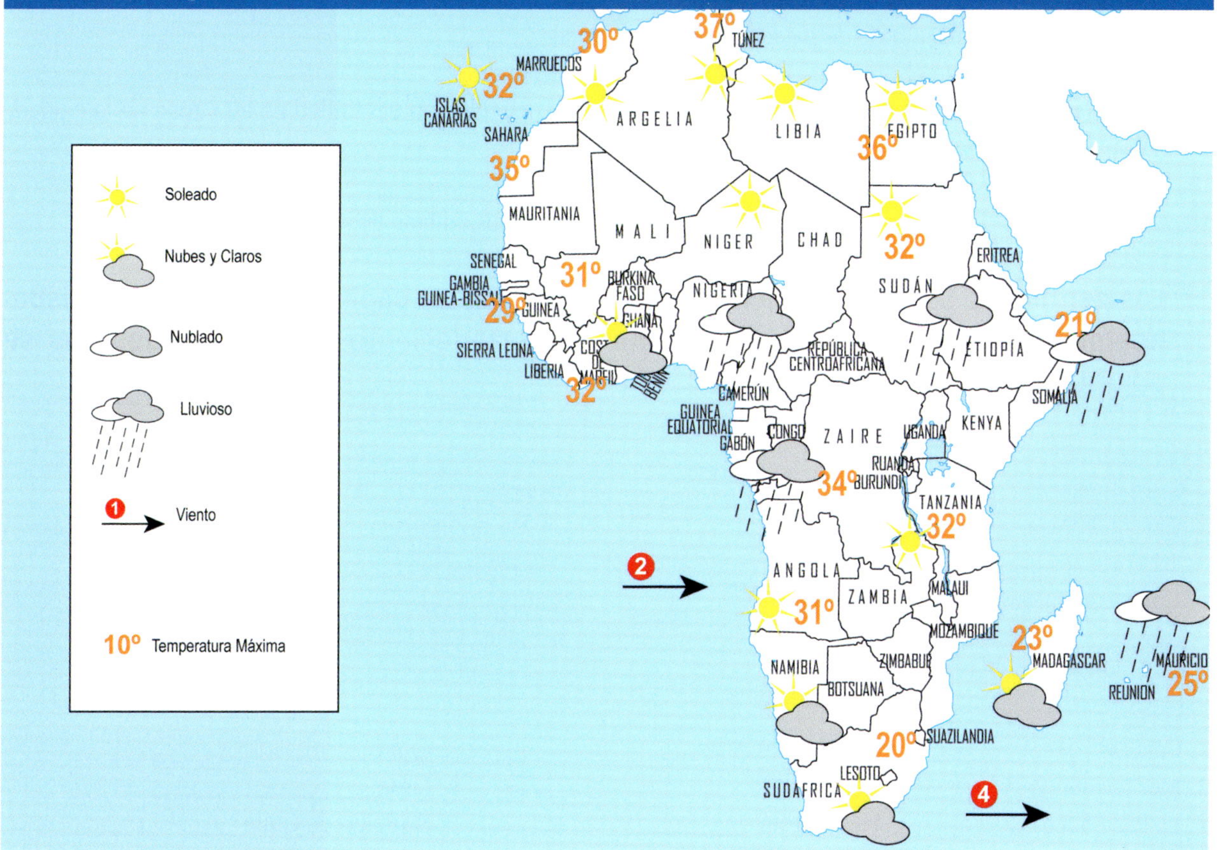

## 1. Realice las tareas siguientes.

1. ¿Cuáles son las causas de la extinción de los plantígrados en el territorio ibérico?
2. Compare, basándose en el texto, el territorio habitado por el oso en España antes y en la actualidad.
3. Enumere los ingredientes necesarios para cocinar la purrusalda, el caldo gallego, el pollo al chilindrón y los escalopines de ternera. ¿Con qué zonas de España se relacionan los platos mencionados?
4. ¿Cómo se denomina el postre típico español de la Semana Santa? ¿Qué se come en su país por estas fechas?
5. Presente los platos típicos de su tierra.
6. Haga un resumen de lo más característico y lo más llamativo de la imagen de los famosos diseñadores de moda? ¿Cuáles son sus caprichos? ¿Cuál de ellos le cae mejor?
7. Enumere los diseñadores de moda más importantes de su país. ¿Qué opina de la moda?
8. Exponga una característica general del marco climático de su país. Compárelo con el clima de España. ¿Tienen puntos en común o se diferencian mucho?

## 2. Rellene los espacios en blanco con las palabras y expresiones del recuadro.

*inoperantes* · *las bandas furtivas* · *en dados* · *desmigar* · *a fuego lento* · *los tebeos* · *una americana* · *cielo despejado* · *un aumento gradual de la nubosidad* · *las lluvias torrenciales*

1. Este guiso, para que te salga bien, lo tienes que poner a cocer __________ y después servirlo caliente.
2. Anoche avisaron de __________ y no se equivocaron, el cielo está más nublado que nunca.
3. Este territorio, por ser clasificado zona libre de caza, favorece aún más a __________.
4. A mi abuelo le gusta __________ las galletas en la leche.
5. Debido a __________, tan frecuentes este verano, la cosecha se ha estropeado por completo.
6. Para cocinar la musaka a base de patatas, hay que cortarlas __________.
7. ¡Guau, qué bonito está el día, con __________ y un sol espléndido!
8. Las medidas, que anunció tomar el Gobierno para regular la circulación del tráfico en esta zona de la ciudad, fueron __________.
9. En las rebajas se compró __________ que le quedó muy bien.
10. A mis hermanitos les encanta hojear __________, se pasan horas enteras divirtiéndose.

## 3. Los gentilicios. Lea los gentilicios relacionados con las capitales de los países hispanoamericanos y, a continuación, forme los pertenecientes a las capitales que se adjuntan.

| | | | |
|---|---|---|---|
| San Salvador | salvadoreño | Managua | managüense |
| Cuidad de Panamá | panameño | Ciudad de México | defeño |
| Tegucigalpa | tegucigalpense | La Habana | habanero |
| Ciudad de Guatemala | guatemalteco | Santo Domingo | capitaleño |
| San José | josefino | San Juan | sanjuanero |

1. Caracas __________ 2. Buenos Aires __________ 3. Quito __________
4. Montevideo __________ 5. Asunción __________ 6. Lima __________
7. La Paz / Sucre __________ 8. Bogotá __________ 9. Santiago de Chile __________

## 4. La prefijación. Diga las palabras que corresponden a las definiciones dadas a continuación.

*Ejemplos:*

El prefijo **ANTI-** significa:

| | |
|---|---|
| - oposición | **anti**natural |
| - protección contra | **anti**niebla |
| - prevención contra | **anti**corrosivo |
| - lucha contra | **anti**depresivo |

1. que previene o combate el asma ______________
2. que reduce la aparición de arrugas ____________
3. zona de alta presión atmosférica, que suele provocar un tiempo despejado __________________
4. referido a un faro o a una luz, que permiten ver en la niebla ______________________________
5. sentimiento de desagrado, disgusto o aversión que se experimenta hacia alguna persona, animal o cosa ______________________________
6. que reduce o elimina el sudor excesivo_________
7. que evita la formación de óxidos _____________
8. sustancia química, capaz de impedir el desarrollo de ciertos microorganismos causantes de enfermedades, o de producir la muerte de estos, por su acción bactericida ______________________
9. que impide la congelación ________________
10. oposición o contrariedad de dos juicios o afirmaciones ______________________________

## 5. Escriba el verbo, entre paréntesis, en su forma correcta.

1. Hasta que no (avisarme, ellos)_______, no lo envié.
2. Hasta que no (verla, yo)__________, no se lo diría.
3. Hasta que no (terminar, tú)___________ el trabajo, no te dediques a otra cosa.
4. Hasta que no (pedírnoslo, ellos)__________, no nos pusimos a escribir.
5. No podéis salir para Madrid hasta que no (arreglaros, él)__________ el coche.
6. No salga usted, por favor, hasta que no (llamarle, nosotros)__________ por teléfono.
7. Hasta que no (verte, nosotros)__________ en persona, no te podremos contar el caso.
8. No se fueron de paseo hasta que no (venir)__________ sus padres.
9. Hasta que (enterarme, yo)__________, pasó mucho tiempo.
10. Hasta que (llegar)__________ el tren, me tomaré un cafecito.

## 6. Lea y relacione las palabras de la columna A con sus respectivos sinónimos de la B. A continuación, escriba una frase con cada uno de los vocablos de la A.

| A | B |
|---|---|
| **1** querencioso | **a** debilitado, enflaquecido, agotado. |
| **2** rehogar | **b** estofar, sazonar, sofreír. |
| **3** descaro | **c** profuso, abundante, prolijo, copioso. |
| **4** extenuante | **d** agarrar, alcanzar, pillar, abusar. |
| **5** excesivo | **e** afectuoso, inclinado, apasionado. |
| **6** extravagante | **f** carga, impuesto, matrícula, registro. |
| **7** exclusivo | **g** desvergüenza, atrevimiento, insolencia. |
| **8** exuberante | **h** superabundante, excedente, exorbitante. |
| **9** atrapar | **i** excepcional, único, solo. |
| **10** censo | **j** excéntrico, raro, extraño, excesivamente peculiar u original. |

# La vida **cotidiana**

AVAILABLE
For HIRE

## ESQUEMA GRAMATICAL 1

### Grafía castellana de algunos nombres geográficos

*Danubio*, río de Europa.
*Edimburgo*, ciudad de Escocia.
*Escalda*, río de los Países Bajos
*Escocia*.
*Finlandia*.
*Florencia*, ciudad de Italia.
*Francia*.
*Friburgo*, ciudad de Suiza y de Alemania.
*Gante*, ciudad de Bélgica.
*Garona*, río de Francia.
*Génova*, ciudad de Italia.
*Ginebra*, ciudad de Suiza.
*Groenlandia*.
*Holanda*.
*Islandia*.
*Indochina*.
*Japón*.
*Jartum o Jartún*, ciudad de Sudán.
*Kenia*.
*Kilimanjaro*, macizo montañoso de África.
*Lovaina*, ciudad de Bélgica.
*Líbano*.
*Libia*.
*Lieja*, ciudad de Bélgica.
*Lisboa*, ciudad de Portugal.
*Loira*, río de Francia.
*Londres*, ciudad de Inglaterra.
*Lausana*, ciudad de Suiza.
*Maguncia*, ciudad de Alemania.
*Milán*, ciudad de Italia.
*Manila*, ciudad de Filipinas.
*Marruecos*.
*Marsella*, ciudad de Francia.
*Mequinez*, ciudad de Marruecos.
*Mónaco*.
*Moscú*, ciudad de Rusia.
*Nápoles*, ciudad de Italia.
*Nueva Orleans*, ciudad de EE UU.
*Nueva Zelanda*.
*Noruega*.
*Pekín*, ciudad de China.
*Rusia*.
*Suecia*.
*Varsovia*, capital de Polonia.

## ESQUEMA GRAMATICAL 2

### Derivación

**Derivados en -ada, -ado, -udo:**

| | |
|---|---|
| profesor | *profesorado* |
| rosa | *rosado* |
| pata | *patada* |
| hueso | *huesudo* |
| hincha | *hinchada* |
| secretaria | *secretariado* |
| pulgar | *pulgada* |
| patilla | *patilludo* |

### 1. Forme derivados de estas palabras y utilícelos en las siguientes frases.

1. En su __________ a la meta, la multitud le vitoreó.
2. Al acercarse las elecciones, hay __________ por todas las paredes.
3. Yo no puedo comprar eso: cuesta una __________.
4. En su discurso nos ha lanzado varias buenas __________ sobre la corrupción.
5. Anoche nos tomamos una __________ de padre y muy señor mío.
6. ¿Crees que has hecho una __________ bebiéndote tres botellas?
7. Es un hombre ridículo: feo, bajito y __________.
8. De todo el __________ don Tomás es el catedrático más sabio y __________.
9. Vamos a hablar seriamente; déjate de __________.
10. El matador despachó al toro con una __________ en todo lo alto.

*seso*
*párrafo*
*estoque*
*marisco*
*llegar*
*pintar*
*hombre*
*burro*
*barriga*
*bobo*
*profesor*

## ESQUEMA GRAMATICAL 3

### Derivación

**Derivados terminados en -able, -ible:**

| | | | |
|---|---|---|---|
| mejor | *mejorable* | romper | *rompible* |
| amar | *amable* | comer | *comestible* |
| arruga | *arrugable* | fundir | *fusible* |
| despreciar | *despreciable* | reír | *risible* |
| notar | *notable* | entender | *inteligible* |

**2. Forme derivados de estas palabras y utilícelos en las frases siguientes.**

1. La comida que no me gusta me resulta ____________.
2. Un viaje en barco siempre es algo ____________.
3. Es muy ____________ llevar siempre el cinturón de seguridad.
4. Cuando dudamos sobre la autoría de un cuadro, decimos que es ____________ a cierto pintor.
5. Las pegatinas no siempre son ____________ sobre cualquier superficie.
6. A menudo, los manuscritos antiguos no resultan fácilmente ____________.
7. En este momento no tenemos ningún coche azul ____________; ¿lo quiere rojo?
8. En primavera, el tiempo suele ser muy ____________.
9. Da gusto con el director: es ____________ en cualquier momento.
10. Para una negativa siempre encontrarás razones ____________.

*leer*
*variar*
*aducir*
*aborrecer*
*aconsejar*
*adherir*
*apetecer*
*atribuir*
*disponer*
*abordar*

## ESQUEMA GRAMATICAL 4

### Derivación

**Derivados en -aje:**

| | | | |
|---|---|---|---|
| aterrizar | *aterrizaje* | mestizo | *mestizaje* |
| aprender | *aprendizaje* | estío | *estiaje* |
| rodar | *rodaje* | equipo | *equipaje* |

## 3. Forme derivados de estas palabras y utilícelos en las siguientes frases.

1. No hemos podido registrar el récord, por fallos en el __________ de las pruebas.
2. El __________ de la película era deficiente, y parte del sonido original se perdió.
3. Los clubes de fútbol, al empezar la temporada, realizan muchos __________.
4. Para no atropellar al perro, tuve que hacer un __________ muy brusco.
5. Según mostró la televisión, el __________ de la nave espacial fue perfecto.
6. El delantero centro ha sido sometido a un férreo __________ durante todo el partido.
7. Los piratas se apoderaron de tres navíos practicando el __________.
8. Las izquierdas y las derechas viven, a veces, en pleno __________.
9. No me ha gustado el __________ que se ha hecho de la obra de Valle-Inclán.
10. Por culpa de un mal __________ algunas mercancías se han echado a perder.

*alunizar*
*fichar*
*abordar*
*marido*
*doblar*
*virar*
*cronómetro*
*placa*
*montar*
*embalar*

## ESQUEMA GRAMATICAL 5

### Derivación

**Derivados en -ario, -atorio, -etorio, -itorio:**

| | |
|---|---|
| disciplina | *disciplinario* |
| eliminar | *eliminatorio* |
| suplir | *supletorio* |
| prestar | *prestatario* |
| velar | *velatorio* |
| mérito | *meritorio* |

**Derivados en -ación, -ición:**

| | |
|---|---|
| asociar | *asociación* |
| componer | *composición* |
| quemar | *cremación* |
| prohibir | *prohibición* |
| fijar | *fijación* |
| inhibir | *inhibición* |

## 4. Forme derivados de estas palabras y utilícelos en las siguientes frases.

1. El __________ nos prohibió sacar el libro durante el fin de semana.
2. Este chico nos ha salido __________: va a todas las manifestaciones.
3. Desde el __________ de la iglesia se divisaba todo el pueblo.
4. Te van a poner un teléfono __________ en el cuarto de estar.
5. Voy todos los días al hospital para hacer ejercicios de __________.
6. En el examen de lengua ha tenido la __________ de sobresaliente.
7. Lo más costoso del congreso anual es la __________ de las actas.
8. El ladrón no tenía __________ ; fuera, le esperaba la policía.
9. Los familiares respondieron en masa a la __________.
10. La __________ informática es una profesión con porvenir.

*campana*
*rehabilitar*
*publicar*
*invitar*
*programar*
*escapar*
*biblioteca*
*suplir*
*calificar*
*contestar*

## ESQUEMA GRAMATICAL 6

## Oración simple

| | | |
|---|---|---|
| **ATRIBUTIVAS o CUALITATIVAS** | | • La tarde *era* apacible. *Sé* bueno, Ramón. |
| **PREDICATIVAS** | **transitivas:** | • El alumno *trajo* sus libros. *Guárdame* el regalo. |
| **Objetivamente o por la naturaleza del predicado.** | **intransitivas:** | • María *ha bailado* demasiado. No *llores*, hombre. |
| | **de verbo de estado:** | • *Vivimos* en Madrid. El niño *nace* indefenso. |
| | **pasivas:** | • El tratado *fue firmado* por ambos países. |
| | **reflexivas:** | • Luis *se lava* la cara. *Tómatelo* con calma. |
| | **recíprocas:** | • Lola y Enrique *se odian*. Gabriel y Elena *se miran*. |
| | **impersonales:** | • ¡*Hay* que ver! *Ha habido* buenas noticias. *Llueve*. |
| **Subjetivamente o por la naturaleza psicológica del juicio.** | **indicativas:** | • Andrés *llega* mañana. Nuria *sube* esta tarde. |
| | **de posibilidad:** | • Eso lo *supondrías*. Ya te *imaginarás* quién. |
| | **dubitativas:** | • Tal vez no *lleguéis* a tiempo. |
| **RESPECTO DEL PREDICADO** | **dubitativas interrogativas:** | • ¿Qué *haces* ahí? ¿Qué *haríamos* si...? |
| | **dubitativas exclamativas:** | • ¡Que *haya sido* capaz de eso! |
| | **exhortativas:** | • *Compadeceos* de nosotros. |
| | **exhortavivas de tipo personal:** | • *Vayamos* todos en su ayuda. |
| | **exhortativas de suposición:** | • Díselo, *se enfadará* contigo. |
| | **optativas:** | • ¡Ojalá que *llueva*! ¡Dios me *perdone*! |
| **Subjetivamente o por la naturaleza psicológica del juicio.** | **aseverativas afirmativas:** | • *Seguid* adelante. *Sea* usted bienvenido. |
| | **aseverativas negativas:** | • Yo no *haría* eso. No *creas* esas historias. |
| | **interrogativas:** | • ¿*Has recibido* mi carta? |
| **RESPECTO DEL JUICIO** | **exclamativas:** | • ¡Qué mal *huele*! ¡Cuánto niño *hay* aquí! |

## 5. Coloque el verbo que corresponda en la forma adecuada.

*ir*
*aplaudir*
*estrellar*
*picar*
*subir*
*abrir*
*llevar*
*derrumbar*
*pasar*
*caer*

1. El coche __________ por el precipicio.
2. La temperatura __________ este verano una enormidad.
3. Carlitos __________ toda la tarde en la habitación de la residencia.
4. Se rompieron los frenos de la moto y se __________ contra el muro.
5. El muro se __________ con estrépito.
6. El Racing jugó un partido anodino y el público __________ con palmas de tango.
7. El coche __________ todas las maletas en el maletero.
8. El millón de euros se me __________ de las manos en un santiamén.
9. Supo quiénes éramos y nos __________ la puerta.
10. Metió el dedo en el agujero y le __________ un alacrán.

## ESQUEMA GRAMATICAL 7

### Oraciones coordinadas

| | | |
|---|---|---|
| **Período por COORDINACIÓN** | **copulativas:** | • Es brutal y zafio, *y* no hay modo de ponerle freno. |
| | **distributivas:** | • *Ya* trabajando, *ya* estudiando, siempre ha sido el primero. **(Las palabras correlativas son: *aquí...allí; unos... otros; cuando... cuando; bien... bien; ya... ya; ora... ora.*)** |
| | **disyuntivas:** | • Vienes *o* me marcho. Te rebelas *u* obedeces. |
| | **adversativas:** | • *Aunque* corras mucho, no vas a llegar. • No te entiendo, *pero* te respeto. **(Conjunciones: *pero, mas, aunque, no obstante, con todo, fuera de, excepto, salvo, menos.*)** |
| | **causales:** | Se excluyen del grupo coordinativo. Es poco clara la línea divisoria entre coordinación causal y subordinación. • No te rías, *que* no tengo gana de bromas. Se puede entender que es subordinada (*que* = *porque*). |

## 6. Sustituya por un sustantivo la oración causal que aparece en cursiva.

Llegué a tiempo *porque el tren se retrasó.* *El retraso del tren me permitió llegar a tiempo.*

1. Todos los alumnos aprobaron el examen *porque era muy fácil.*
2. El ministro de Agricultura ha obtenido buenos resultados *porque ha trabajado.*
3. No podrá estar con nosotros *porque ha tenido que salir de viaje.*
4. El equipo del colegio ganó *porque tuvo mucha suerte.*
5. El bar estuvo cerrado *porque no reunía las mínimas condiciones higiénicas.*
6. Los espectadores salieron de la sala *porque la obra era aburrida.*
7. La policía detuvo al ladrón *porque estaba preparada.*
8. No voy con frecuencia a la playa *porque no calienta el sol.*
9. Los alumnos están contentos *porque se acercan las vacaciones.*
10. No puedo decir lo que pienso *porque no soy sincero.*

# ESQUEMA GRAMATICAL 8

## Oraciones subordinadas

| | | | |
|---|---|---|---|
| Cláusula por SUBORDINACIÓN | **Sustantivas** | **de sujeto:** | • No es probable *que* acierte. |
| | | **de complemento directo:** | • Me preguntó *quién* era aquel hombre. |
| | | **de complemento indirecto:** | • Vengo *a que* me paguen. |
| | | **de complemento circunstancial:** | • Entró *sin que* nos diéramos cuenta.<br>• Me quejo *de que* no me hayas escrito antes. |
| | | **finales:** | • Le darán permiso *para que* vaya a casa.<br>• Le animó *a que* se presentara al examen. |
| | **Adjetivas** | **de antecedente callado:** | • Sé *a quién* debo agradecérselo. |
| | | **especificativas:** | • Déjame los libros *que* están sobre la mesa. |
| | | **explicativas:** | • Nos comimos el jamón, *que* estaba muy bueno. |
| | | **sustantivadas:** | • No he visto *al que* ha traído el paquete. |
| | **Adverbiales** | **de lugar:** | • He ido *a donde* tú sabes. Ponte *donde* da el sol. |
| | | **de tiempo:** | • El jueves fue *cuando* volví. Te veré *antes de que* te vayas. |
| | | **de modo:** | • Hazlo *como* te han explicado. |
| | | **comparativas:** | • El coche era *como* yo esperaba *(igualdad-calidad).*<br>• Ganarás *tanto como* quieras *(igualdad-cantidad).*<br>• Mi perro es mucho mejor *que el tuyo (superioridad).*<br>• Sabe *menos* de lo que dice *(inferioridad).* |
| | | **consecutivas:** | • Hablas tan rápido *que* no te entiendo. |
| | | **condicionales:** | • *Si* hace buen día, iremos a la playa (indicativo).<br>• Me lo creería, *si* lo viera otra vez (subjuntivo). |
| | | **concesivas:** | • *Así* me lo juren, no lo creeré. |
| | | **causales:** | • *Puesto que* tú lo dices, será así *(porque).*<br>(Las frases causales vacilan entre las coordinadas y las subordinadas; entre el grupo sustantivo y el adverbial. Explican algo que lógicamente puede ser causa: No voy *porque* tú lo digas). |

## *7.* Sustituya por formas verbales correctas los infinitivos que aparecen en cursiva.

1. Me extraña que *(hacer)* ___________ tanto frío en el mes de mayo.
2. Por favor, Ana e Inés, cuando *(salir)* ___________ de casa, *(cerrar)* ___________ la puerta.
3. *(Disculparme)* ___________; me retiro porque *(estar)* ___________ cansado.
4. Ayer, tu padre *(decirme)* ___________ que tú *(estar)* ___________ enfermo.
5. Cuando las barbas de tu vecino veas pelar, *(poner)* ___________ las tuyas a remojar.
6. Si *(continuar)* ___________ lloviendo, *(tener)* ___________ una buena cosecha de trigo.
7. Los dioses del Olimpo *(decir)* ___________ que *(protegerme)* ___________ en este examen.
8. Está por descubrir que *(existir)* ___________ otros planetas habitados.
9. Como no *(saber)* ___________ quién *(ser)* ___________ yo, el portero *(impedirme)* ___________ la entrada.
10. No es necesario que *(opinar)* ___________ sobre este asunto.

## *8.* Sustituya por formas verbales correctas los infinitivos que aparecen en cursiva.

1. Si hubiese tenido tiempo, *(ir)* ___________ a visitar la Acrópolis.
2. ¿*(Molestarte)* ___________ nuestra visita de ayer? No, porque ya *(terminar)* ___________ mi trabajo.
3. No *(creer)* ___________ que su hermano *(venir)* ___________ hoy.
4. Si Celia *(esperar)* ___________ hoy a su novio, *(estar)* ___________ contenta.
5. No es probable que la oposición *(ganar)* ___________ las elecciones.
6. El libro que *(enviar, yo)* ___________ ayer a Luisa, le *(gustar)* ___________.
7. *(Querer, yo)* ___________ que mañana me *(comprar, vosotros)* ___________ ese libro.
8. Si *(avisar, usted)* ___________ con tiempo, *(preparar, nosotros)* ___________ un recibimiento mejor.
9. No creía que cuando *(regresar, ella)* ___________ a casa, ya *(terminar)* ___________ la fiesta.
10. Es fácil que un estudiante que *(dominar)* ___________ varios idiomas, *(encontrar)* ___________ trabajo como guía.

## *9.* Sustituya por formas verbales correctas los infinitivos que aparecen en cursiva.

1. ¡*(Pedir)* ___________ tú lo que te *(parecer)* ___________!
2. Ya es hora de que yo *(hacer)* ___________ valer mi opinión aquí.
3. El que *(haber)* ___________ visto a Pedro, que me lo *(comunicar)* ___________.
4. Si *(haber, tú)* ___________ tenido el libro, lo *(haber)* ___________ leído.
5. ¡Niños, *(lavarse)* ___________ las manos y vayamos a cenar!
6. ¡No *(deshacer)* ___________ usted la maleta todavía!
7. *(Decirme)* ___________ ustedes la verdad ahora mismo.
8. ¡Ah!, si yo *(tener)* ___________ esa suerte.
9. Lo que te deseo es que no *(envejecer, tú)* ___________ nunca.
10. Si tú *(hacerme)* ___________ ese favor, yo te *(estar)* ___________ muy agradecido.

## *10.* Ponga en la forma adecuada el verbo que está en infinitivo.

1. Mientras *(llover)* ____________ y no *(helar)* ____________, todo irá bien para la agricultura.
2. Mientras el Gobierno *(ser)* ____________ honrado, seguiré pagando los impuestos.
3. Prometió que no vería la televisión mientras *(seguir)* ____________ poniendo unos programas tan deplorables.
4. Una vez que el médico me *(reconocer)* ____________, empecé a seguir todas sus indicaciones.
5. Tan pronto como ella *(decir)* ____________ aquello, se puso colorada.
6. Tan pronto como *(tranquilizarme)* ____________, responderé a todo lo que me preguntéis.
7. Luego que ellos *(irse)* ____________, empezaron las protestas.
8. Después de que hablara el profesor, los alumnos *(presentar)* ____________ sus preguntas.
9. Desde que vosotros *(salir)* _________ hasta que *(llegar)* _________, pasarán no menos de dos horas.
10. Espera hasta que yo *(salir)* ____________ de clase.

## *11.* Ponga en la forma adecuada el verbo que está en infinitivo.

1. No te fumes sus puros, no *(ser)* ___________ que el ministro *(enterarse)* ___________ y *(castigarte)* ____________.
2. Voy a avisar al fontanero, no *(ir)* _________ a ser que la cisterna *(estropearse)* __________ del todo.
3. Esa ley pretende que la sociedad *(ser)* ____________ más justa.
4. Sería interesante que para la hora del partido usted *(arreglarme)* ____________ el televisor.
5. Yo *(haber querido)* ____________ decírselo, pero me fue imposible.
6. Te habrá pedido, como siempre, que tú *(prestarle)* ____________ dinero.
7. No me hizo ninguna gracia que todos *(reírse)* ____________ de mí.
8. Me aconsejaron que *(presentarme)* ____________ a la oposición.
9. Nos agradaría que a partir del mes que viene *(hacernos, vosotros)* ____________ una visita.
10. Estuvo en casa y no *(saber)* ____________ dar con ella la vez siguiente.

## *12.* Ponga en la forma adecuada el verbo que está en infinitivo.

1. Mientras *(yo, vivir)* ____________, no *(olvidar)* ____________ lo que tú hiciste por mí.
2. Que yo *(recordar)* ____________ *(llevar, ella)* ____________ un mes sin salir a la calle.
3. El que no *(querer)* ____________ hacer el trabajo que le *(mandar, ellos)* ____________, allá él.
4. Es difícil que tú (encontrar) ____________ una persona que *(saber)* ____________ todo lo que tú quieres que haga.
5. Estoy convencido de que Juan *(cambiar)* ____________ aunque no *(sentir)* ___________ lo que haga.
6. Las secretarias, ya porque *(estar)* ________ cansadas, ya porque les *(pagar)* _________ poco, apenas si trabajan.
7. No veo cómo *(poder, tú)* ____________ hacerlo, si jamás lo intentas.
8. No hay la menor oportunidad de que él *(conseguir)* ____________ la plaza de profesor.
9. Haré lo que *(poder, yo)* ____________, pero no me comprometo a nada.
10. En tanto *(seguir, él)* __________ negando el hecho, la policía no *(poder)* __________ hacer nada.

# Apéndice verbal

- Verbos impersonales
- Conjugación pronominal
- Voz pasiva
- Conjugación perifrástica
- Participios irregulares
- Verbos con cambios ortográficos
- Verbos irregulares

# Verbos impersonales

Los verbos impersonales, referidos casi todos a fenómenos atmosféricos, sólo se usan en las formas simples y compuestas del modo infinitivo y en las terceras personas del singular de todos los tiempos menos del imperativo.
Ejemplo: *llover.*

| MODO INFINITIVO | | POTENCIAL | |
|---|---|---|---|
| FORMAS SIMPLES | FORMAS COMPUESTAS | Simple | Compuesto |
| **Infinitivo** | **Infinitivo** | **Pospretérito** | **Antepospretérito** |
| *llover* | *haber llovido* | *llovería* | *habría llovido* |
| **Gerundio** | **Gerundio** | | |
| *lloviendo* | *habiendo llovido* | | |
| **Participio** | | | |
| *llovido* | | | |

| MODO INDICATIVO | | MODO SUBJUNTIVO | |
|---|---|---|---|
| | **Antepresente** | | |
| **Presente** | **Pretérito perfecto** | **Presente** | **Pretérito perfecto** |
| *llueve* | *ha llovido* | *llueva* | *haya llovido* |
| **Copretérito** | **Antecopretérito** | | |
| **Pretérito imperfecto** | **Pret. pluscuamperfecto** | **Pretérito imperfecto** | **Pret. pluscuamperf.** |
| *llovía* | *había llovido* | *lloviera/lloviese* | *hubiera llovido* |
| | | | *hubiese llovido* |
| **Pretérito** | **Antepretérito** | | |
| **Pretérito indefinido** | **Pretérito anterior** | **Futuro imperfecto*** | **Futuro perfecto*** |
| *llovió* | *hubo llovido* | *lloviere* | *hubiere llovido* |
| **Futuro** | **Antefuturo** | | |
| **Futuro imperfecto** | **Futuro perfecto** | * Apenas se utilizan en la lengua hablada | |
| *lloverá* | *habrá llovido* | | |

**Se usan como impersonales los siguientes verbos:**

*Acaecer, acontecer, alborear, amanecer, anochecer, atañer, atardecer, atronar, centellear, clarear, clarecer, concernir, chaparrear, chispear, deshelar, desnevar, diluviar, escampar, escarchar, granizar, helar, incumbir, lobreguecer, llover, lloviznar, molliznar, nevar, neviscar, oscurecer, pesar (tener dolor), relampaguear, retronar, rielar, rutilar, suceder, tardecer, tronar, ventear, ventisquear.*

## Conjugación pronominal

Se obtiene añadiendo los pronombres *me, te, se, nos, os*, a las personas y tiempos del verbo.

### MODO INDICATIVO

| Presente | Copretérito<br>Pretérito imperfecto | Pretérito<br>Pretérito indefinido | Futuro<br>Futuro imperfecto |
|---|---|---|---|
| *Yo me lavo* | *Yo me lavaba* | *Yo me lavé* | *Yo me lavaré* |
| *Tú te lavas* | *Tú te lavabas* | *Tú te lavaste* | *Tú te lavarás* |
| *Él/ella se lava* | *Él/ella se lavaba* | *Él/ella se lavó* | *Él/ella se lavará* |
| *Nosotros/as nos lavamos* | *Nosotros/as nos lavábamos* | *Nosotros/as nos lavamos* | *Nosotros/as nos lavaremos* |
| *Vosotros/as os laváis* | *Vosotros/as os lavabais* | *Vosotros/as os lavasteis* | *Vosotros/as os lavaréis* |
| *Ellos/ellas se lavan* | *Ellos/ellas se lavaban* | *Ellos/ellas se lavaron* | *Ellos/ellas se lavarán* |

| Antepresente<br>Pretérito perfecto | Antecopretérito<br>Pretérito pluscuamperfecto | Antepretérito<br>Pretérito anterior | Antefuturo<br>Futuro perfecto |
|---|---|---|---|
| *me he lavado* | *me había lavado* | *me hube lavado* | *me habré lavado* |
| *te has lavado* | *te habías lavado* | *te hubiste lavado* | *te habrás lavado* |
| *se ha lavado* | *se había lavado* | *se hubo lavado* | *se habrá lavado* |
| *nos hemos lavado* | *nos habíamos lavado* | *nos hubimos lavado* | *nos habremos lavado* |
| *os habéis lavado* | *os habíais lavado* | *os hubisteis lavado* | *os habréis lavado* |
| *se han lavado* | *se habían lavado* | *se hubieron lavado* | *se habrán lavado* |

### MODO SUBJUNTIVO

| Presente | Copretérito<br>Pretérito imperfecto | Futuro<br>Futuro imperfecto* |
|---|---|---|
| *me lave* | *me lavara/me lavase* | *me lavare* |
| *te laves* | *te lavaras/te lavases* | *te lavares* |
| *se lave* | *se lavara/se lavase* | *se lavare* |
| *nos lavemos* | *nos laváramos/nos lavásemos* | *nos laváremos* |
| *os lavéis* | *os lavarais/os lavaseis* | *os lavareis* |
| *se laven* | *se lavaran/se lavasen* | *se lavaren* |

| Antepresente<br>Pretérito perfecto | Antecopretérito<br>Pretérito pluscuamperfecto | Antefuturo<br>Futuro perfecto* |
|---|---|---|
| *me haya lavado* | *me hubiera lavado/me hubiese lavado* | *me hubiere lavado* |
| *te hayas lavado* | *te hubieras lavado/te hubieses lavado* | *te hubieres lavado* |
| *se haya lavado* | *se hubiera lavado/se hubiese lavado* | *se hubiere lavado* |
| *nos hayamos lavado* | *nos hubiéramos lavado/nos hubiésemos lavado* | *nos hubiéremos lavado* |
| *os hayáis lavado* | *os hubierais lavado/os hubieseis lavado* | *os hubiéreis lavado* |
| *se hayan lavado* | *se hubieran lavado/se hubiesen lavado* | *se hubieren lavado* |

* Apenas se utilizan en la lengua hablada.

### POTENCIAL

| Simple<br>Pospretérito | Compuesto<br>Antepospretérito |
|---|---|
| *me lavaría* | *me habría lavado* |
| *te lavarías* | *te habrías lavado* |
| *se lavaría* | *se habría lavado* |
| *nos lavaríamos* | *nos habríamos lavado* |
| *os lavaríais* | *os habríais lavado* |
| *se lavarían* | *se habrían lavado* |

### MODO IMPERATIVO

| Presente |
|---|
| |
| *lávate* |
| *lávese* |
| *lavémonos* |
| *lavaos* |
| *lávense* |

### MODO INFINITIVO

| Simple | Compuesto |
|---|---|
| *lavarse* | *haberse lavado* |

### MODO GERUNDIO

| Simple | Compuesto |
|---|---|
| *lavándose* | *habiéndose lavado* |

# Voz pasiva

La *conjugación pasiva* se obtiene añadiendo el participio pasivo del verbo que se conjuga a cada una de las personas y tiempos del verbo auxiliar SER.

## CONJUGACIÓN DEL VERBO «AMAR» EN LA VOZ PASIVA

### MODO INDICATIVO

**Presente**
*Yo soy amado/a*
*Tú eres amado/a*
*Él/ella es amado/a*
*Nosotros/as somos amados/as*
*Vosotros/as sois amados/as*
*Ellos/ellas son amados/as*

Copretérito
**Pretérito imperfecto**
*Yo era amado/a*
*Tú eras amado/a*
*Él/ella era amado/a*
*Nosotros/as éramos amados/as*
*Vosotros/as erais amados/as*
*Ellos/ellas eran amados/as*

Pretérito
**Pretérito indefinido**
*Yo fui amado/a*
*Tú fuiste amado/a*
*Él/ella fue amado/a*
*Nosotros/as fuimos amados/as*
*Vosotros/as fuisteis amados/as*
*Ellos/ellas fueron amados/as*

Futuro
**Futuro imperfecto**
*Yo seré amado/a*
*Tú serás amado/a*
*Él/ella será amado/a*
*Nosotros/as seremos amados/as*
*Vosotros/as seréis amados/as*
*Ellos/ellas serán amados/as*

Antepresente
**Pretérito perfecto**
*he sido amado/a*
*has sido amado/a*
*ha sido amado/a*
*hemos sido amados/as*
*habéis sido amados/as*
*han sido amados/as*

Antecopretérito
**Pretérito pluscuamperfecto**
*había sido amado/a*
*habías sido amado/a*
*había sido amado/a*
*habíamos sido amados/as*
*habíais sido amados/as*
*habían sido amados/as*

Antepretérito
**Pretérito anterior**
*hube sido amado/a*
*hubiste sido amado/a*
*hubo sido amado/a*
*hubimos sido amados/as*
*hubisteis sido amados/as*
*hubieron sido amados/as*

Antefuturo
**Futuro perfecto**
*habré sido amado/a*
*habrás sido amado/a*
*habrá sido amado/a*
*habremos sido amados/as*
*habréis sido amados/as*
*habrán sido amados/as*

### MODO SUBJUNTIVO

**Presente**
*sea amado/a*
*seas amado/a*
*sea amado/a*
*seamos amados/as*
*seáis amados/as*
*sean amados/as*

Copretérito
**Pretérito imperfecto**
*fuera o fuese amado/a*
*fueras o fueses amado/a*
*fuera o fuese amado/a*
*fuéramos o fuésemos amados/as*
*fuerais o fueseis amados/as*
*fueran o fuesen amados/as*

Futuro
**Pretérito imperfecto***
*fuere amado/a*
*fueres amado/a*
*fuere amado/a*
*fuéremos amados/as*
*fuereis amados/as*
*fueren amados/as*

Antepresente
**Pretérito perfecto**
*haya sido amado/a*
*hayas sido amado/a*
*haya sido amado/a*
*hayamos sido amados/as*
*hayáis sido amados/as*
*hayan sido amados/as*

Antecopretérito
**Pretérito pluscuamperfecto**
*hubiera o hubiese sido amado/a*
*hubieras o hubieses sido amado/a*
*hubiera o hubiese sido amado/a*
*hubiéramos o hubiésemos sido amados/as*
*hubierais o hubieseis sido amados/as*
*hubieran o hubiesen sido amados/as*

Antefuturo
**Futuro perfecto***
*hubiere sido amado/a*
*hubieres sido amado/a*
*hubiere sido amado/a*
*hubiéremos sido amados/as*
*hubiereis sido amados/as*
*hubieren sido amados/as*

* Apenas se utilizan en la lengua hablada.

### POTENCIAL

**Simple**
Pospretérito
*sería amado/a*
*serías amado/a*
*sería amado/a*
*seríamos amados/as*
*seríais amados/as*
*serían amados/as*

**Compuesto**
Antepospretérito
*habría sido amado/a*
*habrías sido amado/a*
*habría sido amado/a*
*habríamos sido amados/as*
*habríais sido amados/as*
*habrían sido amado/as*

### MODO IMPERATIVO

**Presente**
*sé tú amado/a*
*sea él/ella amado/a*
*seamos nosotros/as amados/as*
*sed vosotros/as amados/as*
*sean ellos/ellas amados/as*

### MODO INFINITIVO

**Simple**
*ser amado/a*

**Compuesto**
*haber sido amado/a*

### MODO GERUNDIO

**Simple**
*siendo amado/a*

**Compuesto**
*habiendo sido amado/a*

# Conjugación perifrástica

Se obtiene con los verbos *haber de* y *tener que*, usados como auxiliares, en sus tiempos y personas, y seguidos del infinitivo del verbo que se conjuga.

## HABER DE CANTAR / TENER QUE CANTAR

### INDICATIVO

**Presente**

*Yo he de cantar - Yo tengo que cantar*
*Tú has de cantar - Tú tienes que cantar*
*Él/ella ha de cantar - Él/ella tiene que cantar*
*Nosotros/as hemos de cantar - Nosotros/as tenemos que cantar*
*Vosotros/as habéis de cantar - Vosotros/as tenéis que cantar*
*Ellos/ellas han de cantar - Ellos/ellas tienen que cantar*

**Pretérito indefinido/Pretérito**

*Yo hube de cantar - tuve que cantar*
*Tú hubiste de cantar - tuviste que cantar*
*Él/ella hubo de cantar - tuvo que cantar*
*Nosotros/as hubimos de cantar - tuvimos que cantar*
*Vosotros/as hubisteis de cantar - tuvisteis que cantar*
*Ellos/ellas hubieron de cantar - tuvieron que cantar*

**Pretérito imperfecto/Copretérito**

*Yo había de o tenía que cantar*
*Tú habías de o tenías que cantar*
*Él/ella había de o tenía que cantar*
*Nosotros/as habíamos de o teníamos que cantar*
*Vosotros/as habíais de o teníais que cantar*
*Ellos/ellas habían de o tenían que cantar*

**Futuro imperfecto/Futuro**

*Yo habré de o tendré que cantar*
*Tú habrás de o tendrás que cantar*
*Él/ella habrá de o tendrá que cantar*
*Nosotros/as habremos de o tendremos que cantar*
*Vosotros/as habréis de o tendréis que cantar*
*Ellos/ellas habrán de o tendrán que cantar*

### SUBJUNTIVO

**Presente**

*Yo haya de o tenga que cantar*
*Tú hayas de o tengas que cantar*
*Él/ella haya de o tenga que cantar*
*Nosotros/as hayamos de o tengamos que cantar*
*Vosotros/as hayáis de o tengáis que cantar*
*Ellos/ellas hayan de o tengan que cantar*

**Pretérito indefinido/Pretérito**

*Yo hubiera-iese de o tuviera-iese que cantar*
*Tú hubieras-ieses de o tuvieras-ieses que cantar*
*Él/ella hubiera-iese de o tuviera-iese que cantar*
*Nosotros/as hubiéramos-iésemos de o tuviéramos-iésemos que cantar*
*Vosotros/as hubierais-ieseis de o tuvierais-ieseis que cantar*
*Ellos/ellas hubieran-iesen de o tuvieran-iesen que cantar*

### POTENCIAL

**Pospretérito**

*Yo habría de o tendría que cantar*
*Tú habrías de o tendrías que cantar*
*Él/ella habría de o tendría que cantar*
*Nosotros/as habríamos de o tendríamos que cantar*
*Vosotros/as habríais de o tendríais que cantar*
*Ellos/ellas habrían de o tendrían que cantar*

### INFINITIVO

*haber de o tener que cantar*

### GERUNDIO

*habiendo de o teniendo que cantar*

## Verbos con un solo participio irregular

| | | | | | |
|---|---|---|---|---|---|
| Abrir | *abierto* | Cubrir | *cubierto* | Decir | *dicho* |
| Escribir | *escrito* | Hacer | *hecho* | Morir | *muerto* |
| Poner | *puesto* | Resolver | *resuelto* | Romper | *roto* |
| Ver | *visto* | Volver | *vuelto* | | |

## Verbos con dos participios

| | | |
|---|---|---|
| **Abstraer:** | *abstraído* | *abstracto* |
| **Afligir:** | *afligido* | *aflicto* |
| **Ahitar:** | *ahitado* | *ahíto* |
| **Atender:** | *atendido* | *atento* |
| **Bendecir:** | *bendecido* | *bendito* |
| **Circuncidar:** | *circuncidado* | *circunciso* |
| **Compeler:** | *compelido* | *compulso* |
| **Comprender:** | *comprendido* | *comprenso* |
| **Comprimir:** | *comprimido* | *compreso* |
| **Concluir:** | *concluido* | *concluso* |
| **Concretar:** | *concretado* | *concreto* |
| **Confesar:** | *confesado* | *confeso* |
| **Confundir:** | *confundido* | *confuso* |
| **Consumir:** | *consumido* | *consunto* |
| **Contundir:** | *contundido* | *contuso* |
| **Convencer:** | *convencido* | *convicto* |
| **Convertir:** | *convertido* | *converso* |
| **Corregir:** | *corregido* | *correcto* |
| **Corromper:** | *corrompido* | *corrupto* |
| **Despertar:** | *despertado* | *despierto* |
| **Difundir:** | *difundido* | *difuso* |
| **Dividir:** | *dividido* | *diviso* |
| **Elegir:** | *elegido* | *electo* |
| **Enjugar:** | *enjugado* | *enjuto* |
| **Excluir:** | *excluido* | *excluso* |
| **Eximir:** | *eximido* | *exento* |
| **Expeler:** | *expelido* | *expulso* |
| **Expresar:** | *expresado* | *expreso* |
| **Extender:** | *extendido* | *extenso* |
| **Extinguir:** | *extinguido* | *extinto* |
| **Fijar:** | *fijado* | *fijo* |
| **Freír:** | *freído* | *frito* |
| **Hartar:** | *hartado* | *harto* |
| **Imprimir:** | *imprimido* | *impreso* |
| **Incluir:** | *incluido* | *incluso* |
| **Incurrir:** | *incurrido* | *incurso* |
| **Ingerir:** | *ingerido* | *ingerto* |
| **Injertar:** | *injertado* | *injerto* |
| **Insertar:** | *insertado* | *inserto* |
| **Invertir:** | *invertido* | *inverso* |
| **Juntar:** | *juntado* | *junto* |
| **Llenar:** | *llenado* | *lleno* |
| **Maldecir:** | *maldecido* | *maldito* |
| **Manifestar:** | *manifestado* | *manifiesto* |
| **Nacer:** | *nacido* | *nato* |
| **Obsesionar:** | *obsesionado* | *obseso* |
| **Oprimir:** | *oprimido* | *opreso* |
| **Pasar:** | *pasado* | *paso* |
| **Poseer:** | *poseído* | *poseso* |
| **Prender:** | *prendido* | *preso* |
| **Presumir:** | *presumido* | *presunto* |
| **Pretender:** | *pretendido* | *pretenso* |
| **Propender:** | *propendido* | *propenso* |
| **Proveer:** | *proveído* | *provisto* |
| **Recluir:** | *recluido* | *recluso* |
| **Salvar:** | *salvado* | *salvo* |
| **Secar:** | *secado* | *seco* |
| **Soltar:** | *soltado* | *suelto* |
| **Sujetar:** | *sujetado* | *sujeto* |
| **Suprimir:** | *suprimido* | *supreso* |
| **Suspender:** | *suspendido* | *suspenso* |
| **Sustituir:** | *sustituido* | *sustituto* |
| **Teñir:** | *teñido* | *tinto* |
| **Torcer:** | *torcido* | *tuerto* |
| **Vencer:** | *vencido* | *victo* |

NOTA: El participio regular se emplea para formar los tiempos compuestos; el participio irregular se emplea como adjetivo.

# Verbos con cambios ortográficos

## PRIMERA CONJUGACIÓN

- Los verbos terminados en *-car* cambian la *c* en *qu* delante de *e*. Ejemplo: ***Aplicar***

| PRETÉRITO INDEFINIDO | | PRESENTE SUBJUNTIVO | |
|---|---|---|---|
| *apliqué* | *aplicamos* | *aplique* | *apliquemos* |
| *aplicaste* | *aplicasteis* | *apliques* | *apliquéis* |
| *aplicó* | *aplicaron* | *aplique* | *apliquen* |

- Los terminados en *-gar* introducen una *u* tras la *g* delante de *e*. Ejemplo: ***Fatigar***

| PRETÉRITO INDEFINIDO | | PRESENTE SUBJUNTIVO | |
|---|---|---|---|
| *fatigué* | *fatigamos* | *fatigue* | *fatiguemos* |
| *fatigaste* | *fatigasteis* | *fatigues* | *fatiguéis* |
| *fatigó* | *fatigaron* | *fatigue* | *fatiguen* |

- Los terminados en *-zar* cambian la *z* en *c* delante de *e*. Ejemplo: ***Trazar***

| PRETÉRITO INDEFINIDO | | PRESENTE SUBJUNTIVO | |
|---|---|---|---|
| *tracé* | *trazamos* | *trace* | *tracemos* |
| *trazaste* | *trazasteis* | *traces* | *tracéis* |
| *trazó* | *trazaron* | *trace* | *tracen* |

## SEGUNDA CONJUGACIÓN

- Los verbos terminados en *-cer* cambian la *c* en *z* delante de *o, a* en los presentes. Ejemplo: *Vencer*

| PRESENTE INDICATIVO | | PRESENTE SUBJUNTIVO | |
|---|---|---|---|
| *venzo* | *vencemos* | *venza* | *venzamos* |
| *vence* | *vencéis* | *venzas* | *venzáis* |
| *vence* | *vencen* | *venza* | *venzan* |

- Los terminados en *-ger* cambian la *g* en *j* delante de *o, a* en los presentes. Ejemplo: *Coger*

| PRESENTE INDICATIVO | | PRESENTE SUBJUNTIVO | |
|---|---|---|---|
| *cojo* | *cogemos* | *coja* | *cojamos* |
| *coges* | *cogéis* | *cojas* | *cojáis* |
| *coge* | *cogen* | *coja* | *cojan* |

- Los terminados en *-er* convierten la *i* de algunos tiempos en *y*. Ejemplo: *Leer*

| PRETÉRITO INDEFINIDO | | PRETÉRITO IMPERFECTO DE SUBJUNTIVO | |
|---|---|---|---|
| *leí* | *leímos* | *leyera/se* | *leyéramos/semos* |
| *leíste* | *leísteis* | *leyeras/ses* | *leyerais/seis* |
| *leyó* | *leyeron* | *leyera/se* | *leyeran/sen* |

## TERCERA CONJUGACIÓN

- Los verbos terminados en *-cir* cambian la *c* en *z* delante de *o, e* en los presentes. Ejemplo: *Esparcir*

| PRESENTE INDICATIVO | | PRESENTE SUBJUNTIVO | |
|---|---|---|---|
| *esparzo* | *esparcimos* | *esparza* | *esparzamos* |
| *esparces* | *esparcís* | *esparzas* | *esparzáis* |
| *esparce* | *esparcen* | *esparza* | *esparzan* |

- Los terminados en *-gir* cambian, en los presentes, la *g* en *j* delante de *o, a*. Ejemplo: *Dirigir*

| PRESENTE INDICATIVO | | PRESENTE SUBJUNTIVO | |
|---|---|---|---|
| *dirijo* | *dirijimos* | *dirija* | *dirijamos* |
| *diriges* | *dirigís* | *dirijas* | *dirijáis* |
| *dirige* | *dirigen* | *dirija* | *dirijan* |

- Los terminados en *-guir* pierden la *u* delante de *o*, *a* en los presentes. Ejemplo: ***Distinguir***

| PRESENTE INDICATIVO | | PRESENTE SUBJUNTIVO | |
|---|---|---|---|
| *distingo* | *distinguimos* | *distinga* | *distingamos* |
| *distingues* | *distinguís* | *distingas* | *distingáis* |
| *disntingue* | *distinguen* | *distinga* | *distingan* |

- Los terminados en *-quir* cambian la *qu* en *c* delante de *o*, *a* en los presentes. Ejemplo: ***Delinquir***

| PRESENTE INDICATIVO | | PRESENTE SUBJUNTIVO | |
|---|---|---|---|
| *delinco* | *delinquimos* | *delinca* | *delincamos* |
| *delinques* | *delinquís* | *delincas* | *delincáis* |
| *delinque* | *delinquen* | *delinca* | *delincan* |

# Verbos irregulares

## CONJUGACIÓN DEL VERBO «ABOLIR»

### INDICATIVO

**Presente:** *abolimos, abolís.* Las demás personas no se usan.
**Pretérito imperfecto:** *abolía, abolías, abolía, abolíamos, abolíais, abolían.*
**Pretérito indefinido:** *abolí, aboliste, abolió, abolimos, abolisteis, abolieron.*
**Futuro imperfecto:** *aboliré, abolirás, abolirá, aboliremos, aboliréis, abolirán.*
**Potencial simple:** *aboliría, abolirías, aboliría, aboliríamos, aboliríais, abolirían.*
**Pretérito perfecto:** *he abolido...*, etc.
**Pretérito pluscuamperfecto:** *había abolido...*, etc.
**Pretérito anterior:** *hube abolido...*, etc.
**Futuro perfecto:** *habré abolido...*, etc.
**Potencial compuesto:** *habría abolido...*, etc.

### SUBJUNTIVO

**Presente:** No se usa.
**Pretérito imperfecto:** *aboliera* o *aboliese, abolieras* o *-ses, aboliera* o *-se, aboliéramos* o *-semos, abolierais* o *-seis, abolieran* o *-sen.*
**Futuro imperfecto:** *aboliere, abolieres, aboliere, aboliéremos, aboliereis, abolieren* (inusual).
**Pretérito perfecto:** *haya abolido...*, etc.
**Pretérito pluscuamperfecto:** *hubiera o hubiese abolido...*, etc.
**Futuro perfecto:** *hubiere abolido...*, etc. (inusual).

### IMPERATIVO

**Presente:** *abolid.* Las demás personas no se usan.

### FORMAS AUXILIARES

| INFINITIVO | | GERUNDIO | | PARTICIPIO |
|---|---|---|---|---|
| **Simple** | **Compuesto** | **Simple** | **Compuesto** | |
| *abolir* | *haber abolido* | *aboliendo* | *habiendo abolido* | *abolido* |

- Se conjugan como ***abolir***, entre otros verbos, los siguientes:
  *Aguerrir, arrecir(se), aterir(se), denegrir, desvair, empedernir, guarir, manir, preterir, transgredir.*

## CONJUGACIÓN DEL VERBO «ACERTAR»

### INDICATIVO

**Presente:** *acierto, aciertas, acierta, acertamos, acertáis, aciertan.*
**Imperfecto:** *acertaba, acertabas, acertaba, acertábamos, acertabais, acertaban.*
**Pretérito indefinido:** *acerté, acertaste, acertó, acertamos, acertasteis, acertaron.*
**Futuro imperfecto:** *acertaré, acertarás, acertará, acertaremos, acertaréis, acertarán.*
**Potencial simple:** *acertaría, acertarías, acertaría, acertaríamos, acertaríais, acertarían.*

### SUBJUNTIVO

**Presente:** *acierte, aciertes, acierte, acertemos, acertéis, acierten.*
**Pretérito imperfecto:** *acertara o acertase, acertaras o acertases, acertara o acertase, acertáramos o acertásemos, acertarais o acertaseis, acertaran o acertasen.*
**Futuro imperfecto:** *acertare, acertares, acertare, acertáremos, acertareis, acertaren* (inusual).

### IMPERATIVO

**Presente:** *acierta, acertad.*

FORMAS AUXILIARES

| INFINITIVO | GERUNDIO | PARTICIPIO |
|---|---|---|
| *acertar/haber acertado* | *acertando/habiendo acertado* | *acertado* |

- **Se conjugan como *acertar*, entre otros verbos, los siguientes:**
  *Abnegar, acrecentar, alentar, apacentar, apretar, asentar, aserrar, atravesar, calentar, cerrar, comenzar, concertar, confesar, denegar, desalentar, desasosegar, descerrar, desconcertar, desdentar, desempedrar, desenterrar, desgobernar, deshelar, despertar, desplegar, desterrar, emparentar, empedrar, empezar, encerrar, encomendar, enmendar, ensangrentar, enterrar, escarmentar, fregar, helar, herrar, incensar, invernar, mentar, merendar, negar, pensar, plegar, quebrar, recalentar, recomendar, regar, renegar, replegar, requebrar, restregar, reventar, segar, sembrar, sentar, serrar, sosegar, soterrar, temblar, tentar, tropezar.*

## CONJUGACIÓN DEL VERBO «ADQUIRIR»

### INDICATIVO

**Presente:** *adquiero, adquieres, adquiere, adquirimos, adquirís, adquieren.*

### SUBJUNTIVO

**Presente:** *adquiera, adquieras, adquiera, adquiramos, adquiráis, adquieran.*

### IMPERATIVO

**Presente:** *adquiere, adquirid.*

- **Se conjugan como *adquirir*, entre otros verbos, los siguientes:**
  *Coadquirir, deferir, proferir.*

## CONJUGACIÓN DEL VERBO «AGRADECER»

### INDICATIVO

**Presente:** *agradezco, agradeces, agradece, agradecemos, agradecéis, agradecen.*
**Pretérito imperfecto:** *agradecía, agradecías, agradecía, agradecíamos, agradecíais, agradecían.*
**Pretérito indefinido:** *agradecí, agradeciste, agradeció, agradecimos, agradecisteis, agradecieron.*
**Futuro imperfecto:** *agradeceré, agradecerás, agradecerá, agradeceremos, agradeceréis, agradecerán.*
**Potencial simple:** *agradecería, agradecerías, agradecería, agradeceríamos, agradeceríais, agradecerían.*

### SUBJUNTIVO

**Presente:** *agradezca, agradezcas, agradezca, agradezcamos, agradezcáis, agradezcan.*
**Pretérito imperfecto:** *agradeciera o agradeciese, agradecieras o agradecieses...*
**Futuro imperfecto:** *agradeciere, agradecieres, agradeciere, agradeciéremos, agradeciereis, agradecieren* (inusual).

### IMPERATIVO

**Presente:** *agradece, agradeced.*

### FORMAS AUXILIARES

| INFINITIVO | GERUNDIO | PARTICIPIO |
|---|---|---|
| *agradecer/haber agradecido* | *agradeciendo/habiendo agradecido* | *agradecido* |

- **Se conjugan como *agradecer*, entre otros verbos, los siguientes:**
  *Abastecer, ablandecer, aborrecer, adolecer, adormecer, amanecer, amarillecer, anochecer, aparecer, apetecer, atardecer, blanquecer, carecer, compadecer, comparecer, complacer, convalecer, crecer, desabastecer, desagradecer, desaparecer, desconocer, desentumecer, desfallecer, desfavorecer, desflorecer, desguarnecer, desmerecer, desobedecer, desvanecer, embellecer, embrutecer, empequeñecer, empobrecer, enaltecer, enardecer, encanecer, encarecer, endurecer, enflaquecer, enfurecer, engrandecer, enloquecer, enmudecer, ennegrecer, ennoblecer, enorgullecer, enrojecer, entristecer, entumecer, envejecer, envilecer, esclarecer, establecer, fallecer, favorecer, fenecer, florecer, fortalecer, guarecer, humedecer, languidecer, merecer, obedecer, ofrecer, oscurecer, perecer, permanecer, pertenecer, prevalecer, reaparecer, reblandecer, rejuvenecer, resplandecer, restablecer, robustecer, verdecer.*

## CONJUGACIÓN DEL VERBO «CONDUCIR»

### INDICATIVO

**Presente:** *conduzco, conduces, conduce, conducimos, conducís, conducen.*
**Pretérito indef.:** *conduje, condujiste, condujo, condujimos, condujisteis, condujeron.*

### SUBJUNTIVO

**Presente:** *conduzca, conduzcas, conduzca, conduzcamos, conduzcáis, conduzcan.*
**Pretérito imperfecto:** *condujera* o *condujese, condujeras* o *-ses, condujera* o *-se, condujéramos* o *-semos, condujerais* o *-seis, condujeran* o *-sen.*
**Futuro imperfecto:** *condujere, condujeres, condujere, condujéremos, condujereis, condujeren.* (Inusual).

- **Se conjugan como *conducir*, entre otros verbos, los siguientes:**
  *Abducir, aducir, deducir, introducir, producir, reconducir, reducir, reproducir, retraducir, seducir, traducir.*

## CONJUGACIÓN DEL VERBO «CONTAR»

### INDICATIVO

**Presente:** *cuento, cuentas, cuenta, contamos, contáis, cuentan.*
**Pretérito imperfecto:** *contaba, contabas, contaba, contábamos, contabais, contaban.*
**Pretérito indefinido:** *conté, contaste, contó, contamos, contasteis, contaron.*
**Futuro imperfecto:** *contaré, contarás, contará, contaremos, contaréis, contarán.*
**Potencial simple:** *contaría, contarías, contaría, contaríamos, contaríais, contarían.*

### SUBJUNTIVO

**Presente:** *cuente, cuentes, cuente, contemos, contéis, cuenten.*
**Pretérito imperfecto:** *contara* o *contase, contaras* o *contases..., contaran* o *contasen.*
**Futuro imperfecto:** *contare, contares, contare, contáremos, contareis, contaren* (inusual).

### IMPERATIVO

**Presente:** *cuenta, contad.*

FORMAS AUXILIARES

| INFINITIVO | GERUNDIO | PARTICIPIO |
|---|---|---|
| *contar/haber contado* | *contando/habiendo contado* | *contado* |

- **Se conjugan como *contar,* entre otros verbos, los siguientes:**
  *Acordar, acostar, almorzar, aprobar, asonar, atronar, avergonzar, colgar, comprobar, concordar, consolar, consonar, costar, degollar, demostrar, derrocar, desaprobar, descolgar, desconsolar, descontar, descornar, desolar, desollar, despoblar, disonar, encorvar, forzar, gobernar, poblar, probar, recordar, recostar, reforzar, renovar, repoblar, reprobar, resollar, revolcar, rodar, rogar, sobrevolar, soltar, soñar, tostar, trastocar, trocar, tronar, volar, volcar.*

## CONJUGACIÓN DEL VERBO «DECIR»

### INDICATIVO

**Presente:** *digo, dices, dice, decimos, decís, dicen.*
**Pretérito imperfecto:** *decía, decías, decía, decíamos, decíais, decían.*
**Pretérito indefinido:** *dije, dijiste, dijo, dijimos, dijisteis, dijeron.*
**Futuro imperfecto:** *diré, dirás, dirá, diremos, diréis, dirán.*
**Potencial simple:** *diría, dirías, diría, diríamos, diríais, dirían.*

### SUBJUNTIVO

**Presente:** *diga, digas, diga, digamos, digáis, digan.*
**Pretérito imperfecto:** *dijera* o *dijese, dijeras* o *-ses, dijera* o *-se, dijéramos* o *-semos, dijerais* o *-seis, dijeran* o *-sen.*
**Futuro imperfecto:** *dijere, dijeres, dijere, dijéremos, dijereis, dijeren* (inusual).

### IMPERATIVO

**Presente:** *di, decid.*

### FORMAS AUXILIARES

INFINITIVO: *decir/haber dicho*
GERUNDIO: *diciendo/habiendo dicho*
PARTICIPIO: *dicho*

- **Se conjugan como *decir,* entre otros verbos, los siguientes:**
  *Contradecir(se), desdecirse, entredecir, perseguir, predecir, proseguir.*

## CONJUGACIÓN DEL VERBO «ENTENDER»

### INDICATIVO

**Presente:** *entiendo, entiendes, entiende, entendemos, entendéis, entienden.*
**Pretérito imperfecto:** *entendía, entendías..., entendían.*
**Pretérito indefinido:** *entendí, entendiste, entendió, entendimos, entendisteis, entendieron.*
**Futuro imperfecto:** *entenderé, entenderás, entenderá, entenderemos, entenderéis, entenderán.*
**Potencial simple:** *entendería, entenderías, entendería, entenderíamos, entenderíais, entenderían.*

### SUBJUNTIVO

**Presente:** *entienda, entiendas, entienda, entendamos, entendáis, entiendan.*
**Pretérito imperfecto:** *entendiera o entendiese, entendieras o entendieses..., entendieran o entendiesen...*
**Fututuro imperfeto:** *entendiere, entendieres, entendiere, entendiéremos, entendiereis, entendieren* (inusual).

### IMPERATIVO

**Presente:** *entiende, entended.*

FORMAS AUXILIARES

| INFINITIVO | GERUNDIO | PARTICIPIO |
|---|---|---|
| *entender/haber entendido* | *entendiendo/habiendo entendido* | *entendido* |

- **Se conjugan como *entender,* entre otros verbos, los siguientes:**
  *Ascender, atender, bienquerer, cerner, condescender, defender, desatender, descender, desentender(se), distender, encender, extender, heder, malentender, perder, reverter, tender, trascender, verter.*

## CONJUGACIÓN DEL VERBO «HUIR»

### INDICATIVO

**Presente:** *huyo, huyes, huye, huimos, huís, huyen.*
**Pretérito imperfecto:** *huía, huías, huía, huíamos, huíais, huían.*
**Pretérito indefinido:** *huí, huiste, huyó, huimos, huisteis, huyeron.*
**Futuro imperfecto:** *huiré, huirás, huirá, huiremos, huiréis, huirán.*
**Potencial simple:** *huiría, huirías, huiría, huiríamos, huiríais, huirían.*

### SUBJUNTIVO

**Presente:** *huya, huyas, huya, huyamos, huyáis, huyan.*
**Pretérito imperf.:** *huyera* o *huyese, huyeras* o *huyeses, huyeran* o *huyesen.*
**Futuro imperfecto:** *huyere, huyeres, huyere, huyéremos, huyereis, huyeren* (inusual).

### IMPERATIVO

**Presente:** *huye, huid.*

### FORMAS AUXILIARES

| INFINITIVO | GERUNDIO | PARTICIPIO |
|---|---|---|
| *huir/haber huido* | *huyendo/habiendo huido* | *huido* |

- **Se conjugan como *huir*, entre otros verbos, los siguientes:**
  *Afluir, argüir, atribuir, constituir, confluir, concluir, construir, contribuir, derruir, destituir, destruir, diluir, disminuir, distribuir, excluir, fluir, imbuir, incluir, influir, instituir, instruir, obstruir, prostituir, recluir, reconstituir, retribuir, sustituir.*

## CONJUGACIÓN DEL VERBO «MOVER»

### INDICATIVO

**Presente:** *muevo, mueves, mueve, movemos, movéis, mueven.*
**Pretérito imperfecto:** *movía, movías, movía, movíamos, movíais, movían.*
**Pretérito indefinido:** *moví, moviste, movió, movimos, movisteis, movieron.*
**Futuro imperfecto:** *moveré, moverás, moverá, moveremos, moveréis, moverán.*
**Potencial simple:** *movería, moverías, movería, moveríamos, moveríais, moverían.*

### SUBJUNTIVO

**Presente:** *mueva, muevas, mueva, movamos, mováis, muevan.*
**Pretérito imperfecto:** *moviera* o *moviese, movieras* o *movieses..., movieran* o *moviesen.*
**Futuro imperfecto:** *moviere, movieres, moviere, moviéremos, moviereis, movieren* (inusual).

### IMPERATIVO

**Presente:** *mueve, moved.*

### FORMAS AUXILIARES

| INFINITIVO | GERUNDIO | PARTICIPIO |
|---|---|---|
| *mover/haber movido* | *moviendo/habiendo movido* | *movido* |

- **Se conjugan como *mover*, entre otros verbos, los siguientes:**
  *Absolver, cocer, condoler(se), conmover, demoler, desenvolver, devolver, doler, disolver, escocer, llover, moler, oler, promover, recocer, remoler, remorder, resolver, retorcer, revolver, soler, torcer, volver.*

## CONJUGACIÓN DEL VERBO «MULLIR»

INDICATIVO

**Pretérito indefinido:** *mullí, mulliste, mulló, mullimos, mullisteis, mulleron.*

SUBJUNTIVO

**Pretérito imperfecto:** *mullera* o *mullese, mulleras* o *-ses, mullera* o *-se, mulléramos* o *-semos, mullerais* o *-seis, mulleran* o *-sen.*
**Futuro imperfecto:** *mullere, mulleres, mullere, mulléremos, mullereis, mulleren* (inusual).

IMPERATIVO

**Presente:** *mulle, mullid.*

FORMAS AUXILIARES

| INFINITIVO | GERUNDIO | PARTICIPIO |
|---|---|---|
| *mullir/haber mullido* | *mulliendo/habiendo mullido* | *mullido* |

- **Se conjugan como *mullir*, entre otros verbos, los siguientes:**
  *Bullir, bruñir, descabullirse, engullir, gruñir, plañir, rebullir, regruñir, salpullir, tullir, zambullir.*

## CONJUGACIÓN DEL VERBO «PEDIR»

INDICATIVO

**Presente:** *pido, pides, pide, pedimos, pedís, piden.*
**Pretérito imperfecto:** *pedía, pedías, pedía, pedíamos, pedíais, pedían.*
**Pretérito indefinido:** *pedí, pediste, pidió, pedimos, pedisteis, pidieron.*
**Futuro imperfecto:** *pediré, pedirás, pedirá, pediremos, pediréis, pedirán.*
**Potencial simple:** *pediría, pedirías, pediría, pediríamos, pediríais, pedirían.*

SUBJUNTIVO

**Presente:** *pida, pidas, pida, pidamos, pidáis, pidan.*
**Pretérito imperfecto:** *pidiera* o *pidiese, pidieras* o *pidieses... pidieran* o *pidiesen.*
**Futuro imperfecto:** *pidiere, pidieres, pidiere, pediéremos, pidiereis, pidieren* (inusual).

IMPERATIVO

**Presente:** *pide, pedid.*

FORMAS AUXILIARES

| INFINITIVO | GERUNDIO | PARTICIPIO |
|---|---|---|
| *pedir/haber pedido* | *pidiendo/habiendo pedido* | *pedido* |

- **Se conjugan como *pedir*, entre otros verbos, los siguientes:**
  *Colegir, comedir(se), competir, concebir, conseguir, derretir, desmedirse, despedir, desvestir, elegir, embestir, expedir, gemir, henchir, impedir, investir, medir, preconcebir, reelegir, regir, rendir, repetir, revestir, seguir, servir.*

## CONJUGACIÓN DEL VERBO «SENTIR»

INDICATIVO

**Presente:** *siento, sientes, siente, sentimos, sentís, sienten.*
**Pretérito indefinido:** *sentí, sentiste, sintió, sentimos, sentisteis, sintieron.*

SUBJUNTIVO

**Presente:** *sienta, sientas, sienta, sintamos, sintáis, sientan.*
**Pretérito imperfecto:** *sintiera* o *sintiese, sintieras* o *-ses, sintiera* o *-se, sintiéramos* o *-semos, sintierais* o *-seis, sintieran* o *-sen.*
**Futuro imperfecto:** *sintiere, sintieres, sintiere, sintiéremos, sintiereis, sintieren* (inusual).

### IMPERATIVO

**Presente:** *siente, sentid.*

#### FORMAS AUXILIARES

| INFINITIVO | GERUNDIO | PARTICIPIO |
|---|---|---|
| *sentir/haber sentido* | *sintiendo/habiendo sentido* | *sentido* |

- **Se conjugan como *sentir*, entre otros verbos, los siguientes:**
  *Adherir, advertir, arrepentirse, asentir, cernir, cincunferir, conferir, consentir, controvertir, convertir, desconsentir, diferir, digerir, divertir, hendir, hervir, inferir, ingerir, invertir, malherir, mentir, pervertir, preferir, presentir, reconvertir, referir, requerir, resentir(se), revertir, sugerir, subvertir, transferir.*

## CONJUGACIÓN DEL VERBO «TENER»

### INDICATIVO

**Presente:** *tengo, tienes, tiene, tenemos, tenéis, tienen.*
**Pretérito imperfecto:** *tenía, tenías, tenía, teníamos, teníais, tenían.*
**Pretérito indefinido:** *tuve, tuviste, tuvo, tuvimos, tuvisteis, tuvieron.*
**Futuro imperfecto:** *tendré, tendrás, tendrá, tendremos, tendréis, tendrán.*
**Potencial simple:** *tendría, tendrías, tendría, tendríamos, tendríais, tendrían.*

### SUBJUNTIVO

**Presente:** *tenga, tengas, tenga, tengamos, tengáis, tengan.*
**Pretérito imperfecto:** *tuviera* o *tuviese, tuvieras* o *tuvieses..., tuvieran* o *tuviesen.*
**Futuro imperfecto:** *tuviere, tuvieres, tuviere, tuviéremos, tuviereis, tuvieren* (inusual).

### IMPERATIVO

**Presente:** *ten, tened.*

#### FORMAS AUXILIARES

| INFINITIVO | GERUNDIO | PARTICIPIO |
|---|---|---|
| *tener/haber tenido* | *teniendo/habiendo tenido* | *tenido* |

- **Se conjugan como *tener*, entre otros verbos, los siguientes:**
  *Abstener(se), atenerse, contener, detener, entretener, mantener, obtener, retener.*

## CONJUGACIÓN DEL VERBO «TRAER»

### INDICATIVO

**Presente:** *traigo, traes, trae, traemos, traéis, traen.*
**Pretérito imperfecto:** *traía, traías, traía, traíamos, traíais, traían.*
**Futuro imperfecto:** *traeré, traerás, traerá, traeremos, traeréis, traerán.*
**Potencial simple:** *traería, traerías, traería, traeríamos, traeríais, traerían.*

### SUBJUNTIVO

**Presente:** *traiga, traigas, traiga, traigamos, traigáis, traigan.*
**Pretérito imperfecto:** *trajera* o *trajese, trajeras* o *trajeses... trajeran* o *trajesen.*
**Futuro imperfecto:** *trajere, trajeres, trajere, trajéremos, trajereis, trajeren* (inusual).

### IMPERATIVO

**Presente:** *trae, traed.*

FORMAS AUXILIARES

| INFINITIVO | GERUNDIO | PARTICIPIO |
|---|---|---|
| *traer/haber traído* | *trayendo/habiendo traído* | *traído* |

- **Se conjugan como *traer*, entre otros verbos, los siguientes:**
  *Abstraer, atraer, contraer, detraer, distraer, maltraer, retrotraer, sustraer.*

## CONJUGACIÓN DEL VERBO «VENIR»

### INDICATIVO

**Presente:** *vengo, vienes, viene, venimos, venís, vienen.*
**Pretérito imperfecto:** *venía, venías, venía, veníamos, veníais, venían.*
**Pretérito indefinido:** *vine, viniste, vino, vinimos, vinisteis, vinieron.*
**Futuro imperfecto:** *vendré, vendrás, vendrá, vendremos, vendréis, vendrán.*
**Potencial simple:** *vendría, vendrías, vendría, vendríamos, vendríais, vendrían,*

### SUBJUNTIVO

**Presente:** *venga, vengas, venga, vengamos, vengáis, vengan.*
**Pretérito imperfecto:** *viniera* o *viniese, vinieras* o *-ses, viniera* o *-se, viniéramos* o *-semos, vinierais* o *-seis, vinieran* o *-sen.*
**Futuro imperfecto:** *viniere, vinieres, viniere, viniéremos, viniereis, vinieren* (inusual).

### IMPERATIVO

**Presente:** *ven, venid.*

FORMAS AUXILIARES

| INFINITIVO | GERUNDIO | PARTICIPIO |
|---|---|---|
| *venir/haber venido* | *viniendo/habiendo venido* | *venido* |

- **Se conjugan como *venir*, entre otros verbos, los siguientes:**
  *Advenir, avenir(se), contravenir, convenir, desavenir, desconvenir, devenir, prevenir, provenir, reconvenir, subvenir, sobrevenir.*

## CONJUGACIÓN DEL VERBO «VER»

### INDICATIVO

**Presente:** *veo, ves, ve, vemos, veis, ven.*
**Pretérito imperfecto:** *veía, veías, veía, veíamos, veíais, veían.*
**Pretérito indefinido:** *vi, viste, vio, vimos, visteis, vieron.*
**Futuro imperfecto:** *veré, verás, verá, veremos, veréis, verán.*
**Potencial simple:** *vería, verías, vería, veríamos, veríais, verían.*

### SUBJUNTIVO

**Presente:** *vea, veas, vea, veamos, veáis, vean.*
**Pretérito imperfecto:** *viera* o *viese, vieras* o *-ses, viera* o *-se, viéramos* o *-semos, vierais* o *-seis, vieran* o *-sen.*
**Futuro imperfecto:** *viere, vieres, viere, viéremos, viereis, vieren* (inusual).

### IMPERATIVO

**Presente:** *ve, ved.*

FORMAS AUXILIARES

| INFINITIVO | GERUNDIO | PARTICIPIO |
|---|---|---|
| *ver/haber visto* | *viendo/habiendo visto* | *visto* |

- **Se conjugan como *ver*, entre otros verbos, los siguientes:**
  *Antever, entrever, prever.*